安徽省哲学社会科学规划项目研究成果（项目批准号：AHSKF2018D08）

刑法热点理论问题研究

李光宇◎著

安徽师范大学出版社
ANHUI NORMAL UNIVERSITY PRESS
·芜湖·

图书在版编目(CIP)数据

刑法热点理论问题研究 / 李光宇著. — 芜湖：安徽师范大学出版社，2022.3
ISBN 978-7-5676-3559-3

Ⅰ. ①刑… Ⅱ. ①李… Ⅲ. ①刑法 - 研究 - 中国 Ⅳ. ①D924.04

中国版本图书馆CIP数据核字(2018)第097256号

刑法热点理论问题研究　　李光宇◎著
XINGFA REDIAN LILUN WENTI YANJIU

责任编辑：陈　艳
装帧设计：张　玲　汤彬彬
责任印制：桑国磊
出版发行：安徽师范大学出版社
　　　　　芜湖市北京东路1号安徽师范大学赭山校区
网　　址：http://www.ahnupress.com/
发 行 部：0553-3883578　5910327　5910310(传真)
印　　刷：江苏凤凰数码印务有限公司
版　　次：2022年3月第1版
印　　次：2022年3月第1次印刷
规　　格：700 mm × 1000 mm　1/16
印　　张：16.25
字　　数：253千字
书　　号：ISBN 978-7-5676-3559-3
定　　价：65.00元

第一编 刑法基础问题研究

目录

第三编 刑法分则罪行研究

第一编

刑法基础问题研究

第一章　刑法任务相关问题再议

《中华人民共和国刑法》（以下简称《刑法》）第2条[①]规定了刑法的任务，刑法的任务所体现出来的明确性与全面性，成为我国刑法显著的特点。《刑法》所规定的任务包含两个方面，这两个方面形式上相互映衬，内容上对立又统一，既突显刑法目的，亦彰示刑法机能。晚近以来，刑法理论得到突飞发展，立法技术与认识显著提升，根据时下最新的研究和理解，刑法任务的条文表述对理解刑法任务会产生一定的争议，并因此引发立法原意和司法上掌控的标准与认识的不同。笔者对我国刑法任务的相关问题进行解析，提出自己的见解，以供大家参详。

一、我国刑法任务的相关问题

随着经济、社会的发展，学界对刑法的任务有不同理解，对于刑法任务的条文表述也有不同的解读，对于刑法任务与刑法目的以及刑法机能的界定也没有很好的划分标准。对于刑法任务认识的不统一，将会不利于更好地发挥刑法的作用。

①《刑法》第2条规定：中华人民共和国刑法的任务，是用刑罚同一切犯罪行为作斗争，以保卫国家安全，保卫人民民主专政的政权和社会主义制度，保护国有财产和劳动群众集体所有的财产，保护公民私人所有的财产，保护公民的人身权利、民主权利和其他权利，维护社会秩序、经济秩序，保障社会主义建设事业的顺利进行。

(一)刑法任务与刑法目的、刑法机能含义区分不明

学界对于《刑法》第1条与第2条的关系，以及相关内容的理解并没有形成相对统一的看法。相关学者的论述中，或将刑法任务与目的、机能混同适用不加区分，或对于三者实行区分认识和论述。

1. 刑法任务与刑法目的、刑法机能混同

时下，有些学者混淆了刑法任务、目的和机能，并据此判断我国刑法目的和任务是一致的。[①]有的学者认为，《刑法》第2条规定的刑法任务等同于第1条规定的刑法目的，即第2条是第1条中“为了惩罚犯罪，保护人民”的展开。还有学者认为，刑法的机能是指刑法应有的作用或功能，或者刑法的机能就是刑法的任务。[②]对于刑法任务与目的、机能混同理解和适用的学者，未对刑法相关的概念区分认识。或在解读《刑法》第2条法律条文的时候，认为《刑法》第2条的规定将刑法的目的和机能都包含在刑法任务中，因此得出了刑法机能就是刑法的任务，刑法的任务与刑法的目的具有一致性的判断。

2. 刑法任务与刑法目的、刑法机能有别

当然，也有学者把刑法目的与刑法任务区别开，认为刑法任务一定程度上属于工具化设计，刑法具有一定的政治性目的。[③]刑法目的与任务是刑法机能的表现形式，可以说我国《刑法》第1、2条的规定也是刑法社会保护机能的立法体现。“惩罚犯罪，保护人民”就是刑法社会保护机能的体现。[④]

实质上，刑法任务与刑法目的、刑法机能之间的关系应该是既有相同一致的地方，亦有区别和变化的。笔者认为，刑法任务与刑法目的、刑法机能之间应该区分把握，厘清三者的概念与内涵，才能够进一步落实

---

① 刘艳红.刑法的目的与犯罪论的实质化——“中国特色”罪刑法定原则的出罪机制[J].环球法律评论,2008(1):40-47.

② 陈兴良.口授刑法学[M].北京:中国人民大学出版社,2007:27.

③ 曲新久.刑法目的论要[J].环球法律评论,2008(1):28-32.

④ 周少华.罪刑法定与刑法机能之关系[J].法学研究,2005(3):50-61.

相应的法律规定，明确刑法的任务会更有利于促使司法人员时刻考虑司法活动是否符合刑法任务，有利于立法上合理控制处罚范围，将无须纳入刑法范围的行为排斥于刑法之外。

（二）犯罪应适用“治理”而不是“斗争”

《刑法》第2条表述为：“用刑罚同一切犯罪行为作斗争”，笔者认为这样的表述过于绝对化，并且“斗争”一词并非法律上的合适用语。“斗”，对打的意思；“争”，彼此竞引物也。刑罚与犯罪行为之间的关系，不应该是对打，并且相互之间也不存在“竞引物”。

1. 刑罚与犯罪行为之间不是斗争关系

犯罪行为和刑罚之间的关系不应当是斗争。只要存在斗争，斗争的双方必然会有胜负，而且斗争的双方也必然有争取的目标。然而刑罚和犯罪行为两者的目标并不能形成聚焦点，刑罚的主要目标是通过惩罚犯罪分子，以期打击犯罪行为和预防犯罪。犯罪行为的主要目标是获取一定的不当利益并期待逃避相应的处罚，两者之间的联系点在于“逃避处罚”和“主动追责”，所以描述刑罚与犯罪行为之间的关系适用“斗争”一词不合适。

2. 对于犯罪行为应该适用“治理”

时至今日，岁月变迁，当前的社会形势与中华人民共和国成立初期的社会形势相比，已经有了显著变化，刑法针对的对象有了明显的不同，刑罚实施目的也因当前社会关注点的不同而有了新变化。伴随着市场经济的发展、法治社会的建设，公民个人的权利日益受到重视与保护，在这种背景之下，单靠刑罚的惩罚、威慑作用来实现刑法保障国家安全、维护社会稳定的任务，已经不适应新形势的要求。顺应法治事业的发展趋势，刑法的任务亦需要加强对于人权的保障。犯罪行为只能在一定区域或者时间段得到有效的控制，而不能完全杜绝其发生。这种有效的控制需要多方面的因素发挥作用，通过各因素“治理”犯罪现象，才可以更好地减少犯罪行为的发生。因此，笔者认为，“斗争”一词没有很好地概括出刑罚与犯罪行为之间的联系，“治理”一词无论从形式上还是从实质内容上，更适合表述刑罚与犯罪行为之间的关系。

(三)刑罚适用的对象为“一切犯罪行为”的表述过于绝对

我国《刑法》第2条规定刑罚适用对象为“一切犯罪行为”，笔者认为，如此表述也过于绝对化。

1. 刑罚适用的对象不能是所有的犯罪行为

笔者认为，用刑罚同一切犯罪行为作斗争，忽略了犯罪行为千差万别的事实。每一个犯罪行为的实施条件和方式都是不同的，同一个犯罪行为可能实施的主体不同，实施的环境和条件不同，而引起行为后果的不同。单人实施的行为和多人一起实施的行为，应该承担的责任也有区别。犯罪行为有差别，仅仅限制使用一种处理方式，违背了事物的发展规律，违反了实事求是的态度和具体问题具体分析的原则。

2. 非刑罚处罚措施亦应参与治理犯罪

除了刑罚之外没有其他的方式和手段可以对犯罪行为进行治理吗？或者说犯罪的治理仅仅适用刑罚就可以吗？实际上我们并不是单单适用刑罚治理所有的犯罪，而是综合使用多种形式和方法，我国《刑法》第37条规定了非刑罚处罚方法。[①]对于犯罪的惩治，国际社会也不仅仅规定了刑罚这一惩治手段，还规定了非刑罚性处置手段。储槐植教授认为：“随着现代社会的发展，各种危害程度不同、种类多样的犯罪频繁发生，尤其是一些监督过失犯罪、轻微的未成年人犯罪等类型犯罪的不断涌现，必然促使国家采取刑事制裁的多样性，不再奉行一元化的刑事制裁模式。”[②]在刑法的任务中确认运用非刑罚方法参与治理犯罪，符合客观实际情况。

---

① 王燕飞.论我国刑法的任务及其立法完善[J].法学论坛,2008(5):54-58.

② 储槐植.刑事一体化与关系刑法论[M].北京:北京大学出版社,1997:472.

(四)刑罚属于社会治理的一种手段

社会治理是政府、社会组织、企事业单位、社区以及个人等多种主体通过平等的合作、对话、协商、沟通等方式，依法对社会事务、社会组织和社会生活进行引导和规范，最终实现公共利益最大化的过程。治理主体的多样性、治理内容的复杂性使得治理手段也变得丰富起来，刑罚只是社会治理的一种手段。

1. 刑法任务的描述夸大了刑罚的作用

中华人民共和国成立初期，百废待兴，大多数犯罪行为是敌特分子所为，主要目的是破坏国家统一和政权的稳定。敌人潜伏在民众之中，不适用军事打击方法，刑罚就成为和平时期预防犯罪和打击犯罪比较有效的手段。就中华人民共和国成立初期的一段时间而言，刑法的主要目的和任务就是保证新生政权的稳定和保障社会主义建设事业有序、顺利地进行。随着经济和社会的发展，刑法理论的研究不断深入，加之社会治理方法的多样性，刑罚已经从中华人民共和国成立初期的打击敌人的“和平手段”，演变为维护国家、社会、经济安全发展的重要方法。刑罚作为社会治理的一种手段，不能够也不再需要“包治百病”，因此不能盲目相信和扩大刑罚的作用。

2. 犯罪需要综合治理

预防和打击犯罪行为，治理犯罪现象，刑罚不能也不应该是唯一的手段。1991年3月2日，第七届全国人民代表大会常务委员会第十八次会议通过了《全国人民代表大会常务委员会关于加强社会治安综合治理的决定》，明确了社会治安综合治理工作的范围，即打击、防范、教育、管理、建设、改造等六个方面。对于犯罪，如果我们仅仅是适用刑罚来应对，既表现了应对手段的单一，同时也与我们国家的社会主义法治建设不符。预防和打击犯罪，与维护社会治安一样，都需要综合治理。

成了当务之急，尤其是刑法的制定更是重中之重。之前，制定刑法典虽然经历过了讨论和准备，但已时隔多年，很多客观情形都已经发生变化，迅速制定出刑法典并颁布实施具有相当大的困难。在以彭真为主任的法制委员会不分昼夜的努力之下，在短短三个月时间里，草拟完成包括《刑法》在内的七部法律[①]，创造了世界立法史上的奇迹，并在1979年召开的第五届全国人民代表大会第二次会议上通过了这七部法律。虽然1979年《刑法》规定比较粗糙，但对惩罚犯罪、维护国家和人民的利益起到重大作用。

3.1997 年《刑法》的任务

1997年《刑法》第2条规定刑法的任务是用刑罚同一切犯罪行为作斗争。“我国刑法的任务包括惩罚和保护两个方面：惩罚犯罪是手段，保护人民是目的。”[②]1997年《刑法》科学地总结了1979年《刑法》实施十几年的经验，条文由原来的192条增至452条，是一部名副其实的迎接新世纪的社会主义刑法典。随着国家的主要任务从“以阶级斗争为纲”转入“以经济建设为中心”，1997年《刑法》对于刑法任务的表述保留了“用刑罚同一切犯罪行为作斗争”，删除了“反革命”的相关内容，以更为合理的“颠覆国家政权罪”和“危害国家安全罪”取代了“反革命罪”，淡化了政治色彩，使罪名与行为的实质内容更加符合。1997年《刑法》的实施是改革完善我国刑事司法制度的重大步骤，也是我国《刑法》发展历史上一个新的里程碑。这部《刑法》的制定和实施，对实现依法治国，建设社会主义法治国家，惩罚犯罪，保护人民，保障国家的改革、发展和稳定，具有重大的意义。

---

① 这七部法律包括:《中华人民共和国刑法》《中华人民共和国刑事诉讼法》《中华人民共和国地方各级人民代表大会和地方各级人民政府组织法》《中华人民共和国全国人民代表大会和地方各级人民代表大会选举法》《中华人民共和国人民法院组织法》《中华人民共和国人民检察院组织法》《中华人民共和国中外合资经营企业法》。

② 高铭暄,马克昌.刑法学[M].7版.北京:北京大学出版社,高等教育出版社,2016:18.

（二）犯罪理念的转变

犯罪理念的转变需要一个过程，正如我们对建设中国特色社会主义的认识一样，对于社会主义国家犯罪的认识也有个渐进的过程。中华人民共和国成立初期，有一些学者和民众曾经认为，社会主义国家不应该有犯罪现象的产生，这在一段时间影响了我们对于犯罪现象的认识。通过多年的理论研究和对司法实践的认识与总结，我们知道犯罪现象的产生是随着经济和社会的发展而变化的，既不会无缘无故地出现，也不会无缘无故地消失，我们只能通过综合治理减少犯罪现象的产生。

1. 犯罪是社会发展必然会产生的现象

犯罪是一种社会现象，也是一种法律现象。马克思和恩格斯认为，犯罪现象是历史的、具体的，是人类社会发展到一定历史阶段才出现的。随着原始社会解体，私有制和阶级的出现，奴隶社会建立并制定法律，犯罪现象伴随着社会的发展延续至今。作为人类社会的一种历史现象，无论过去、现在，还是将来，只要社会中还存在阶层的对立、利益的冲突，作为社会病态综合反映的犯罪，就几乎是一种必然现象。人类社会只能把犯罪控制在一定的限度内，无法彻底消灭。可以说，现代文明社会中存在一定量的犯罪是一种常态，犯罪是对秩序的违反，一定量犯罪的存在本身就证明了秩序的有序存在，而当社会不存在犯罪时，它证明的不是社会处于完全秩序化，而是社会的完全无秩序化。

2. 犯罪现象应被治理而不是被消灭

人类社会发展至今，无论哪个国家都会发生犯罪现象，一个国家同一时期会有不同的犯罪现象，不同时期也会有不同的犯罪现象。资本主义国家存在犯罪，社会主义国家也存在犯罪。从社会的角度或者就人的本性而言，犯罪行为既是对于利益的趋向，也是人性弱点被放大的结果。再加上环境、规则、道德等方面的影响，想要彻底消灭犯罪现象，几乎是无法实现的。我们可以有针对性地采取一些治理的措施，来降低社会的犯罪率。

（1）治理是一种由共同的目标支持的活动

这些管理活动的主体未必是政府，也不一定非得依靠国家的强制力量来实现。治理的本质在于利用社会集体的力量来维护社会秩序，而非仅仅依靠政府的权威。“斗争”一词的对象是敌视和破坏我国社会主义制度的国内外的敌对势力和敌对分子。在此基础上，我们有理由认为，犯罪治理是运用国家正式力量和社会非正式力量来解决犯罪问题，是针对犯罪问题采取联合行动的过程，目的在于消除产生犯罪的原因、条件，以此来防止、控制和减少犯罪行为的发生。

（2）治理是预防和打击犯罪的有效手段

基于犯罪不可消灭和犯罪产生于社会这两个基本规律，国家和社会应该采取打击、控制、减少犯罪的对策体系。“犯罪治理”一词虽然使用的频率越来越高，但还没有在刑法学界形成一个公认的概念，学界认为犯罪治理属于犯罪学传统理论体系研究的范围。然而，犯罪行为的发生具有复杂的原因，需要深挖犯罪行为的相关因素，如此才可以有效预防和打击犯罪行为。刑事一体化已经得到众多学者的肯定，这是现在和未来刑事法律发展的方向。因此，犯罪现象应该被治理，而不是通过斗争解决相关的问题。

三、完善刑法任务相关问题的建议

结合当下法治社会的背景，我国刑法的主要任务是为建设中国特色社会主义法治社会保驾护航。在这样的法治理念指导下，刑法任务对于法治社会建设的影响是多方面的，可以概括为三个方面：化解社会矛盾、规范人们的行为、塑造刑法的精神。[①]为此，笔者建议完善我国刑法任务的法律条文表述并调整相应的立法理念。

① 邱玉强.论刑法的任务——以法哲学的角度为视角[J].法制博览，2016(3)：235.

(一)明晰刑法任务的内涵

1. 刑法任务、刑法机能、刑法目的的关系

《刑法》第1条开宗明义地规定："为了惩罚犯罪，保护人民，……制定本法。"从而明确了制定刑法的目的是"惩罚犯罪，保护人民"。刑法目的可以区分为多个层次，最高层次是刑法的整体目的，即刑法典第2条规定的"惩罚犯罪，保护人民"；最低层次是构成要件及要素的目的。刑法分则各章、各节和各条款项等具体规范也都存在各种层次的目的。①

刑法的目的、刑法的机能和刑法的任务是不能够混同理解的，刑法的机能是刑法本身应该具有的功能和作用，刑法的目的是通过发挥和利用刑法具有的机能以实现刑法本身条文能够实现的目标，就是国家制定刑法想要追求的结果。刑法目的的确定，对立法和司法都具有重要意义。对立法而言，目的的确定意味着刑法正当性、合理性的证成；对司法而言，目的的确定则意味着对刑事司法活动目标、宗旨和意义的明确。②

"刑法的任务与刑法的机能具有区别，刑法的机能是指刑法现实与可能发挥的作用，包括显在的机能与潜在的机能。"③很多情形下，刑法的机能与刑法的任务有重合的地方，刑法的任务是具有时代性、历史性以及刑法作为部门法应该承担的责任和目标，作为法治社会建设的部门法应当承担的作用。刑法的目的、机能和任务是相互联系、相互配合的关系，《刑法》第2条前半句意在表达"刑法的任务"是"用刑罚同一切犯罪行为作斗争"，这实际是"惩罚犯罪"的另一种表述方式；该条后半句具体表述了要"惩罚"哪些"犯罪"，"保护人民"哪些具体利益。显然，第2条无非是第1条的同义反复或者具体化而已，可以说"刑法任务是刑法目的的展开"④。刑法目的是刑法机能的基础，刑法的机能是能够落实

① 肖中华. 刑法目的及其实践价值[J]. 法治研究，2015(5)：45-49.

② 周少华. 刑法的目的及其观念分析[J]. 华东政法大学学报，2008(2)：52-58.

③ 张明楷. 刑法学[M]. 3版. 北京：法律出版社，2007：25.

④ 高铭暄，马克昌. 刑法学：上编[M]. 北京：中国法制出版社，1999：13.

刑法的目的和任务的基础，刑法的目的和任务体现的是刑法的机能。刑法的机能是刑法本身所具有的作用。“刑法的功能或者说机能是指刑法作为一个有机整体可起的作用或者发生作用的能力。”[①]

2. 刑法任务的内涵

刑法任务的内涵要注重与时代的发展进行有机的结合，体现出刑法本身的方式和特点，确立刑法在社会综合治理中的地位和作用。

（1）刑法任务的时代性

我们究竟应在何种意义上理解“任务”一词？过去通常把刑法视为国家的“工具”或“武器”[②]，由此主要从刑法任务和国家任务的关系上来理解刑法任务。[③]高铭暄教授曾经直言这是一个具有重大政治意义和法律意义的条文。[④]也就是说，在阶级斗争观念和意识形态的影响力还很大的当时，刑法的任务也就不可避免具有当时时代的典型特征。[⑤]我们今天的刑法任务也具有当代的时代特征，例如，在今天，无论是学界还是民众对于死刑，均赞同减少、慎用和废除死刑刑罚的适用，《刑法修正案（七）》《刑法修正案（八）》《刑法修正案（九）》就体现了当下的时代特征，都对死刑刑罚做出了限制和废除修改。这些充分证实，刑法任务需要随着时代的发展而发展变化。

（2）刑法任务的完成倚重刑罚

刑法的特点决定了刑法完成自己任务的重要方法是刑罚。为了做到正确地适用刑罚，必须先准确地定罪。定罪是刑罚的前提和基础，刑罚是在准确定罪的基础上，通过刑事审判，决定被告人应负的刑事责任。因此，为了实现刑法保护公民人身权利、民主权利和其他权利的任务，就要坚持“以事实为根据，以法律为准绳”的原则，做到准确定罪，正确量刑。真正做到了这两点，就既可以完成刑法保护公民基本权利的任务，

① 曲新久，陈兴良，张明楷，等．刑法学[M]．北京：中国政法大学出版社，2008：8.

② 樊凤林．我国修订后的刑法的任务[J]．中国人民公安大学学报（社会科学版），1997（4）：31-33.

③ 马克昌．我国刑法的任务[J]．武汉大学学报（哲学社会科学版），1980（5）：59-96.

④ 高铭暄．中华人民共和国刑法的孕育和诞生[M]．北京：法律出版社，1981：22.

⑤ 高铭暄．中国刑法学[M]．北京：中国人民大学出版社，1989：19.

又可以避免因运用刑罚不当而发生新的侵犯公民基本权利的错误。[①]

3. 刑法的任务体现惩罚与保护两个方面

"《刑法》明确规定刑法的任务并强调刑法的任务是惩罚犯罪和保护国家、社会、公民个人的合法利益，这是我国刑法的一个重要特点。"[②]刑法的任务是指刑法承担的打击谁、保护谁的历史和现实使命。刑法惩罚的对象只能是实施了犯罪行为的人，这是刑法任务不同于其他部门法任务的特殊性之一。[③]惩罚犯罪是手段，保护人民是目的，保护国家和人民的利益，保护社会主义社会关系，保护社会主义现代化建设事业的顺利进行。

(二)转变治理犯罪的理念

要敢于承认犯罪是社会发展进程中必然出现的现象，转变要完全消灭犯罪现象的理念，结合多种方式和方法治理犯罪现象。犯罪的预防、打击和治理是属于三个阶段或层次的问题，打击犯罪能够起到一定的预防和治理作用，但是绝对不能够代替预防和治理的措施。我们应该从多个角度思考犯罪的治理，而不是把眼光限制在通过刑罚与犯罪作斗争。党的十八大提出，法治是治国理政的基本方式，要加快建设社会主义法治国家的进程，全面推进依法治国。在《中共中央关于全面推进依法治国若干重大问题的决定》中，对推进法治社会建设、提升社会治理与犯罪治理中的社会化水平做了进一步部署。我们可以从以下角度思索治理犯罪的方式和方法。

1. 推进多层次、多领域依法治理

当前的犯罪行为绝大多数都是由生活中的琐事和矛盾引发的，犯罪行

---

① 张全仁.保护公民的人身权利、民主权利和其他权利是我国刑法的重要任务之一[J].北京政法学院学报,1981(2):14-20.

② 曲新久,阮齐林,张凌,等.刑法学[M].5版.北京:中国政法大学出版社,2016:7.

③ 高铭暄,马克昌.刑法学[M].7版.北京:北京大学出版社,高等教育出版社,2016:18.

为人与犯罪的对象有着各种联系[①]。这种细致、复杂的关系，通过一次性的处理或者教育是无法深入解决内在矛盾的。只有深化基层组织和部门、行业依法治理，支持各类社会主体自我约束、自我管理，发挥市民公约、乡规民约、行业规范、团体章程等社会规范在社会治理中的积极作用，完善民间的矛盾处理机制，重视社会组织和人民团体的作用，鼓励社会组织积极参与到社会实务的治理中，全方位整合起来，提高社会治理法治化水平，才能有效地治理犯罪。

2. 完善立体化社会治安防控体系

我国已经进入了现代化发展阶段，越来越重视法律在生活中的地位和作用。对于犯罪的治理更加理性，注重防控体系的建设。2015 年 4 月 13 日，中共中央办公厅、国务院办公厅印发了《关于加强社会治安防控体系建设的意见》。意见从加强社会治安防控网建设、提高社会治安防控体系建设科技水平、完善社会治安防控运行机制、运用法治思维和法治方式推进社会治安防控体系建设、建立健全社会治安防控体系建设工作格局等五大方面提出了具体措施。牢牢把握全面推进依法治国的总要求，运用法治思维和法治方式推进社会治安防控体系建设。养成运用法律手段解决突出问题的习惯，充分发挥法治的引导、规范、保障、惩戒作用，做到依法化解社会矛盾、依法预防打击犯罪、依法规范社会秩序、依法维护社会稳定，以确保公共安全、提升人民群众安全感和满意度为目标，以解决治安问题为导向，完善打防管控结合的立体化社会治安防控体系，确保人民安居乐业、社会安定有序、国家长治久安。

3. 树立现代化的刑法观念

要树立新时代、现代化的刑法观念，不要拘泥于传统刑法的观念，要善于将现代的理念和认识与刑法相融合，要将科技发展的成果、社会生活方式的变化、国际交流合作的模式等方面，认真落实到司法和立法中，从而建设现代的刑法理念和法律制度。我国近现代刑法理念多为移植而

① 笔者曾经做过关于故意杀人罪的调研，收集全国五个省以及北京、上海、广州三市五年的故意杀人罪的判决书，其中犯罪人与被害人具有紧密关系的比例占了九成以上。

来，许多刑事法律的经验也是在特殊的历史时期总结出来的，有先天性的理论基础缺失和司法实践经验不足的弱点。例如，抗战时期总结的经验明显带有战时的特点，从苏联引入的刑法理论明显带有植入的特征。经过多年的司法理论和实践研究，当前我们的刑事法律基本上克服了先天性不足的缺点，无论是理论体系还是法律条款都比较适合我们当前的国情，运行也比较通畅。正是因为刑法理论和法律的制定从实践出发，不断总结经验并且及时修正法律，使得刑事法律能够伴随着社会的发展而发展。进入现代化的发展阶段，我们也需要继续与时代接轨，继续促进刑法与时代的结合，建设和完善具有时代特征的现代刑法观，进而不断完善我们的刑法理论和刑事法律。

（三）完善相关法条的表述

犯罪是必然产生的一种社会现象，某种程度上，犯罪现象的出现也是检验和促进社会健康发展的一种方式。通过上文的论证，笔者建议修改《刑法》第1条和第2条表述方式，具体如下。

1. 修改《刑法》第 1 条

为了明确新时期的刑法任务，有必要对我国现行的刑法法条进行修改。将我国《刑法》第1条改为“为了惩罚犯罪，保护人民，根据宪法，结合我国治理犯罪的具体经验及实际情况，制定本法”，即把“结合我国同犯罪作斗争的具体经验及实际情况”改为“结合我国治理犯罪的具体经验及实际情况”。

2. 修改《刑法》第 2 条

将《刑法》第2条改为“中华人民共和国刑法的任务，是通过预防和打击犯罪行为，以保卫国家安全，保卫人民民主专政的政权和社会主义制度，保护国有财产和劳动群众集体所有的财产，保护公民私人所有的财产，保护公民的人身权利、民主权利和其他权利，维护社会秩序、经济秩序，保障社会主义建设事业的顺利进行”，即把“用刑罚同一切犯罪行为作斗争”改为“通过预防和打击犯罪行为”。因为犯罪行为是需要预防和打击的，而不应是“斗争”。

刑法的任务是一个宏观问题，但与具体司法实践、立法工作者息息相关，刑法的任务直接指导立法的方向、司法的标准。当前，刑法的任务虽然由刑法条文明确规定，但是还需要加强理论上的认识和理解，使得刑法的任务能够更加符合现实社会的需要，从而更好地促进法治社会的发展。

第二章 社会危害性与法益辨析

社会危害性是我国刑法学中最基础最重要的范畴之一。“如果说我国刑法理论中要确定一个关键词，那么，这个关键词非‘社会危害性’莫属。”[①]法益在刑法理论中也有着重要的作用，国外大陆法系国家刑法理论通说认为，犯罪的本质在于法益侵害，也就是犯罪成立的‘构成要件的该当性’、‘违法性’、‘有责性’三要件中的实质违法性是法益侵害。[②]我国当前对于社会危害性和法益之间关系的认识比较模糊，因此影响到这两个概念的应用。厘清社会危害性和法益之间的关系对于准确理解社会危害性和法益有着重要的意义。

一、社会危害性和法益两个概念混乱使用的现状

目前，社会危害性和法益两个概念常出现在学者的文章中，而且处于交叉使用的状态。

(一)传统观点

“犯罪——孤立的个人反对统治关系的斗争”[③]，社会危害性是犯罪的最本质特征，理由是社会危害性揭示了犯罪的阶级本质。资产阶级刑法

① 陈兴良.社会危害性理论——一个反思性检讨[J].法学研究,2000(1):3.

② 龚健.论刑法法益的功能[J].辽宁行政学院学报,2009(11):33-36.

③ 马克思恩格斯全集:第3卷[M].北京:人民出版社,1960:379.

学者虽然将法益的侵害性作为犯罪的本质特征，但是他们还是在根本上抹煞了资本主义社会剥削阶级同被剥削阶级的利益对立，把资产阶级的利益说成是全社会的利益，把法律秩序说成是超阶级的普遍性权利。坚持社会危害性是犯罪的本质特征和马克思主义关于犯罪的阶级本质学说完全一致。社会主义刑法将社会危害性的实质归结为对阶级统治的危害，而资产阶级刑法学者则否定这一点，多将犯罪行为解释为对法益的侵害。因此，传统观点将法益的概念理解为资产阶级学者所特有的理解，在社会主义刑法里面是不适合使用“法益”这一概念的。

（二）替代观点

有学者主张我国应该用法益的概念取代社会危害性的概念，要将社会危害性的概念逐出注释刑法学的领域。主要理由如下：第一，它是一个超规范的概念；第二，社会危害性不具有实体性，是一个十分空泛的没有自身认定标准的东西；第三，社会危害性概念不是刑法专属性的概念；第四，社会危害性与刑事违法性之间存在严重的冲突。鉴于社会危害性的缺陷，主张用规范性、实体性、专属性的“法益”（法益侵害）概念代替社会危害性概念。①

（三）并用观点

有学者认为，法益和社会危害性具有相通性，两者具有可相互替代的性质。犯罪的法律本质是对法益的侵犯，刑法的目的与任务是保护法益，《刑法》第13条所规定的犯罪，指明了犯罪是侵犯法益的危害行为，所谓社会危害性实际上就是对法益的侵犯性。“事实上，刑法分则所规定的各种犯罪都是对法益的侵犯，易言之，对任何具体犯罪都可以用‘侵害法益’来说明。”②法益的概念完全可以和社会危害性的概念相通使用。

---

① 陈兴良.社会危害性理论——一个反思性检讨[J].法学研究，2000(1)：3-18.

② 张明楷.刑法原理[M].北京：商务印书馆，2011：72.

二、两个概念混乱使用的原因

（一）含义不清

社会危害性和法益两个概念的具体含义都不确定。尽管相关的论述较多，但学界并没有形成统一的观点。两个概念的含义不清，成为对这两个概念使用不明的重要原因。

“社会危害性”是我们国家理论和司法实践一直使用的概念，是判断犯罪本质特征的标准之一，对于犯罪论体系的构建起到决定性的作用。社会危害性具有如此重要的地位，但在我国刑法条文中并没有明确规定社会危害性的含义、判断的标准，因此对于社会危害性的解释，学界有不同的见解。

同样，对于法益的含义和范围，学界争议也比较大。自毕尔巴模以来，大陆法系学者对法益概念进行了深入研究和阐释，但是也并没有形成统一的意见。我国有学者在谈到20世纪60年代德国刑法学界的研究状况时指出，20世纪60年代，法益的概念实际上极为混乱。虽然“刑法的目的是保护法益”“犯罪的本质是侵害法益”的命题遭到了一些学者的反对，但仍然得到多数人的肯定。“侵害法益”作为刑事政策的口号来使用时，上述命题不存在问题，但具体到“什么是刑法保护的法益”“伦理能否上升为法益”，则存在不少问题。

（二）作用不明

社会危害性与法益在刑法领域应该发挥的作用并没有明确。我国对于社会危害性的地位界定也并不是很清晰，社会危害性既可以出现在犯罪的概念中，也可以出现在对于犯罪本质的说明中，甚至可以对犯罪构成要件要素的确立发挥一定的作用。事实上，社会危害性可以出现在犯罪论体系的各个方面。然而社会危害性应该发挥什么样的作用？怎么去发挥相应的作用？这些问题并没有准确的答案，因此，社会危害性的适用方面比较混乱也就可以理解。提倡引进法益概念的学者，对法益本身具有什么样的作用，应该发挥什么样的作用也不确定。

（三）关系不定

在我国，社会危害性和法益这两个概念至今还没有被放在一起进行研究过。适用社会危害性概念的学者，对于法益的概念习惯保持排斥的态度；而适用法益概念的学者又习惯从批判社会危害性概念的角度，从替代社会危害性概念的观点出发，寻求或者确立法益的地位。然而对于两者之间的关系，学界并没有更多探讨，只是从犯罪的本质方面去研究两个概念哪个是犯罪的本质属性，并借此确定适用哪一个概念。这必然带来两个概念适用的混乱。

三、社会危害性和法益的含义和作用

（一）社会危害性的含义和作用

1. 社会危害性的含义

对于社会危害性含义的理解，学界众说纷纭，大体有以下几种表述方式。

（1）事实说

“所谓社会危害性，就是从本质上看，一种行为能够对社会造成这样或者那样的损害，对社会秩序起着破坏作用。”[①]这一表述表现了行为对社会主义社会关系所产生的一种有害影响，在不同的犯罪行为中，它的具体表现也不相同。

（2）侵犯关系说

“所谓社会危害性，即指行为对刑法所保护的社会关系造成或可能造成这样或那样损害的特性。在社会主义社会，由于人民当家作主，国家

① 王作富．中国刑法研究［M］．北京：中国人民大学出版社，1988：56.

和人民的利益是完全一致的，所以，犯罪的社会危害性，也就是指对国家和人民利益的危害性，犯罪的本质就在于它危害了国家和人民的利益，危害了社会主义社会。”[①]

（3）属性说

“所谓社会危害性，是指行为对国家、社会或个人利益的有害性。社会危害性是一切反社会行为的共同特征，但不同的反社会行为在对社会的危害程度上存在差别，其中被称为犯罪的这类反社会行为对社会的危害程度最为严重。”[②]

确定社会危害性的含义，笔者认为，应该从引入社会危害性概念的目的入手。根据刑法学家们对犯罪的定义，某种行为只有触犯刑法时才成为犯罪行为，没有刑法也就没有犯罪，更没有判处行为人的刑罚。实际上犯罪行为往往是先于刑法的存在而存在，即先有犯罪行为，后有对犯罪的处罚规定，即不是法律规定犯罪，而是犯罪规定法律。[③]这样，在犯罪学和刑法学领域，一些学者便力图从实质意义上给犯罪下定义。[④]那么犯罪的实质内容是什么呢？恩格斯认为，蔑视社会秩序最明显、最极端的表现就是犯罪。我们已经看到，衡量犯罪的真正的标尺，即犯罪对社会的危害。[⑤]这说明犯罪的行为已经不是一般违法行为所能包容的，其已经超出了一般法律所能调整的范围，必须要刑法才能调整。因此，我们得出结论，犯罪是危害社会的行为，社会危害性是犯罪的实质内容和本质特征。将社会危害性引入犯罪概念之中具有重要意义。“离开这一揭示犯罪内在本质特征的概念，犯罪概念就成了一具空壳，难免显得空洞苍白，从而阻碍我们用犯罪概念对事物性质进行正确把握。”[⑥]

根据以上分析，我们认为，引入社会危害性的目的是阐述犯罪行为的

---

① 高铭暄，马克昌．刑法学［M］.7版．北京：北京大学出版社，高等教育出版社，2016：47.

② 赵秉志．当代刑法学［M］．北京：中国政法大学出版社，2009：91-92.

③ 李居全．犯罪概念论［M］．北京：中国社会科学出版社，2000：189.

④ 高铭暄．刑法专论［M］．北京：高等教育出版社，2002：120.

⑤ 贝卡里亚．论犯罪与刑罚［M］．黄风，译．北京：中国大百科全书出版社，1993：69.

⑥ 赵秉志．当代刑法学［M］．北京：中国政法大学出版社，2009：92.

本质特征，是犯罪行为对社会的危害程度的一种概括。因此，笔者认为属性说更为合理。事实说的缺陷在于，其将“社会危害性”等同于“社会危害”。“实际上，社会危害是社会危害性的具体体现，社会危害性具有评价对象和评价标准的二重性：一方面，它是评价对象，即行为所具有的一种客观属性；另一方面，它也是一定主体对行为进行评价的标准，即对行为危害性的定性、定量分析。”[①]所谓社会危害性，简单地说就是危害社会的特性，就是指行为对社会秩序和社会关系造成这样或那样损害的事实特征。“危害社会”是一种事实，“特性”指社会对这种事实的特殊属性的概括和评价。

2. 社会危害性的作用

考察社会危害性要用历史的、全面的观点，要透过现象抓住事物的本质。自新中国成立后，我国刑法理论界一直十分重视对犯罪本质的揭示，重视对犯罪概念和犯罪构成的研究。犯罪的社会危害性，是一个内涵十分广泛的概念，它既体现着主观的内容，又具有客观属性。

从司法的角度来看，行为的社会危害性及其程度，除了通过行为所侵犯的社会关系表现出来外，还通过行为的性质、方法、手段或者其他有关情节，行为是否造成危害结果以及危害结果的大小，行为人本身的情况和行为人主观方面的情况等表现出来。笔者总结社会危害性的作用主要体现在以下三个方面。

（1）定罪功能

在认定犯罪的成立时，对于形式上符合犯罪构成的行为，应当进一步考察行为是否具有社会危害性。如果行为不具有社会危害性，行为就属于正当行为。“以我国刑法规定出发，判断某一行为是否构成犯罪，包括价值面和规范面的双重评价：价值面即对社会危害性是否严重的评价，这并非事实存在与否的评价，而是对主体是否具有严重危害意义的评价，因而是基于事实的价值判断；规范面，即刑事违法性的评价，即是否符

① 赵秉志. 刑法学总论研究述评：1978—2008[M]. 北京：北京师范大学出版社，2009：163.

合刑法具体罪刑规范的评价。”[①]

（2）界限功能

根据社会危害性的程度能够区分犯罪行为与一般违法行为。社会危害性对于确定犯罪的定量因素，区分犯罪和一般违法行为，具有十分重要的意义。在我国刑法中，一般是通过对犯罪特征的揭示和概括来展示犯罪本质从而表述犯罪概念的。[②]在整个刑法犯罪论理论体系中，犯罪概念和犯罪构成理论居于最基础的地位。甚至可以说，刑法理论中的一切课题均与犯罪概念问题密切相关，犯罪构成又与犯罪概念紧密联系，而社会危害性又处于犯罪构成和犯罪概念的核心地位。

（3）量刑功能

社会危害性对于量刑的轻重也起到了决定性的作用。“罪刑相适应原则为社会危害性在量刑中的作用提供了理论根据。”[③]量刑的最基本的原则就是犯罪与刑罚相适应，而适应的标准就是与社会危害性是否符合，刑罚的尺度要和犯罪行为造成的社会危害性具有对应的关系，以此体现罚当其罪的理念。

(二)法益的含义和作用

1. 法益的含义

法益概念诞生在德国，法益侵害说是德国刑法学者毕尔巴模在否定费尔巴哈的权利侵害说的基础上提出的，认为犯罪不是对权利的侵害，而是对法律所保护的利益的侵害。这里所谓法律所保护的利益，就是法益。确切地说，“刑法上所谓法益乃指国家以刑法加以保护之‘社会之生活利益’”[④]。“法益”之“益”具有如下的性质：第一，“益”是客观存在，而不是抽象观念。第二，“益”是可受实际侵害之物，不是纯理论之概

① 时延安.论刑事违法性判断与民事不法判断的关系[J].法学杂志,2010(1):93.

② 高铭暄.刑法学原理:第一卷[M].北京:中国人民大学出版社,2005:383.

③ 王政勋.论社会危害性的地位[J].法律科学(西北政法学院学报),2003(2):37.

④ 陈兴良.刑法哲学[M].北京:中国政法大学出版社,2000:79.

念。第三，“益”与某种良性价值相关，是某种有益之物。[①]

法益仅能作为一种概念而存在，不受因果法则的支配，只有行为客体才属于自然因果流程下受影响的对象。法益从应该受保护之物，转为应受保护的利益。就法益概念内容而言，立法目的或是立法者的价值判断才是填充法益内涵的主要元素。因此，人们大致认为，对于刑法，存在着先在的或者是通过它建构起来的利益，例如生命、健康、财产。同时，人们认为，刑法保护着这些利益的不可损害性，法益保护是刑法的根本任务，刑法正因为具有保护法益的性质，所以才是合理、谦抑和经济的，法益就是国家与社会所公认应以国家强制力加以保护的社会共同生活不可或缺的生活利益与社会秩序之基本价值。

2. 法益的作用

法益是指法律所保护的利益，所有的法益都是生活利益，包括个人利益与社会共同利益。产生这种利益的不是法秩序，而是生活，但法律的保护使生活利益上升为共同利益。笔者从法益实际的应用方面概括其作用，主要体现在以下几个方面。

（1）对犯罪本质的认识功能

法益侵害说代表了一种自由主义的价值观，认为国家不是凌驾于个人之上的，而是为了更好地保护个人利益而存在的，因此在刑法的适用上，应当谦抑，将实际侵害或者威胁到法益的行为作为犯罪处理。[②]行为只有在实际侵害或者现实地威胁到了刑法所保护的某种法益的时候，才能说其具有社会危害性，仅仅违反某种命令或者违反社会一般人的观念，而没有对法益造成现实侵害或者威胁的行为，就不能作为具有社会危害性的行为加以处罚。只有现实地对刑法所保护的法益造成侵害或威胁的行为才构成犯罪。无论是多么不符合一般社会观念的行为，如果没有对刑法所保护的利益造成现实侵害或实际危险，一律不构成犯罪。当然行为有无侵害法益的危险，应该根据行为时所存在的事实以及裁判时所查明

① 熊琦.论法益之“益”[J].刑法论丛,2008(3):268-293.

② 黎宏.法益侵害说和犯罪的认定[J].国家检察官学院学报,2006(6):143.

的事实，从科学的经验法则的立场来判断。

（2）立法指导功能

按照传统刑法理论的观点，法益是检验刑事立法的正当性及其界限的基准，具有指导立法的功能，同时具有划定犯罪成立范围的功能。立法则需要站在法律规范之外从更宏观的视野来观察，其目的是要从近乎混沌的伦理规范中划出一条清晰的法律边界。[①]即需将法益理解为检验刑法规范保护利益的正当性标准，制约不当的刑事立法的泛滥。我国传统立法注重强调国家和集体的利益，个人利益相对被忽视。“随着社会的进步和时代的发展，人们逐渐认识到个人权利在所有利益中的基础性地位，相应的，人权在我国立法中越来越受重视。”[②]而法益具有限制刑罚处罚范围的功能，它被认为是刑罚正当化的根据。将刑法的首要的统制机能求诸法益保护的功利主义的立场，国家能够使用刑罚介入国民的自由，由于必须被限定在那些侵害或者危及市民的法益的场合（侵害原理），通过刑罚来抑制或者预防犯罪的发生的必要性是为了保护市民生活的安全，这才是刑罚正当化的根据。

（3）解释功能

“法益的解释论机能，是指法益具有作为犯罪构成要件解释目标的机能。即对犯罪构成要件的解释结论，必须使符合这种犯罪构成要件的行为确实侵犯了刑法规定该犯罪所要保护的法益，从而使刑法规定该犯罪、设立该条文的目的得以实现。”[③]刑法将侵犯法益的行为规定为犯罪，规定的方式是将侵犯法益的行为具体化、特征化为犯罪构成。因此，刑法理论和司法实践在解释犯罪构成时，应该以法益为指导对构成要件做实质的解释。

① 丁英华，李新华．对我国刑事立法的相关伦理考察[J]．法学杂志，2009(1)：130-132.

② 彭凤莲，高雪梅．《刑法》与《治安管理处罚法》的协调研究[J]．法学杂志，2009(8)：32.

③ 张明楷．法益初论[M]．北京：中国政法大学出版社，2000：216.

四、社会危害性和法益之间的关系

（一）对立性

从我国刑法理论的现状来说，一般认为社会危害性是犯罪的本质属性，而犯罪的社会危害性是指对合法权益的侵犯性，故社会危害性大体上相当于上述实质的违法性。我国没有人主张犯罪的本质是侵害权利或违反义务，而是一致肯定犯罪的本质属性是社会危害性，这便是侵害法益。①社会危害性是客观实际和主观内容相一致的概念，法益是具有物质性、确定性的客观概念，在犯罪概念的视野中我们所看到的“犯罪”是危害社会、触犯刑法并应受刑罚处罚的行为；而法益受到侵害只是从客观方面揭示行为侵害了社会哪方面的实际利益，而完全不涉及行为人主观上对之能否认识的问题。社会危害性与法益的概念是不同的，发挥的作用也不相同，社会危害性具有实质的认定行为是否属于犯罪行为的功能，是犯罪行为的本质体现，属于法律所保护的利益与价值的“实然”状态；法益是对于犯罪行为侵犯的对象所代表的利益和价值的概述，属于法律所保障的利益和价值的“应然”状态，两个概念具有对立性。

（二）统一性

社会危害性与法益之间还具有统一性的关系。一般认为，我国刑法犯罪概念中的社会危害性，大体上与德日刑法中的实质违法性或法益侵害性具有通约关系。虽然社会危害性和法益之间具有一定的对立性，但是两者的对立是在整个犯罪论领域下的对立，两个概念统一于犯罪论理论，是法律所保障利益和价值的“实然”和“应然”的统一。社会危害性在“实然”上把握犯罪的本质特征，法益在“应然”上概述行为侵犯刑法所要保障的利益和价值。在我国的犯罪构成体系下，在社会危害性的认定

① 张明楷.新刑法与法益侵害说[J].法学研究，2000(1)：19-32.

上，应当坚持结果无价值论的观念，而体现这种观念的是法益侵害说。在分析法益是否受到侵害的时候，要从客观方面来考虑。

对于社会危害性和法益这两个概念，我国学者在阐述犯罪理论或者构建犯罪论体系的过程中，虽然屡有论述，但是将这两个概念联系在一起建构犯罪理论体系，却无人问津。事实上，社会危害性和法益两个概念之间并非水火不容，两个概念在不同的位置发挥着不同的作用，社会危害性是犯罪行为的本质特征之一，是属于客观融合主观的综合性评价，是行为侵犯具体的法益并且达到一定的程度所显示出来的。犯罪侵犯的对象是侵犯法益的直接体现，法益是被侵犯对象所代表的刑法需要保护的利益的内涵。社会危害性和法益的概念之间正是这样相互融合、相互配合、既对立又统一的关系，共同阐述犯罪的本质，确立犯罪理论体系。

第三章　网络安全的刑法地位探究

网络安全的内涵一直都有技术上的解释和法律规定的解释之别。从技术上来看，网络安全是指网络系统的硬件、软件及其系统中的数据受到保护，不因偶然的或者恶意的原因而遭受破坏、更改、泄露，系统连续可靠正常地运行，网络服务不中断。《中华人民共和国网络安全法》（以下简称《网络安全法》）第76条规定，网络安全是指通过采取必要措施，防范对网络的攻击、侵入、干扰、破坏和非法使用以及意外事故，使网络处于稳定可靠运行的状态，以及保障网络数据的完整性、保密性、可用性的能力。本章论述的网络安全，笔者将其归属为刑法所保护的犯罪客体，"犯罪客体是刑法所保护的而为犯罪行为所侵犯的权益"[①]。网络安全包含网络空间的公共秩序、网络基础设施安全、网络运行安全、网络信息安全等刑法所保护的权益和价值。笔者认为，当前包括未来的社会发展进程中，鉴于网络安全在国民生活中的重要地位和作用，网络安全可以被赋予与公共安全相同的刑事法律地位。

一、网络安全形势

我国已发展成为全球互联网用户规模最大的国家，根据中国互联网络信息中心2022年2月发布的第49次《中国互联网络发展状况统计报告》，截至2021年12月，我国网民规模达10.32亿，互联网普及率达73.0%，使

① 赵秉志.当代刑法学[M].北京：中国政法大学出版社，2009：179.

用手机上网人群占比99.7%。我国的互联网业务呈现出规模巨大、种类繁多的特点，也存在业务环境多样、安全威胁复杂的情形。网络技术日新月异的发展和互联网的推广、普及与应用，给人们的生活带来了极大的便利。“时间和空间是人类媒介发展及其研究的终极思考，从默声时代到有声语言时代、印刷时代、电子时代以至于数字时代，人类一直致力于通过媒介跨越时空维度。”[①]网络通信、网络办公、网络购物、网络交友等与我们的日常生活融为一体，网络已经深度融入人们的学习、工作、生活等方方面面，网络教育、网络创业、网络医疗、网络购物、网络金融等日益普及，越来越多的人通过网络交流思想、成就事业、实现梦想。人们越来越依赖网络，也越来越无法离开网络。伴随着网络应用的普及，网络空间的犯罪案发率显著增加，其表现形式也日益复杂化、多样化。

(一)网络空间面临的威胁加剧

信息技术的广泛应用和网络空间的兴起发展，极大地促进了经济繁荣、社会进步，同时也带来了新的安全风险和挑战。网络空间安全事关人类共同利益，事关各国国家安全，事关世界和平与发展。网络空间属于公共空间，网络秩序也是社会公共秩序的重要组成部分。随着信息技术快速发展，信息网络与人们的现实生活已经融为一体，密不可分，维护社会公共秩序是全体网民的共同责任。然而，网络空间面临的威胁和挑战也不断加剧，全球范围针对关键信息基础设施的网络攻击事件持续增多，勒索软件病毒呈现爆发性增长态势，电子邮件所导致的安全危害愈发严重。2016年10月至2017年10月，美国、德国、利比亚遭受的大规模DDoS攻击造成大面积网络瘫痪；2017年5月12日，一个名为WannaCry的勒索病毒攻击全球网络，100多个国家和地区遭受攻击，包括政府部门、教育、医院、能源、通信、制造业等多个行业的数十万台电脑受到攻击感染；2017年2月，英国足球明星贝克汉姆因私人邮件泄露而公众形

① 陈汝东.论中国的全球话语空间建构[J].安徽师范大学学报(人文社会科学版),2017(3):265.

象严重受损；2017年6月，阿联酋驻美大使电子邮件遭拦截，秘密外交信息遭到泄露。针对关键信息基础设施的网络攻击，已严重影响受攻击的电信、金融、电力、交通、军队等信息系统的正常运转，造成巨大的经济损失。网络空间面临的威胁和挑战呈现爆发式的增长，严重干扰了社会的正常秩序。

（二）网络与人们的生活息息相关

我国互联网从无到有，网络名副其实地如“网”一般，将人们的生活无形地串在一起。人们还没有学会如何利用网络空间的时候，网络空间已经与人们的生活联系在一起、密不可分。今天的中国，无线网络、有线网络已经遍布了城市的各个角落，广袤的农村也都在普及互联网络。人们生活、工作、娱乐等处处离不开网络，很难想象如果没有网络，我们的生活还能不能正常进行下去。如表3-1所示，互联网在中国的发展经历了五个阶段，每个阶段呈现出不同的特征。

表3-1　中国互联网发展阶段和特征[①]

阶段	史前阶段	第一阶段	第二阶段	第三阶段	第四阶段
阶段名称		互联网1.0	互联网2.0	互联网3.0	网络空间时代
大致时间	1994年前	1996—2001年	2001—2008年	2009—2014年	2015—2024年
阶段特性	科研阶段	商业化阶段	社会化阶段	即时化阶段	网络空间阶段
突出属性	学术属性	媒体属性	社交属性	即时属性	网络空间属性
中国网民临界点	无	3%（0.3亿，2001年）	22%（3亿，2008年）	50%（7亿，2015年）	70%（10亿，2024年）
商业创新	邮件	门户、B2C	博客、视频、SNS	微博、微信	变革各行各业
制度创新	科研机构	产业部门	九龙治水	意识形态主导	网络空间治理

① 方兴东，潘可武，李志敏，等．中国互联网20年：三次浪潮和三大创新[J]．新闻记者，2014(4)：4.

从上表我们可以看出，中国互联网络的发展用“飞速”二字来形容都不甚准确，目前我们正处于第四阶段网络空间时代，其变革推进涉及各行各业，云服务将商业领域与政府机构连在一起，智慧城市将城市建设与民生连在一起，大数据将一切只要能产生数据的事物联系在一起。而对网络安全的理解从最初的计算机系统安全，再到信息与资料的安全，现如今已上升到国家层面的安全，小到发送一条“去哪儿吃饭”的信息，大到掌握国家的机密信息，网络安全无处不在。然而，有些人在离不开网络的同时，却没有习惯去遵守网络规则和法律规定。事实上，网络空间应该适用什么样的规则与法律规定，我们还在摸索和研究中，这也是当前各种不合时宜的网络现象频发，却无法运用有效的管理手段进行规制的原因。鉴于网络生活与传统的生活在道德理念上具有交叉之处，传统的道德规范和法律制度也就一直适用于网络生活。而这一切都将会有所改变，传统的理念必须与时俱进，否则将不能适应网络社会的进步和未来的发展。

（三）网络运行安全面临严峻挑战

威胁网络安全的方式有很多，网络安全既包含了网络本身技术运行的安全，同时也包含了网络空间所包含信息的安全，另外，网络空间作为一种公共性质的空间，其本身亦具有秩序。随着网络应用的普遍性、多样化的发展，网络运行安全面临着更加严峻的形势。有直接针对网络空间的犯罪，更多的是利用网络实施其他犯罪行为。具体而言，仅2012年一年，我国公安机关累计破获涉网络违法犯罪的案件就有11.8万余起，抓获犯罪嫌疑人21.6万余人。[①]2014年以来，我国已经协调处置各类网络安全事件9700余起。2017年上半年侦破黑客攻击类案件900余起，侦破侵犯公民个人信息案件1000余起，查获遭侵犯的公民个人信息500余亿

① 中国人民公安大学警务改革与发展研究中心.2012年中国互联网违法犯罪问题年度报告[R/OL].(2013-01-18)[2017-05-23].http://www.cpd.com.cn/attachment/2012baogao.pdf.

条，抓获犯罪嫌疑人4800余名。[①]从被查获的案件的表现形式上看，网络空间犯罪的数量和类型都有了显著的变化。

习近平总书记强调，没有网络安全就没有国家安全。网络安全事关党的长期执政，事关国家长治久安，事关经济社会发展和人民群众切身利益。自2016年美国正式宣布移交“互联网域名管理权”给“互联网域名和地址分配机构”（简称ICANN），世界各主权国家和其他国际行为主体以积极主动的姿态融入互联网治理的国际大棋局中，网络空间国际话语权争夺愈加激烈，网络空间成为大国博弈的主战场。[②]网络安全涉及的新技术新应用的安全、大数据的保护、工业网络、金融网络、移动互联网等领域所面临的风险急剧增加。有组织的大规模网络攻击不断增加，黑客、网络犯罪团伙甚至某些国家成为网络攻击的“新玩家”，针对政府部门以及国防、金融、能源、航天、运输等重要行业的企业和机构，实施大规模持续性的网络攻击行动，窃取敏感信息数据、瘫痪或摧毁重要目标的事件时有发生。2017年5月12日，勒索病毒WannaCry通过微软Windows系统高危漏洞“永恒之蓝”（Eternal Blue）在世界范围内暴发，美国、英国、中国、俄罗斯、西班牙、意大利等百余个国家均遭受大规模攻击，此事件至今人们还心有余悸。中国虽已经注意到了对网络安全的保护，《网络安全法》亦于2017年6月1日正式实施，但是我国对于网络安全的法律保护仍然与网络安全的重要地位不相符合。《刑法》对于网络安全的直接规定集中在分则第六章“妨害社会管理秩序罪”的第285条、第286条、第286条之一、第287条之一和第287条之二。笔者认为，我国刑法关于网络安全的法律规定，无论是法条规定的具体内容，还是相关条文所处的位置，都与网络安全的刑事法律地位不相符合，应该对网络安全的刑事法律地位进行认真审视。

① 潘世杰. 细数“网络安全”5年成果[N/OL]. 中国经济导报，2017-09-22(B01)[2018-01-23]. http://www.ceh.com.cn/shpd/2017/09/041140.shtml.

② 中国电子信息产业发展研究院. 2014-2015年中国网络安全发展蓝皮书[M]. 北京：人民出版社，2015：180.

（四）世界各国重视网络安全

从世界范围来看，网络安全问题已不再仅仅是计算机故障问题，现已发展为足以危及全球经济正常运行、政治秩序稳定的重要因素，面对如此范围大、关系广的网络安全新挑战，世界各国均主动出击，争取在网络安全这场战役中获得主动权，以绝对的优势捍卫国家安全和公共安全。

以美国为例，2001年美国政府颁布《爱国者法案》，2015年美国议会投票通过《网络安全信息共享法案》，2016年美国白宫公布《网络安全国家行动计划》。与此同时，在刑法领域，美国在网络安全方面也全力出击，1986年颁布《美国联邦计算机欺诈与滥用法案》，1997年颁布《美国联邦禁止电子盗窃法案》，2006年颁布了《美国联邦禁止网上攻击者法案》《美国联邦非法互联网赌博执行法案》，[①]2013年美国加利福尼亚州出台了第568号法案"橡皮擦法案"等。

除美国之外，其他各国也加紧对网络安全实施立法保障的步伐：日本的《网络安全基本法》（2014）、俄罗斯的《联邦信息、信息化和数据保护法》（2006）、加拿大的《信息安全法》（2001）以及欧盟与美国等国在2001年通过的《网络犯罪公约》。在这样一个世界各国都争先恐后增强本国网络安全法律保障体系的大背景下，中国也应该迎面而上，才能经得住时代的考验。

二、网络安全的内容及其刑法地位

网络原指用一个巨大的虚拟画面，把所有的东西连接起来，也可以作为动词使用。网络从一个虚拟的互联网连接方式转变成为一个空间，连接网络的计算机信息系统从犯罪的对象转变成实施犯罪的空间载体，网络空间被人们形容为"第五空间"。今天的网络安全不仅仅是互联网本身的安全运行，还包括网络基础设施运行安全、网络信息安全、网络空间

① 于冲.域外网络法律译丛·刑事法卷[M].北京：中国法制出版社，2015：272-365.

的秩序安全等。因此，网络安全具有了新的、更加丰富的内容。

（一）网络安全的内容

网络安全不仅仅是网络的安全，还关系到千家万户的安宁，影响社会、经济的正常发展，关乎国家和社会的稳定和安全。

1. 网络空间秩序安全

截至2021年12月，中国网民规模达到10.32亿，互联网普及率为73.0%，由网络构建的网络空间已经成为当前中国最重要的空间，这个看似虚拟的空间，已经不知不觉地与国家、社会和民众的实体生活紧密结合起来，无法分开。“将网络空间视为‘公共场所’，网络空间秩序归属于‘公共秩序’，使得网络空间及其秩序获得了独立的法益地位。”①2014年2月27日，习近平总书记主持召开中央网络安全和信息化领导小组第一次会议，亲自担任中央网络安全和信息化领导小组组长，展现出非凡的远见和担当。就是在这次会议上，习近平总书记指出，我国互联网和信息化工作取得了显著发展成就，网络走入千家万户，网民数量居世界第一位，我国已成为网络大国。当然，网络空间的新秩序仍然处于探索阶段，网络空间的道德、网络空间的文化、网络空间的法律体系等，都需要我们努力建设。只有认真维护好网络空间的秩序，才能保证网络的安全。

2. 网络基础设施安全

网络最重要的作用就是能够连接、传递和储存信息，这既对基础设施提出要求，也对传递技术提出要求。20世纪90年代初，互联网服务供应商提出了一种利用讯框传送技术和异步传送模式的网络架构，但在当时无论是企业自身还是技术上都无法满足这种网络架构的应用条件。讯框传送技术和异步传送模式是以连接为导向的，通过单一数据传送路径来维持单一连接方式，进行交流沟通。为了克服这一困难，基础设施网络

① 邓婕.网络空间何以为“公共场所”？——关于刑法解释限度的思考[J].法律方法，2015(1)：335.

使用了多协议标记交换技术（MPLS），保证了无论哪条数据传送路径都能提供相应级别的质量服务和更快的数据传送。

如今，网络基础设施已经更新换代了多次。基础设施网络是一个通用的、公共的数据包交换网络补充设施，为企业和高要求的私人用户提供一个高安全性、高灵活性和高质量服务的网络环境。公共通信和信息服务、能源、交通、水利、金融、公共服务、电子政务等重要行业和关键领域的信息基础设施的安全，需要刑法高度关注。关键的网络信息基础设施遭到破坏、丧失功能或者数据泄露，将严重危害国家安全、国计民生、公共利益。《网络安全法》第31条对此作了比较详细的规定。只有基础设施运行安全，才能够有效保障网络空间的安全运行。

3. 网络运行安全

网络的运行安全是当前刑事法律保护的重点，因其关系到社会、经济等能否正常发展。大数据、云计算、移动互联网等直接影响着我们的生活。还有与技术相关的对信息的可获取性、完整性、真实性和保密性的威胁都属于网络安全的范畴，比如钓鱼软件、恶意代码、黑客或僵尸病毒等。[①]

能够影响网络运行安全的因素很多，除却网络自身所有的系统、软件和基础设施，更大的危害是外来的攻击。2016年10月21日，美国遭受大规模DDoS攻击，造成大量网站瘫痪，攻击来自数千万IP地址，其中大部分是Mirai僵尸网络感染的网络摄像头。2017年2月，全球16万台联网打印机被一名黑客控制打印了ASCII艺术图。2017年3月，瑞士安全研究人员指出90%的智能电视能被恶意的数字视频地面广播信号远程劫持。俄罗斯卡巴斯基实验室称，2017年以来监测到的超过200万次的攻击中，超过63%的攻击来自数字视频录像机和IP摄像机，近20%攻击来自路由器和其他网络设备。以上数据充分说明了网络运行安全所面临的威胁和挑战，这些威胁和挑战也直接影响了网络的安全发展。

① 袁正清，肖莹莹．网络安全治理的“东盟方式”[J]．当代亚太，2016(2)：80-101.

4. 网络信息安全

网络信息安全是一个关系国家安全和主权、社会稳定和有序、民族文化继承和发扬的重要问题，其重要性正随着全球信息化步伐的加快而越来越凸显。随着计算机技术的飞速发展，网络信息安全已经成为社会发展的重要保证。网络信息涉及国家的政治、军事、文化、教育等领域，其存储、传输和处理的许多信息包含有政府宏观调控决策、商业经济、银行资金转账、股票证券、能源资源数据、科研数据等重要的信息。其中有很多是敏感信息，甚至是国家机密，所以难免会引发来自世界各地的各种人为攻击（例如信息泄漏、信息窃取、数据篡改、计算机病毒等）。通常利用网络实施犯罪很难留下犯罪证据，这也在一定程度上使得网络犯罪率迅速增加，因而各国的网络系统都面临着巨大的威胁，网络犯罪也成为严重的社会问题。

(二)网络安全的刑法地位

习近平总书记曾在2014年的中央网络安全与信息化领导小组第一次会议上指出，没有网络安全，就没有国家安全；没有信息化，就没有现代化。这将再次促进网络安全地位的提升，网络安全势必需要更多的法律规定作为保障。网络安全涉及的范围和包含的内容纷繁复杂，面临的侵犯、挑战也来自多个方面。但是目前我国《刑法》对于网络安全的保护比较简单，《刑法》把涉及侵犯网络安全的犯罪行为规定在第六章“妨害社会管理秩序罪”里面的第一节“扰乱公共秩序罪”中，网络安全的刑法地位有被降低之嫌。

“网络全球化”的蓝图正在逐渐展开，作为首要因素的网络安全问题不容忽视，新型的网络犯罪有席卷全球之势，届时其影响力将超过任何一种传统犯罪。网络安全问题不断升级进化，终将上升为国家安全问题。由此可见，网络安全问题直接或间接地影响国家和社会的安全，笔者认为，网络安全应归为公共安全的范畴。

三、网络安全相关刑法规定之检讨

1997年《刑法》初建规范计算机信息系统犯罪的蓝图。2009年《刑法修正案（七）》第9条规定，在《刑法》第285条中增加两款作为第2款、第3款，对侵犯网络信息数据安全以及网络帮助犯进行明文规定，进一步充实计算机犯罪的内容和罪名的构成。2015年《刑法修正案（九）》继续增加关于网络犯罪的规定，详细规定了网络服务提供者的责任与义务以及新型网络犯罪刑事法律责任，扩大了网络安全的范畴，进一步充实了网络犯罪的罪名构成。

2016年11月7日，全国人大常委会表决通过《网络安全法》，于2017年6月1日起实施，这标志着我国在网络安全立法方面取得重大突破。《网络安全法》的出台具有重要意义，使得保护网络安全有法可依。《网络安全法》确立了网络空间安全的基本原则，即网络空间主权原则、网络安全与信息化发展并重原则、共同治理原则；明确政府各部门的职责权限，实行网络安全等级保护制度和安全审查制度；强化网络运行安全，将监测预警与应急处置措施制度化、法治化。

另外，关于网络安全的其他法律法规和规范性文件还有：《最高人民法院、最高人民检察院关于办理侵犯公民个人信息刑事案件适用法律若干问题的解释》《网络产品和服务安全审查办法（试行）》《互联网新闻信息服务管理规定》《互联网信息内容管理行政执法程序规定》《国家网络安全事件应急预案》《工业控制系统信息安全防护指南》等，在公开征求意见的制度文件有：《互联网域名管理办法（修订征求意见稿）》《民航网络信息安全管理规定（暂定）（征求意见稿）》《密码法（草案征求意见稿）》《个人信息和重要数据出境安全评估办法（征求意见稿）》等，这些已经或即将出台的法规制度，将构建起网络空间治理的法律保障体系。

尽管相关刑事法律条文已经基本搭建起对于计算机网络安全的保护体

系，但是我们也要清楚地意识到，对于计算机网络安全保护的刑事法律规定还有许多需要完善的地方。

(一)刑法保护网络安全的范围需要扩大

1. 计算机基础信息系统的保护领域狭窄

《刑法》第285条将非法侵入计算机信息系统的行为规定为犯罪，并将侵入的计算机信息系统限定为“国家事务、国防建设和尖端科学技术”三个领域，把“经济建设”领域的计算机信息系统排除在外，这主要考虑到“经济建设”的范围太宽，可能会扩大打击面，因此没有把“经济建设”领域的计算机信息系统规定在刑法保护的领域之内。但是这样规定又使经济建设领域的一些相当重要的计算机信息系统得不到保护。例如，金融系统目前在社会经济生活中有着非常重要的地位和作用，其计算机信息系统涉及国家和公众的经济利益，一旦安全受到威胁，其后果是非常严重的。因此，有必要对金融机构的计算机信息系统加以刑法方面的保护。

另外，证券交易、邮电、交通、医院、劳动与社会保障以及其他公共部门的计算机信息系统都涉及社会公众的合法权益，也同样需要刑法予以保护。还有，对于个人而言，个人计算机系统和信息就能够随便侵入而不需要给予处罚吗？现代社会网络交流日益频繁，在某种程度上，计算机已经成为现代办公必不可少的条件，有些工作就是通过个人的电脑完成的，现在有些白领已经把办公室“搬到”家里，形成一种崭新的办公模式。个人计算机难道就能够随意地侵犯？这个问题由来已久，然而《刑法修正案（七）》和《刑法修正案（九）》修改相关法条时，对此并没有进行调整。笔者认为，随着个人、公司、社会信息化的发展，相关计算机信息系统的保护也需要重视起来。

2. 犯罪客体错位

从我国《刑法》条文的规定可以看出，直接涉及计算机网络安全保护的第285条、第286条、第286条之一、第287条之一、第287之二都属于

第六章“妨害社会管理秩序罪”。我国传统的刑法理论认为，犯罪客体就是指我国刑法所保护的而为犯罪行为侵犯的社会主义社会关系。[①]犯罪行为侵害的社会关系不同，其社会危害性就不同，因而其犯罪的性质也就不同。《刑法》分则对具体犯罪的划分，基本上以犯罪行为侵犯的社会关系进行分类，以社会危害性的大小进行排序。网络安全的重要性已经上升到了影响国家安全和社会安全的地位，仍然将涉及侵犯计算机网络安全的罪行全部规定在第六章“妨害社会管理秩序罪”中，与实际情形有脱节之嫌。

另外，《刑法》第285条、第286条、第287之一、第287之二条所涉及的7个罪名，其保护的社会关系也明显与妨害社会管理秩序罪有别，下文以《刑法》第286条破坏计算机信息系统罪为例进行说明。破坏计算机信息系统罪在客观行为上有三种表现形式：一是对计算机信息系统功能进行删除、修改、增加、干扰，造成严重后果的行为；二是对计算机信息系统中存储、处理或者传输的数据和应用程序进行删除、修改、增加，后果严重的行为；三是故意制作、传播计算机病毒等破坏性程序，造成计算机信息系统不能正常运行，后果严重的行为。上述三种行为表现形式的社会危害性及其犯罪性质是不同的，但《刑法》却将其笼统归纳在妨害社会管理秩序这一同类客体中，显然是犯罪客体错位。笔者认为，可以将规范侵犯网络安全犯罪行为的条文放置于“危害公共安全罪”一章，这样才可以体现网络安全的重要性，同时亦符合司法实践。

(二)网络主体定位不明

1997年《刑法》规范计算机网络犯罪的时候，并没有意识到计算机网络发展如此迅速。而且，当时的科技发展和时代背景，也无法预期网络空间犯罪主体的变化和特征。《刑法修正案（九）》增加了网络犯罪的主体范围，但并没有从根本上改变对于网络犯罪主体的认识。

① 高铭暄.刑法学原理：第一卷[M].北京：中国人民大学出版社，1993：484-485.

1. 犯罪主体是特殊主体还是一般主体

《刑法》第286条共有3款，第1款是指破坏计算机信息系统功能的行为，第2款指的是破坏计算机信息系统的数据和程序的行为，第3款是指制作、传播计算机病毒的行为。第3款的规定清楚明了，在司法操作上不会存在疑义。但第1、2款在犯罪客体方面容易引起歧义，这就涉及一个问题：谁对计算机信息系统功能实施“删除、修改、增加、干扰”的行为就构成本罪？3721公司创始人周鸿祎就曾在网络上向网友道歉，他在3721公司发展的过程中，设计一种强迫安装程序，即用户根本就没有办法拒绝，该程序能自动装载于计算机内。目前的360软件、雅虎助手、dudu加速、一搜等程序，仍然在做这样的事情。有的流氓程序在安装到用户计算机中的同时，还要卸载用户计算机本身自带的一些程序，给计算机用户带来很大的烦恼，有的甚至把用户的重要材料都删除掉，这样的行为算不算是犯罪呢？如果是犯罪，谁是这种行为的实施者呢？其主观上的意图又该怎样界定？其实施行为的后果应该如何处理？这些问题还需要学界同行认真思考探索。笔者认为，网络犯罪既可以由一般主体构成，也可以由特殊主体构成，对于一些特殊主体实施的网络犯罪行为应该重视起来，对于因其特殊的身份才能够实施的网络犯罪，刑法应该加大处罚力度，甚至对其施以职业禁止。如此才能够做到罪责相适应。

2. 网络犯罪主体低龄化

2011年1月至2017年8月，广州海珠区法院共审结涉网络犯罪案件249件，判决被告人507人。从案件数量看，以侵犯财产类犯罪为主，居前三位的分别为：诈骗、盗窃、敲诈勒索，其中诈骗类的案件有86件，占全部涉网络犯罪案件总数的34.54%。涉网络犯罪案件中案涉507名被告人，其中初中及初中以下文化水平就有366人，占比72.19%，被告人文化水平总体不高。①

计算机犯罪主体的低龄化是一个不容忽视的问题。目前，学校教育都将计算机操作作为基本教育内容加以普及，这对于社会的发展有巨大的

① 此数据来源于《广州海珠法院网络犯罪审判工作白皮书》(2011年1月至2017年8月)。

推动作用。随着计算机的推广和计算机教育的普及，已有一大批未成年人掌握和精通计算机技术，其中有些人凭借丰富的计算机知识和编程才能，制作、传播计算机病毒等破坏性程序，进行计算机网络犯罪。在西方国家，这已成为社会问题之一。[①]我国现在也强调计算机教育，因而计算机网络犯罪主体低龄化的趋势也可能发生，至少我国未成年人制作计算机病毒的案件就已发生多起。[②]然而，我国《刑法》第 17 条第 2 款规定："已满 14 周岁不满 16 周岁的人，犯故意杀人、故意伤害致人重伤或者死亡、强奸、抢劫、贩卖毒品、放火、爆炸、投放危险物质罪的，应当负刑事责任。"这就是说，除了该条款中规定的几种犯罪以外，已满 14 周岁不满 16 周岁的人实施的任何危害社会的行为都不作为犯罪处理。虽然《刑法修正案（十一）》将刑事责任年龄降低至 12 周岁，但也仅限于"犯故意杀人、故意伤害罪，致人死亡或者以特别残忍手段致人重伤造成严重残疾，情节恶劣，经最高人民检察院核准追诉的"情形，因而我国《刑法》中的非法侵入计算机信息系统罪、破坏计算机信息系统罪的主体就不包括该年龄段的未成年人。

但从司法实践来看，实施网络犯罪的行为人有相当一部分不满 16 周岁，这就提出了一个新的问题，如何对未成年人实施的计算机犯罪行为进行防治？鉴于病毒等破坏性程序可能带来的严重后果，有人认为已满 14 周岁不满 16 周岁的人也应成为计算机犯罪的主体，对其犯罪行为承担相应的刑事责任。[③]也有学者认为，应把已满 14 周岁不满 16 周岁的未成年人纳入计算机犯罪的主体范围，在处理时应严格按照刑法关于未成年人特殊保护的规定，从轻或者减轻处罚，在刑种上可以创制"禁止使用计算机设备"等特殊的资格刑。[④]

笔者认为，降低网络犯罪的刑事责任年龄牵一发而动全身，目前我国

---

① 孙伟平. 猫与耗子的新游戏：网络犯罪及其治理[M]. 北京：北京出版社，1999：241.

② 于志刚：计算机犯罪研究[M]. 北京：中国检察出版社，1999：31.

③ 刘广三. 计算机犯罪论[M]. 北京：中国人民大学出版社，1999：189.

④ 李文燕. 计算机犯罪研究[M]. 北京：中国方正出版社，2001：318-319.

刑事责任年龄不宜轻易降低。尽管当前网络犯罪主体的年龄呈现低龄化趋势，但将其作为降低刑事责任年龄的理由还不够。网络犯罪的紧迫性不强，基本上也不存在暴力性犯罪的可能。能够轻松掌握网络技术的天才少年毕竟不多，我们也无需过于紧张，盲目地以偏概全，降低刑事责任年龄。当然这也不是放任青少年网络犯罪而不加管理，我们可以采取出台相关行政法规、加强上网管理、做好网络安全等级划分等措施，来应对网络犯罪低龄化的现象。

(三)刑罚的设置与网络犯罪社会危害性不相符合

我国《刑法》对网络犯罪的处罚的法定刑较低（第285条仅规定三年以下有期徒刑或拘役；第286条对一般情形只规定五年以下有期徒刑或拘役，对造成严重后果的，亦只规定五年以上有期徒刑）。这一刑罚制度在日益猖獗的网络犯罪面前，威慑力不足，从而使刑罚效果大打折扣，不利于对谋取非法利益的犯罪人的有效打击和预防，也不利于对犯罪的未成年人采取较轻刑罚的特殊保护措施，影响用刑的效果。

1. 刑罚处罚较轻

从《刑法》的法定起刑点看，《刑法》第286条规定的破坏计算机信息系统罪“后果特别严重的，处五年以上有期徒刑”，《刑法》第285条规定的非法侵入计算机信息系统罪的法定刑是“处三年以下有期徒刑或者拘役”，这样的量刑标准会导致两个问题。首先，量刑不准，刑法体系出现混乱。《刑法》第124条规定的破坏广播电视设施、公用电信设施罪“造成严重后果的，处七年以上有期徒刑”，同样具有危害公共安全的性质和特别严重的后果，而破坏计算机信息系统罪的法定最高刑起点较轻。其次，由于量刑过低导致失去管辖权，危害国家和公民的安全。根据《刑法》第7条和第8条的规定，中国公民在我国领域外犯罪的，按刑法规定的最高刑为三年以下有期徒刑的，可以不予追究；外国人在我国领域外对中华人民共和国国家或者公民犯罪，按刑法规定的最低刑为三年以上有期徒刑的，可以适用我国《刑法》，但是按照犯罪地的法律不受处罚的除外。而《刑法》第285条规定非法侵入计算机信息系统罪处三年以下有期徒刑，因此，对于我国公民在国外或者外国人在我国领域内实施的非法侵入计算机信息系统的跨国犯罪，由于法定最高刑是三年以下有期徒刑，往往不能追究其刑事责任，不利于严厉打击常见的“黑客”实施的非法侵入计算机信息系统的犯罪活动。

2. 刑罚种类少

计算机犯罪的主体往往是掌握计算机技术的智能型犯罪分子，其犯罪目的通常是为了谋取非法利益或进行技术挑战。而为了打击计算机犯罪，必须从根源上对计算机犯罪实施的条件和环境进行综合的治理。而我国《刑法》目前规定的刑种仅仅是自由刑，不能很好地打击和预防计算机犯罪。为了有效地打击、威慑和预防此类犯罪，应对现行刑法的刑种作出调整，增设相应的财产刑和资格刑。适时修改完善惩治网络犯罪的法律规定，形成惩治网络犯罪的高压态势，这是网络时代刑法扩张的应有之义。“《刑法修正案（九）》突出了对网络犯罪的关注，多个条文与网络犯罪相关，涉及新增犯罪、扩充罪状、降低入罪门槛、提升法定刑配置和增加单位犯罪主体等多种方式。”①

（1）设置财产刑

加大经济上的限制，能够使犯罪分子失去继续犯罪的物质条件。计算机犯罪往往是为了获得经济利益，犯罪的风险大于其所获得的利益，所得大于所失，在一定的程度上会减少计算机犯罪的发生，刑法也可以起到惩戒和预防犯罪的双重效果。

（2）设置资格刑

剥夺犯罪人的职业资格，例如剥夺从事与计算机相关行业的资格等。这主要适用于对计算机形成瘾癖的所谓“网虫”的犯罪人。美国曾经出现这样一批计算机犯罪者，他们在被释放以后，只要给他接触电脑的机会，他就会不由自主地犯罪。美国联邦调查局最后对这类犯罪者的处罚是：剥夺其从事与计算机相关行业的资格。

① 喻海松. 网络犯罪的立法扩张与司法适用[J]. 法律适用，2016(9)：2.

（四）罪名设置不合理

“网络犯罪的罪名偏少，不能全面覆盖网络犯罪行为入侵的全部领域。”①网络犯罪已经从纯粹的以计算机信息系统为犯罪对象的“高科技”犯罪，逐步转变为以计算机为工具实施的传统犯罪。而且在这一演变过程中，两种网络犯罪形式由互为一体逐渐相互分离，并逐渐形成自己所独有的领域和范畴。②在我国第一部《刑法》（1979年《刑法》）立法时，由于当时的计算机发展水平不高，计算机在我国的应用范围极其有限，故1979年《刑法》未对计算机犯罪作出任何规定。随着计算机技术的不断发展和应用范围的不断扩大，1986年在深圳发生了我国首例以计算机为犯罪工具的金融诈骗案件。③此后，类似的案件不断增多。1979年《刑法》无法打击和预防计算机犯罪，针对这种冲击，1997年修订《刑法》时作出了一定的回应，以第285条和第286条专门规定了非法侵入计算机信息系统罪和破坏计算机信息系统罪两个罪名。但是，由于计算机犯罪随着计算机技术和应用的发展而迅速发展，立法的速度却没有跟上客观情况的变化速度，加之立法经验和立法水平不足，这两个罪名的立法本身就不尽完善。尽管《刑法修正案（七）》和《刑法修正案（九）》增加了与网络犯罪相关的罪行和罪名的规定，但是刑法在层出不穷的计算机网络犯罪面前还是显得相对滞后。这种滞后在罪名问题上主要表现为以下几个方面。

1. 已有罪名的立法缺陷已日益显现

首先，《刑法》第285条第1款规定：“违反国家规定，侵入国家事务、国防建设、尖端科学技术领域的计算机信息系统的，处三年以下有期徒刑或拘役”。如上文所述，该法条将非法侵入计算机信息系统罪的犯罪对象仅限于国家事务、国防建设和尖端科技领域的计算机信息系统，

① 寇桂君.论网络犯罪立法完善的必要性[J].理论与改革，2013(1)：185.

② 于志刚，于冲.网络犯罪的裁判经验与学理思辨[M].北京：中国法制出版社，2013：20.

③ 康树华.犯罪学通论[M].北京：北京大学出版社，1992：330.

保护范围显得过于狭窄。这种规定，明显落后于时代发展，与计算机技术日新月异的发展及其在我国各行各业的广泛应用状况极不相称。目前我国许多单位，尤其是金融、邮电、医疗、交通、教育等部门都建立了计算机信息系统。这些信息系统涉及社会生活的各个方面，许多系统与公众利益息息相关，如果对这些计算机信息系统不从刑法上加以保护，那么对这些系统的非法侵入将无法用刑罚加以制裁，这极不利于打击犯罪，保护国家、社会和公民个人的合法权益。因此，在刑法中对其保护范围作适当扩大，显得很有必要。

其次，根据《刑法》第286条的规定，破坏计算机信息系统罪，是指违反国家规定，对计算机信息系统功能进行删除、修改、增加、干扰或对计算机信息系统中储存、处理、传输的数据和应用程序进行删除、修改、增加的操作，或故意制作、传播计算机病毒等破坏性程序，影响计算机系统正常运行，造成严重后果的行为。本条旨在保护计算机信息系统安全，但该条的规定也显示出一些不足之处。本条将传播计算机病毒的行为规定为实害犯，即需要造成严重后果的才能构成犯罪。这一规定不尽合理。计算机病毒往往具有潜伏性，感染病毒的计算机系统不一定立刻受到病毒的影响。例如风行全球的CIH病毒，就经历了一个较长的潜伏期之后才全面暴发。如果按本条的规定以实害犯标准加以衡量，那么在潜伏期内就看不出其实质的危害结果，从而很难适用本条对其加以惩处。但如果以危险犯标准，即以计算机病毒可能给信息系统造成多大危害来加以衡量，则可以通过估测病毒感染的范围以及从程序代码的分析结果中估测其可能具有的破坏力大小，只要其对计算机信息系统安全的威胁达到一定程度就能构成本罪。因而，若将本条中传播计算机病毒的行为由实害犯改为危险犯并单独成罪，则更加合理、可取。

2. 罪名类型归属不当，应作调整

现行《刑法》将计算机犯罪归属于分则第六章“妨害社会管理秩序罪”当中，这一归类不甚妥当。具体原因请见上文。另外，将传播计算机病毒，或者利用危害程序侵犯计算机程序危害公共安全的罪名，完全放在破坏计算机程序罪里面与司法实践不相符合。

四、提高网络安全刑法地位的建议

“网络安全法律在国家治理体系和治理能力现代化，以及全球互联网治理体系变革中处于关键地位，既要通过规制危害网络安全的行为，又要通过促进网络技术的发展以掌控网络的新技术，从而保障我国网络空间的安全，最终目标是维护国家网络空间主权、安全和发展利益。”①

（一）《刑法》总则增加网络安全的内容

笔者建议《刑法》总则增加网络安全的相关内容，提升和促进人们对于网络安全的认识、了解和重视，同时在今后的立法、修法和执法的工作中也要突出网络安全的重要地位，因此在总则增加网络安全内容是必要的。

1. 网络安全已经成为新的国家安全观的重要内容

新的国家安全观与传统的国家安全观不同，新的国家安全观还包括非传统领域的安全，目标是构建集政治安全、国土安全、军事安全、经济安全、文化安全、社会安全、科技安全、信息安全、生态安全、资源安全、核安全等于一体的国家安全体系。曾任清华大学法学院院长的王振民教授认为，《中华人民共和国国家安全法》规定：“国家建设网络与信息安全保障体系……加强网络管理，防范、制止和依法惩治网络攻击、网络入侵、网络窃密、散布违法有害信息等网络违法犯罪行为，维护国家网络空间主权、安全和发展利益。”这是我国第一次明确提出“网络空间主权”这一法律概念，这可以理解为国家主权在网络空间的体现、延伸和反映。如今，互联网已经成为国家重要的基础设施。中国境内的网络，当然属于国家主权管辖范围，我国有权对境内的互联网通过立法、

---

① 李欲晓，邬贺铨，谢永江，等. 论我国网络安全法律体系的完善[J]. 中国工程科学，2016(6)：30.

司法等途径进行管理。

2. 网络安全对建设网络强国具有重要意义

习近平总书记强调，要理直气壮维护我国网络空间主权，明确宣示我们的主张。现在，各级领导干部特别是高级干部，如果不懂互联网、不善于运用互联网，就无法有效开展工作。网络强国的首要关键就是要保证网络的安全，也只有保证了网络安全的正常运作，才能够更好地建设网络、利用网络和发展网络。各级领导干部要学网、懂网、用网，积极谋划、推动、引导互联网发展。要正确处理安全和发展、开放和自主、管理和服务的关系，不断提高对互联网规律的把握能力、对网络舆论的引导能力、对信息化发展的驾驭能力、对网络安全的保障能力，把网络强国建设不断推向前进。

3. 网络安全直接影响国家安全和公共安全

当前，我们有理由以更为开阔的视野审视网络安全。网络安全不仅是网络本身，还包含社会安全、基础设施安全、人身安全等在内的“大安全”概念，迫切需要建立与之相适应的保障体系。把网络安全上升到“大安全”的高度，上升到与公民权益、国家利益息息相关的高度，网络安全应获得更为广泛的关注。没有网络安全就没有国家安全，网络要发展，更要保安全。在走向建设网络强国的路上，我们必须意识到网络安全的重要性，网络安全为人民，网络安全靠人民，维护网络安全是全社会的共同责任。要实现这一目标，从政府到企业，从学校到社会组织，从主管部门到执法部门等都需要做到守土有责、守土负责、守土尽责。同时，作为最直接受益者的广大网民，也需要参与其中。在网络空间命运共同体的召唤下，我们一起构筑网络安全防线，才能享受到更有品质的网络生活。

(二)将危害网络安全犯罪的法条调整至危害公共安全章节中

危害网络安全的犯罪侵犯的权益涉及公共安全，如上文所述，网络安全已经不限于计算机网络本身的安全，还包括公共安全。我国《刑法》

将涉及网络的相关犯罪行为都放在“妨害社会管理秩序罪”一章，降低了网络安全的刑法地位。笔者建议调整相关的法律条文至“危害公共安全罪”一章。理由如下：

第一，制作、传播计算机病毒的犯罪行为侵犯的客体应该是社会公共安全。《中华人民共和国计算机信息系统安全保护条例》第28条规定：“计算机病毒，是指编制或者在计算机程序中插入的破坏计算机功能或者毁坏数据，影响计算机使用，并能自我复制的一组计算机指令或者程序代码。”根据这个规定，计算机病毒一旦发生作用，所带来的危害是难以计算、无法估量的，对社会造成的危害很严重。社会公共安全即指不特定多人的生命、健康、重大公私财产以及公共生产、生活的安全，而故意制作、传播计算机病毒的犯罪行为侵犯的客体符合“社会公共安全”这一概念。可见，计算机病毒与其他计算机破坏性程序比较，可以侵害公众利益，其社会危害性比其他破坏性程序更大，具有危害公共安全的性质。

第二，制作、传播计算机病毒行为对社会公共安全的危害性并不比破坏公用电信设施行为危害性小。《刑法》第124条规定：“破坏广播电视设施、公用电信设施，危害公共安全的，处三年以上七年以下有期徒刑；造成严重后果的，处七年以上有期徒刑。”根据《刑法》的规定，破坏正在使用的公用电信设施属于危害公共安全这一类罪，只要危害公共安全，即使没有造成严重后果，也要受到刑事处罚。因为公用电信设施一旦受到破坏，可以使公众的通信安全受到威胁，也有可能对人民群众的人身和财产安全造成危害。但是，故意制作、传播计算机病毒也可以造成严重后果，如可以使通信、金融、交通的计算机及其信息系统在瞬间陷入瘫痪，从而造成巨大的财产损失，甚至导致人身伤亡或者其他严重后果，也可以直接损坏成千上万台正在使用的计算机及其相关设备，造成难以估量的财产损失。所以，制作、传播计算机病毒行为不比破坏公用电信设施行为对社会公共安全的危害性小，将其纳入危害公共安全这类犯罪是适当的。

第三，国外的立法借鉴。如日本刑法根据侵犯的法益分别将计算机犯罪规定在不同的章节中：在针对名誉、信用的犯罪中规定了电子计算机损坏等业务妨害罪；在针对财产的犯罪中规定了电子计算机使用诈欺罪以及在针对公共信用中规定了电磁记录不正制作及使用罪等。[①]

网络安全对于国家、社会和个人的重要作用已经不言而喻，随着科技的发展和社会的进步，网络与我们每一个人的关系将会更加紧密。未来网络会发展到什么阶段，无人能够准确预料。2016年3月，阿尔法围棋与围棋世界冠军、职业九段棋手李世石进行围棋人机大战，以4比1的总比分获胜；2017年5月，在中国乌镇围棋峰会上，它与排名世界第一的世界围棋冠军柯洁对战，以3比0的总比分获胜。围棋界公认阿尔法围棋的棋力已经超过人类职业围棋顶尖水平。当机器人第一次战胜人类的时候，我们每一个人都意识到一个崭新的时代到来了。这个时代充满了未知，也充满了挑战。我们无法预知未来网络会是什么样，我们也无法得知网络与人工智能联系在一起会起到什么样的化学反应。我们只需要让人们认识到网络安全在我们生活中的重要地位，利用好、管理好、规制好网络，促进网络安全、稳定运行，以实现国家和社会和谐、有序发展。

① 大塚仁．刑法概说（总论）［M］．冯军，译．3版．北京：中国人民大学出版社，2003：167，262，462．

第四章 刑法因果关系基本问题

关于刑法的因果关系理论的讨论，学界目前还没有一个确切的结论，这给我们的司法理论和实践发展带来了很多的不便。对于刑法因果关系理论的研究从20世纪80年代兴起直到今天，已经有几十年的研究历史。随着法学理论的日渐成熟，学界对于刑法因果关系理论的研究也更加深入和系统。公开发表的关于刑法因果关系的专著、论文有很多，代表性的专著有李光灿教授等撰写的《刑法因果关系论》，侯国云教授撰写的《刑法因果新论》，张绍谦教授撰写的《刑法因果关系研究》等。《刑法因果关系论》和《刑法因果新论》两书的论点，基本上没有摆脱必然因果关系和偶然因果关系理论的局限；张绍谦教授提出了事实因果关系和法律因果关系相统一的观点。陈兴良教授提出因果关系是行为事实与价值评判相统一的观点，认为作为行为事实的因果关系只有经过价值评判才能转化为犯罪的因果关系。[①]这些观点，在一定程度上跳出了刑法因果关系的巢穴，对于正确理解刑法因果关系具有重要意义。[②]但是遗憾的是，关于刑法因果关系的诸多理论问题，至今仍未取得共识。比如，对于刑法中到底有无偶然因果关系的问题，两种相反的观点仍然相持不下；在赞成有偶然因果关系的学者中，对于什么是刑法中的偶然因果关系，也莫衷一是。刑法因果关系理论仍然像带着面纱的少女，没有能够完全展示出其本色。总之，对于刑法中的因果关系的问题，还需要学界投入更

① 陈兴良.刑法哲学[M].北京:中国政法大学出版社,2000:111.

② 陈兴良.本体刑法学[M].北京:商务印书馆,2001:281.

多的力量进行研究。

笔者试图揭开刑法因果关系理论的面纱，为大家展示出刑法因果关系的本来面目，让大家对刑法的因果关系有最直接的印象。

司法实践中，主要在两个方面需要解决刑法的因果关系问题，一是已经发生某种危害结果，但不知是谁的行为所引起；二是已实施的犯罪行为，造成了哪些犯罪结果。[①]后一种情况比较容易解决，关键是前一种情况，某种危害结果已经发生时，必须查明是谁的行为造成。司法机关在考察刑法的因果关系的时候，先考察一般意义上的因果关系，推定“谁”的行为造成危害，该行为是否符合犯罪构成，最后得出结论：行为人是否应该承担刑事责任。也就是说，刑法上的因果关系研究的对象主要是两个角度：一个是认定的角度，一个是确定的角度。认定的角度考察的是人的行为与危害结果之间的关系，确定的角度考察的是危害行为与危害结果之间的因果关系。

我们还可以对刑法的因果关系进行更细致的描述，从认定角度进行考察的刑法因果关系属于广义上的因果关系，笔者认为，广义上考察的刑法因果关系与英美法系考察的事实上的因果关系具有相似之处，都注重一般意义上的因果联系；从结局上考察的刑法因果关系属于狭义上的因果关系，笔者认为，狭义上的因果关系是我们在事实上的因果关系基础上赋予刑法意义的因果关系，我们也称之为法律上的因果关系。我国法律上的因果关系与英美法系的法律上的因果关系实质内容亦有相仿之处，都是为事实因果关系赋予刑法上的意义，只是赋予法律意义的标准不同，我国事实因果关系的判断是以犯罪构成为标准的。广义上的刑法因果关系存在于危害结果（也包括与危害结果有关联的其他结果）和引起危害结果出现的危害行为（包括加功于危害行为的行为）之间。狭义的刑法因果关系存在于符合犯罪构成的危害行为与行为引起的需要追究刑事责任的危害结果之间。广义上的因果关系也可以称为事实上的因果关系，狭义上的因果关系也可以称为法律上的因果关系。事实上的因果关系是

① 苏惠渔．刑法学［M］．北京：中国政法大学出版社，1997：127.

法律上的因果关系的基础，法律上的因果关系是事实上的因果关系的升华。

一、刑法因果关系研究的沿革

刑法因果关系在刑法学中占有十分重要的地位，也十分令人瞩目。它既是犯罪构成理论的一个重要组成部分，也是司法实践中正确认定犯罪所必须解决的问题之一，因而是刑法学中一个重要的研究课题。

（一）刑法因果关系的源起

1. 我国刑法因果关系的源起——保辜制度

早在公元前11世纪至公元前841年间的西周成康时期，人们就认识到了因果关系对定罪的重要性，从而创造了一种朴素的以时间来限定因果关系的保辜制度。保辜制度的问世，正是刑法因果关系论最早出现于刑事法律中的标志。保，养也；辜，息也。从刑法制度来说，保辜是指发生伤害行为之后，如果在法定期限以内引起被伤害者死亡，那么对伤人者就以杀人罪论处；如果在法定期限以外引起被伤害者死亡，那么对伤人者就以伤害罪论处。这是仅仅从时间上（即因果方面的一个方面）来区分伤害行为同死亡结果之间的因果联系的刑法规定，并且把这种区分又同追究行为人的刑事责任的轻重联系在一起来考虑，实在难能可贵。随着刑法学的日益发展，含有因果联系因素的保辜制度逐渐被废弃。明律所规定的对伤人“限外死亡者”，必须奏请皇帝定夺；而《大清新刑律》则干脆删除了有关保辜的律文。

2. 西方刑法因果关系的源起——一年零一日规则

与中国古代的保辜制度极为相似的是西方普通法上的一年零一日规则。一年零一日规则是英美等国普通法杀人罪（谋杀和非预谋性杀人）的规定中关于加害人是否对被害人的死亡负责的一种时间标准，亦即确定加害行为与死亡结果之间有无因果关系的一个标准。以前人们对医学知识所知甚少，不能够短时间内科学地断定加害行为与死亡结果之间是否存在必然联系，所以对某人是否因自己的行为对他人死亡负责的问题确定了一个绝对规则：如果被害人在遭受打击之后继续维持生命达一年零一日以上，则即使在此之后死亡，行为人也不因此而负谋杀罪责；相反，只要被害人在遭受打击之后一年零一日内死亡，除明显其他外力所致之外，行为人都要因此而负谋杀罪责。[①]

(二)近现代刑法因果关系理论的发展

1. 两大法系因果关系理论研究状况

19世纪以后，西方的法律思想和法学理论得到充分发展。与此相适应，刑法理论也得到了较大的发展。至19世纪中叶，西方刑法学中的犯罪构成理论业已创立，犯罪客观结构论开始占统治地位。这一时期，西方的刑法学家们也开始关注刑法因果关系命题，就此撰写了大量的论文和专著，这些学说对推动刑法因果关系的研究和发展无疑起到了一定的积极作用。英美法系和大陆法系对于因果关系研究的特点具体如下。

（1）英美法系对因果关系研究的特点

英美法系因果关系理论的发展始于近代。英美法系以遵循判例为办案宗旨，刑法研究的重点放在如何从以前的判例中寻找各种具体犯罪的处理原则方面，而对构成要件系统的刑法基本理论研究不多。因果关系问题历来被认为是事实问题，需由陪审团认定，与法律问题关系不大，因而英美法系在以前对于因果关系并没有给予足够的重视，只是在一些与因果关系问题联系较紧密的具体犯罪的研究中顺便提到这一问题。不过，20世纪中后期以来，因果关系一般原理的研究开始逐渐受到英美刑法学者的重视，专门研究因果关系问题的论文、专著不断出现。英美法系对于因果关系的研究主要具有以下两个特点：

第一，注意从具体案件的判决结果及判决理由中去归纳提炼因果关系的处理原则，受哲学中因果关系争论的影响比较小。

---

① 塞西尔·特纳．肯尼刑法原理[M].王国庆，李启家，邱兴隆，等译．北京：华夏出版社，1989：142.

第二，刑法中的因果关系分为两个层次，一是事实上的因果关系，二是法律上的因果关系，即“双层次原因学说”，对于不同层次的因果关系采用不同原则进行认定。

（2）大陆法系对因果关系研究的特点

大陆法系国家对因果关系问题的系统研究时间也不是很长。总的来看，在19世纪开始之前，大陆法系刑法学界还没有注意系统研究因果关系的一般理论，而只是在对各种具体犯罪阐明其成立要件时，分别进行具体研究。19世纪60年代开始，随着因果行为论出现，因果关系才开始被作为犯罪行为的共同要素而加以研究。自此后至今，刑法学界对因果关系的研究不断发展。相对于英美法系，大陆法系对于因果关系的研究具有以下特点：

第一，强调刑法基本原理而进行逻辑分析，特别强调理论本身的完善及与犯罪成立所需要的各要素关系的协调，追求犯罪构成理论体系的完善和合理。

第二，英美法系的国家中，强调因果关系主要属于事实问题而应由陪审团认定，而大陆法系的国家没有作这样的区分，一概交由法官认定。

2. 我国刑法因果关系理论的发展

中国人民共和国成立初期，我国刑法学界在引进苏联刑法理论的基础上，对犯罪构成理论和刑法因果关系理论都进行了初步的研究。在因果关系问题上，通过讨论，统一了如何将马克思主义哲学关于因果关系的理论运用到刑法科学中来的认识。这个时期我们国家在研究因果关系上具有以下两个特点：

第一，刑法因果关系的研究与哲学因果关系研究密切联系在一起，认为应当、并且都自觉地运用马列主义哲学中因果关系的一般原理指导刑法因果关系的研究。

第二，由于过分强调与哲学上的因果关系的一致性，忽略了刑法因果关系个性的研究。这在一定程度上影响了理论研究对于司法实践应当起到的指导作用。

进入20世纪80年代以后，随着1979年《刑法》的正式实施，学者们除了探讨刑法因果关系的一些基本问题，如马克思主义哲学对刑法因果关系的指导、因果关系的客观性与相对性、因果关系的内外因原理、因果关系与刑事责任的关系、原因与条件的区别、共同犯罪的因果关系、自杀案件的因果关系等问题之外，更多是关于必然因果关系和偶然因果关系的争论。

20世纪90年代以后，刑法上的因果关系理论有了新的突破。有的学者有条件地借鉴了英美法系的因果关系理论，如张绍谦教授所提出的："刑法因果关系是作为刑事责任的客观根据而存在于刑法之中的，它既是行为与结果之间一种客观存在的事实因果关系，同时又是为法律所要求的法律因果关系，是事实因果关系与法律因果关系的统一。其中，事实因果关系是刑法因果关系的基础，而法律因果关系则是刑法因果关系的本质。"[①]这对我们国家的因果关系理论的发展带来了新的思考方法。这个时期我国因果关系理论研究仍然是在哲学的因果关系理论的指导下进行的，不过开始有目的地研究和借鉴英美法系和大陆法系相关的因果关系理论。

3. 评述

迄今为止，国内外对于刑法上的因果关系理论未统一形成定论。我国的刑法因果关系理论为什么滞固于哲学范围内，停留在必然因果关系和偶然因果关系理论的争辩中不能自拔呢？笔者认为，主要有两点原因：

第一，我们国家的学者在研究因果关系理论的时候，没有把刑法上的因果关系和哲学上的因果关系区分开，总是试图用哲学上的因果关系理论来概括刑法上的因果关系理论。可是刑法上的因果关系有自己独特的特点，这是哲学上的因果关系没有办法解决的。刑法上研究因果关系的目的是为判断行为人是否应当承担刑事责任提供客观基础或者说认识，而哲学上研究因果关系理论是为了研究事物的发展规律，以便掌握事物的发展规律，更好地提高人类解放自己的能力。两者的目的是根本不同

① 张绍谦.刑法因果关系研究[M].北京:中国检察出版社,1998:111.

的，完全将哲学上因果关系理论应用到刑法中，而不考虑刑法的实际情况，最终则陷入必然因果关系和偶然因果关系争论的漩涡中。

第二，我国刑法学界对于因果关系理论的一些基本概念没有完全弄清楚。例如，“刑法因果关系的本质是什么?”“什么是刑法的因果关系?”“刑法上的因果关系的原因包括哪些方面?”“刑法中的因果关系是什么样的形式和联系?”等。如果对于这些理论上的问题没有清楚的认识和理解，因果关系研究就是建立在空中的楼阁，是不会经得住推敲的。

上述原因说明，要使刑法因果关系的研究摆脱目前的困境，取得突破性的进展，必须做到以下两点：首先，必须对哲学上的一些与因果关系有关的基本范畴进行深入的、开拓性的研究，而且要敢于冲破传统理论的束缚；其次，必须对一些基本概念统一认识，而且要勇于摆脱错误的认识，统一到正确的认识上来。

二、刑法因果关系的解析

司法实践中要想准确掌握因果关系，必须掌握因果关系的本质，了解因果关系的内涵及其在刑法犯罪理论中的地位。只要这样，才能真正把握刑法因果关系。

(一)刑法因果关系的本质

要了解刑法因果关系的本质，就要分析刑法因果关系与哲学因果关系的关系。

1. 因果关系的哲学属性

学界对因果关系的本质存在着认识上的分歧。有的学者认为，因果关系是事物发展的规律；有的学者认为，因果关系是事物发展的趋势；有的学者认为，因果关系是转化与被转化的关系。还有学者甚至否定世界上存在因果关系，更别说刑法上的因果关系。18世纪英国哲学家休谟就持这样的观点。他不但否认因果之间有必然联系，而且否认任何因果关系的存在。他的观点可以归结为两点：第一，我们的感官只能感知个别的事实，并不能感知事实之间有没有因果关系。仅仅由于某些事实经常集合在一起先后或同时被我们感知，我们便推断它们之间有因果关系。所以，所谓因果关系只不过是我们的习惯性联想，至于实际上是否存在，我们永远也无法知道。第二，所谓因果关系是一事实与另一事实的关系，可是，观察和实验总是有限的，不管我们多少次看到两个事实同时或相继出现，我们也不能据此断定它们永远如此。即使你天天早晨看到太阳升起，你也不能据此断定未来每一天早晨太阳一定升起。经验只能说明过去，不能说明未来，从经验中不能得出永远有效的必然判断。

上述的观点都是片面的或者说侧重点是不同的，如休谟认为没有因果关系的存在，这显然是主观唯心主义的典型表现，只是注重主观意识而忽略客观存在。恩格斯说："我们在观察运动着的物质时，首先遇到的就是单个物体的单个运动的相互联系，它们的相互制约。但是，我们不仅发现某一个运动后面跟随着另一个运动，而且我们也发现：只要我们造成某个运动在自然界中发生的条件，我们就能引起这个运动……我们能给这些运动以预先规定的方向和规模。因此，由于人的活动，就建立了因果观念的基础，这个观念是：一个运动是另一个运动的原因。"[①]相对应的就是另一个运动是一个运动的结果。这说明，只要我们为我们所要的"方向和规模"创造了条件，我们就能得到我们所需要的"方向和规模"。但是，在事物发展所创造的条件或者所拥有的条件中，决定"运动"的发展方向的主要力量就是哲学上所说的"运动"的质；我们所预见的，或者说"运动"因为具有相应的条件所引起的"运动"，其实现的程度就是哲学上所讲的"运动"的量。

因果关系是一种联系，是两个现象之间的联系，或者说是两个独立现象之间的联系，这两个独立的现象一个是"原因"，一个是"结果"，两者之间有共同的内在的质作为两者的内部联系。"从因果关系的形成过程来看，原因过渡到结果，实质上是原因自身转化为结果，结果则是一种

① 马克思恩格斯全集：第二十卷[M].北京：人民出版社，1971：572-573.

变化了的原因；结果潜在地蕴含于原因之中，原因则以变化了的形态表现在结果的内容里。这表明：结果的一切内容均由原因转化而来，而原因的内容也均转化为结果，二者内容具有质和量的一致性。即原因和结果只是同一内容的不同表现形态。大原因必定产生大结果，小结果只能产生于小原因，二者在性质、规模、程度上是相等或相当的。”①但是更多的是由于一定的条件的出现，其原“引起”的现象的质发生变化而达到一种升华，在这一点上，认为因果关系是事物发展的规律是不恰当的。因果关系是一种联系而不是一种规律，事物发展的规律有很多种，就好像大自然变化有许多的规律，如陆地上的水遇热变成了蒸汽，蒸汽在天空中遇冷又变成了水，也就是雨、雪、霜等降落回地面，然后循环往复，这是一种规律。用比较直白的说法，规律更像是“轨迹”，无论事物是否具备了所要发展的条件，规律都会在固定的模式下指引该事物或现象按照既定“轨迹”向前发展，这是没有办法改变的内在规律。但是因果关系不是这样的，因果关系不是规律，没有人能够说明白因果关系中的规律是什么。同样的道理，说因果关系是事物发展的趋势就更让人无法理解，事物的发展趋势只是因果关系中两个现象之间由此到彼发展的方向而已，要是用这样的“方向”来说明并指定其代表因果关系那简直是大谬不然。

2. 因果关系的刑法属性

我们认为哲学上的因果关系是引起与被引起的关系，那么，刑法上的因果关系是否也具有引起与被引起的性质呢？答案是肯定的。首先，刑法上的因果关系理论受哲学上的因果关系理论的指导，是共性和个性的关系。其次，从刑法上来说，人的危害行为是从无到有的变化，引起了社会关系发生从正常到有害的变化。前一种变化就是“引”即原因，后一种变化就是“起”即结果。作为原因的危害行为从无到有的变化，产生了一种作用力，当这种力量以不同的方式（积极或消极）作用于客体时，对客体内部的矛盾运动发生相应的影响作用，从而引起这种客体发

① 刘冠军，高懿德．因果关系新论[J]．晋阳学刊，1998(1)：52.

生另一种有害于社会的变化，因而为刑法所禁止，引起结果有害变化的行为，也因而成为刑法惩罚的对象。这时，存在于前一行为和后一客体变化之间的引起与被引起关系，就是刑法上的因果关系。

3. 哲学因果关系和刑法因果关系的联系

那么，哲学上的因果关系和刑法上的因果关系到底是什么样的关系呢？我们能不能把哲学上的因果关系放在刑法上来运用呢？唯物辩证法认为，世界上任何一个事物都存在着共性和个性两个方面。共性使事物和他事物相联系，个性使事物和他事物相区别。把各个事物的共性概括起来，就成了一般性、普遍性；个性相对于一般性和普遍性，就是特殊性。由此可见，一般性和普遍性存在于个别性和特殊性之中，而个别性和特殊性又包括在一般性和普遍性之中。所以，列宁说："个别一定与一般相联而存在。一般只能在个别中存在，只能通过个别而存在。任何个别（不论怎样）都是一般。任何一般都是个别的（一部分，或一方面，或本质）。"[①]虽然一般包括了个别，但一般并不能完全包括个别，它只是包括了个别的共性，无法包括个别中的个性。所以，列宁又接着说："任何一般只是大致地包括一切个别事物。任何个别都不能完全地包括在一般之中。"[②]正因为一般既包括了个别，又不能完全包括个别，所以一般不能代替个别，个别也不能脱离一般。一般总是抽象的，个别总是具体的。抽象的要运用于具体的，具体的可以体现抽象的。

同样的道理，各门学科中的因果关系也都存在共性和个性两个方面。哲学上的因果关系正是概括了各门学科中的因果关系的共性，才形成了自己的带有普遍意义的因果关系理论。因此，马克思主义哲学上因果关系的原理是既可以应用于自然科学，也可以应用于社会科学的普遍真理。刑法学作为一门特殊学科，它的因果关系理论自然也包含于哲学因果关系中的共性，同时也包含特殊性（个性）。这种特殊性就在于刑法因果关系的研究目的和研究对象不同于哲学的和其他的因果关系。因此，刑法

① 列宁选集：第2卷[M].北京：人民出版社，1972：713.

② 列宁选集：第2卷[M].北京：人民出版社，1972：713.

因果关系既不能脱离哲学因果关系的指导，也不能被哲学因果关系所代替，而只能将哲学上的因果关系原理按照刑法因果关系的特殊性应用于刑法，这就是哲学因果关系与刑法因果关系的联系。

（二）刑法因果关系在理论和司法实践中的认识

刑法因果关系既是犯罪构成理论的构成要素，同时因为因果关系本身的特点，决定了因果关系与司法实践工作也有着密切的关系。

1. 理论认识阶段

刑法上的因果关系的理论认识主要分两个层面，一个是认定层面的因果关系，一个是确定阶段的因果关系。认定阶段的因果关系属于事实因果关系，确定层面的因果关系是法律因果关系。认定阶段的事实因果关系是法律因果关系的基础，确定阶段的法律因果关系是事实因果关系的升华，是以犯罪构成作为标准，为事实上的因果关系赋予法律上的意义。

事实上，学界研究因果关系只是注重了认定阶段的刑法因果关系，即事实因果关系。在认定阶段的刑法因果关系理论研究得很透彻，但是有一个普遍误区就是，每个理论都试图用认定阶段的刑法因果关系理论涵盖确定阶段的刑法因果关系理论，这在事实上和实践中是不可以的，因为这两个阶段是不同的，而且两者判断的标准也不是一样的，自然不能混为一谈。

2. 司法实践认识阶段

哲学上研究因果关系是从原因入手，按照因果关系发展的规律来认识事物。刑法上恰恰相反，司法人员在认定因果关系的时候，是从危害结果倒溯去寻找原因。比如，一个人被他人伤害致死，就是人的生命的正常发展的中断。事物的发展与事物发展的中断从表面上看都是事物的变化，但二者在本质上却是完全不同的两码事：一个是事物自身的正常发展，一个是对这种正常发展的破坏。二者是不相容的完全对立的关系。因此哲学和刑法上研究因果关系注意的角度和方法也是不同的。

认定阶段的事实因果关系，在刑法理论上和实践中起到的作用是不可比拟的。在司法实践中，正是因为运用刑法因果关系的理论，我们才可以在众多的引起危害结果的原因中，选出具有刑法意义的原因，确定法律上的因果关系，从而为追究行为人的刑事责任提供客观依据。

(三)刑法因果关系的研究对象

我们确定了刑法因果关系的研究阶段，就要了解具体的研究阶段我们要研究的对象，以下是对刑法因果关系研究对象的介绍。

1. 学界对刑法因果关系的研究对象的不同认识

学术界关于刑法因果关系的研究对象在刑法层次上没有争论，都认为犯罪构成下的危害行为与危害结果就是法律层次上的研究对象。争论主要集中在事实因果关系的研究对象，目前在刑法学界共有“行为说”“违法行为说”“危害行为说”“违刑危害行为说”“犯罪行为说”五种不同的意见。

“行为说”认为，刑法中的因果关系是指人所实施的行为与危害结果之间的因果关系。这就是说，刑法因果关系应当从世界的普遍联系中抽出“人的行为”和“危害结果”这两个现象专门加以研究。其理由主要有两点：第一，刑法把犯罪行为作为研究对象的同时，也必然要研究具有犯罪的某些特征而尚未构成犯罪的行为，如意外事件、不到法定年龄或无刑事责任能力的人造成危害结果的行为，这也是刑法的研究对象；第二，从刑法研究因果关系的目的看，只是为了确定某种行为是否符合犯罪构成的客观要件，并不要求在研究客观条件的过程中，连同犯罪构成的主观方面也一起研究。某种行为是否符合犯罪构成的全部条件，并不是刑法中研究因果关系能全部解决的问题。[①]

“违法行为说”认为，刑法因果关系“是指行为人的违法行为与危害结果之间的关系”[②]。这就是说，刑法因果关系应当把人的“违法行为”和“危害结果”这两个现象抽出来专门加以研究。这种观点也受到了一

① 程康彦.略论刑法中的因果关系[J].法学评论,1983(1):37.

② 高铭暄.新中国刑法学研究综述(1949-1985)[M].郑州:河南人民出版社,1986:159.

些同志的批评。有人指出："违法行为包括的范围是很广泛的。民事违法行为、经济违法行为、行政违法行为、刑事违法行为等，都属于广义的违法行为。如果不加任何限制地将违法行为作为刑法因果关系的界定对象，就会混淆刑法与其他法律所研究的因果关系的区别。"①

"危害行为说"认为，"刑法中因果关系的研究对象是危害社会的行为与危害结果之间的关系"。这就是说刑法因果关系应当从世界的普遍联系中抽出"危害社会的行为"和"危害社会的结果"这两个现象专门加以研究。其理由也有两点：第一，研究刑法中因果关系，就要首先看一看有无危害社会的行为和危害结果，然后才能进一步研究这两种现象有无因果关系。危害社会的行为是指人的有意志、有意识侵害社会的活动，是行为人负刑事责任的客观依据。危害结果是指对我国刑法所保护的社会主义社会关系的损害。它只是一种客观事实，不能独立解决刑事责任问题。只有与引起这种危害结果的危害社会的行为结合起来，才能确定行为人是否负刑事责任。因此，要研究危害社会的行为与危害结果之间的因果关系。第二，危害结果同犯罪客体有着内在的有机联系，危害社会的行为与犯罪的主观方面亦有内在的统一的联系。我们不能忘记或忽视危害社会的行为与犯罪的主观方面这种内在的统一性。②

"违刑危害行为说"认为，刑法因果关系的研究对象是客观上违反刑法规定的符合犯罪客观要件的危害社会的行为（包括作为和不作为）同危害社会的结果之间的因果关系。这就是说，刑法因果关系应当从世界的普遍联系中抽出"违反刑法的危害社会行为"（简称违刑危害行为）和"危害社会的结果"这两个现象专门加以研究。③

"犯罪行为说"认为，刑法因果关系是研究犯罪行为与犯罪结果之间的因果关系。这就是说，刑法因果关系应当从世界的普遍联系中抽出"犯罪行为"和"犯罪结果"这两个现象专门加以研究。其主要理由是：

① 李光灿，张文，龚明礼．刑法因果关系论[M]．北京：北京大学出版社，1986：21.

② 吕占锁．也谈刑法中因果关系的研究对象——与程康彦同志商榷[J]．法学评论，1983(C1)：95.

③ 李光灿，张文，龚明礼．刑法因果关系论[M]．北京：北京大学出版社，1986：22-23.

“刑法研究因果关系的目的，是为了在犯罪结果发生之后，同对犯罪主体和犯罪构成主观方面必要条件的研究相结合，着重研究犯罪构成客观方面的必要条件，以便确认某人实施的同已发生的犯罪结果具有因果关系的某一特定行为，具备犯罪构成的一切必要条件即已构成犯罪，那么，就可以肯定这一因果关系是犯罪的因果关系。”①

2. 刑法因果关系的研究对象

通过上文对刑法因果关系本质和研究阶段的论述，我们可以得出三点认识：一是在研究刑法因果关系之前，不需要也不可能对行为进行定性。如果已经对行为做了定性，即已经确定了行为是否要承担刑事责任，也就不需要再对该行为进行研究，至少在涉及刑法的因果关系方面不需要对其进行研究；二是在实践中，从严重危害结果倒溯上去寻找引起结果的行为这个过程，就是对刑法因果关系的研究；三是在研究刑法因果关系之前，必须对结果的性质做出判断，而且必须判明是严重危害社会的结果，才能开始刑法因果关系的研究。因为结果是客观存在的，而刑法只对社会具有严重危害性的结果追查原因，所以我们必须对结果定性，看它有没有严重的社会危害性，以便进一步研究刑法的因果关系。②

据上，笔者认为，事实上的因果关系所研究的对象应该是：“人所实施的造成了严重危害结果的行为与严重社会危害性结果之间的联系。或者说，刑法事实因果关系，就是人所实施的造成了严重危害结果的行为与危害社会的结果之间的联系。在这里，能够作为刑法事实因果关系中的原因的，只能是造成严重危害社会结果的行为，而不是人的一切行为。从性质上看，有违法的，也有合法的，有故意实施的，也有过失实施的，还有在无意识的情况下实施的。但它们有一个共同的特点，即都造成了严重危害社会的结果。没有造成危害社会结果的行为不可能成为刑法因果关系中的原因。能够作为刑法因果关系中的结果的，只能是严重危害社会的结果，也就是对刑法所保护的社会关系造成了实际损害，或者说

① 李光灿，张文，龚明礼. 刑法因果关系论[M]. 北京：北京大学出版社，1986：18.

② 侯国云. 刑法因果新论[M]. 南宁：广西人民出版社，2000：15.

都是刑法中危害社会的结果，而不是一般的危害结果。这一点正是刑法因果关系的特殊性所在。”[①]具体的理由有如下两个方面。

第一，刑法上的事实因果关系为法律上的因果关系提供基础。

“刑法上研究因果关系，主要是为了解决已经发生的危害结果是谁的行为所造成，这种因果关系只是在犯罪行为与犯罪结果之间起一种桥梁作用，或者说，它是为认定犯罪行为与犯罪结果服务的”[②]。刑法上的因果关系为确定犯罪嫌疑人是否需要对其行为承担刑事责任提供一个客观基础，而不是追究刑事责任的客观基础，或者说不是全部的基础，而是为确定法律上的因果关系提供基础。

“西方刑法学者在研究因果关系问题时，常常从以下两个方面进行考察。首先，从事实上看，被告人的犯罪行为是否构成对危害后果‘起决定作用的、有效的’原因。其次，从法律上看，是否由于被告人具有犯意而使其犯罪行为成为应对危害后果负法律责任的原因。前者一般称之为‘必不可少的原因’；后者一般称之为“应负责任的原因。”[③]

西方学者与我们对事实上的因果关系和法律上的因果关系的认识是有区别的。我国对刑法因果关系的认识分为两个阶段，西方学者把事实因果关系和法律因果关系比作一个硬币的两个方面，我国刑法学界认为，事实上的因果关系范围要比法律上的因果关系的范围大，考虑事实上因果关系要与刑法有关联，但是不能完全按照刑法上的标准来考虑因果关系的范围。将严重危害结果和引起严重危害结果的行为作为事实因果关系考察的范围比较合适地解决了这样的矛盾，一方面，刑法就是为了惩罚具有严重社会危害性的行为，也就是说行为造成了严重的社会危害性的结果的时候，才能够动用刑法，而由此考虑的范围必须是具有严重社会危害性的结果，我们才以刑法的角度来衡量。另一方面，引起此危害结果的原因有很多，如果限制过多，只是注意引起危害结果的直接行为

① 侯国云.刑法因果新论[M].南宁：广西人民出版社，2000：23.

② 张明楷.犯罪论原理[M].武汉：武汉大学出版社，1991：205.

③ 高铭暄，赵秉志.新中国刑法学五十年：中册[M].北京：中国方正出版社，2000：1289.

原因，那么很多的时候就会无法正确查清危害行为，只有将相关的原因统一进行考察，才能为法律上的因果关系提供一个客观的基础，从而为追究犯罪嫌疑人的刑事责任提供客观基础。

第二，有助于惩罚犯罪，保护人民。

正确认识刑法因果关系的研究范围，既有利于惩罚犯罪，也有利于保护人民。一方面，不会因为缩小应该注意的问题而使犯罪嫌疑人逃脱处罚；另一方面，不会因为盲目地扩大注意的范围，而使无辜的人被卷入案件中。

笔者认为，将刑法的因果关系研究对象确定为具有严重社会危害的结果和引起严重社会危害性结果的行为是合适的。正如陈兴良教授在《刑法的价值构造》的题记中指出的："刑法是一种不得已的恶，用之得当，个人与社会两受其益；用之不当，个人与社会两受其害。"[①]这就决定了我们在使用刑法的时候要谨慎。我们必须在行为造成严重社会危害性的时候才动用刑法，也就是说，在其他的社会救济无法保护社会和人民的利益时，我们才被迫使用刑法来保护社会和人民的利益，那么我们在确定危害结果的时候，就要限定为具有严重社会危害性的结果，只有这样才能最大限度地保护人民的利益，同时也尽量减少使用刑法以维护社会的稳定。

在确定引起结果的原因时，我们并不是把所有的行为都包括在内，而是将引起严重危害结果的行为作为我们考察的对象，这样首先保证了将考察的对象限制在能够控制的范围内，这样有两点好处：一是不会盲目地扩大考察的范围，导致无辜的人被卷入案件中来，同时也能够有效地节省司法资源；二是可以为查清案件收集更多的资料，以便有效地打击犯罪分子。

需要说明的是，在刑法因果关系的原因（行为）中，包含着极小一部分正常的行为，或者说是合法的行为。这部分行为与危害结果之间构成了意外事件的因果关系（意外事件中的因果关系也是刑法因果关系）。为什么人的正常行为与危害结果之间会形成刑法上的因果关系呢？这首先

① 陈兴良.刑法的价值构造[M].北京：中国人民大学出版社，1998：10.

是因为，人的正常（合法）行为在特殊情况下也会造成危害社会的结果，比如意外事件造成严重后果、科学试验失败造成严重后果等，都属于这种情况。在这种情况下，我们不能因为行为是合法的，就说它造成的结果也一定是对社会有利的，也不能因为结果是有害的，就说行为一定是违法的。就像俗话说的“好心办坏事”一样，不能因为行为人出于好心，就说办坏了的事也是好事，但也不能因为办坏了事，就把行为人的好心说成是坏心。坏事归坏事，好心仍是好心，不能混淆和颠倒。同样的道理，合法行为造成了危害结果，不能因为行为的合法性而改变结果的危害性，也不能因为结果的危害性而改变行为的合法性。结果是有害的，行为仍然是正常（合法）的。其次是因为，当这些正常行为造成了危害社会的结果时，如果司法人员首先面对的就是这种危害结果，那么，司法人员就要从这种危害结果倒溯上去寻找原因。这样，自然就把这种正常的行为也纳入刑法因果关系中来了。

从表面上看，把这极小一部分正常行为纳入刑法因果关系，似乎也是扩大了刑法因果关系的研究范围。但实际上这并不是扩大，不但不是扩大，而且这对于刑法因果关系的研究来说是十分必要的。因为刑法不单是研究犯罪，有时候为了区别罪与非罪的界限，也要对个别行为通过研究确定其不构成犯罪。而要确定某个行为不构成犯罪，就必须排除行为人主观上的罪过。要排除行为人主观上的罪过，就必须先找到行为人。要找到行为人，就必须从危害结果倒溯上去找到行为。而这个从危害结果倒溯上去寻找行为的过程正是研究刑法因果关系的过程。可见，刑法中的因果关系，不但是行为人负刑事责任的客观基础，也是排除行为人主观罪过的必经过程。正是从这个意义上说，从危害结果倒溯上去所找到的行为中，虽然也有人们的正常行为、合法行为、无意识行为等，但并未因此而扩大刑法因果关系的研究范围。换句话说，这些行为与危害结果之间的关系也是刑法上的因果关系。只是由于行为人主观上没有罪过而不负刑事责任罢了。

三、刑法因果关系的原因和结果

刑法因果关系的原因和结果又分为事实层面的原因和结果以及法律层面的原因和结果两个层级，事实层面的原因和结果是法律层面的原因和结果的基础，法律层面的原因和结果是对事实层面的原因和结果的判断。

（一）事实层面的原因与结果

事实层面的原因与结果是司法实践中所选取的事实，以下详细论述。

1. 事实层面的原因

研究因果关系就是在众多事实上的“关系”中，抽出“因果”的关系。同样，无论怎样，作为刑法因果关系中的事实层面的原因，也是有选择性和相应的条件及标准的。刑法因果关系事实方面的原因应该包括哪些呢？我们要用什么样的标准来判断和抽取呢？刑法因果关系中的事实方面的原因，与在事物发展过程中所具有的原因是不是相通呢？用哲学上的标准来判断是不是合适呢？

刑法因果关系中的事实因果关系中的原因，与事物发展过程中所具有的原因是有区别的，哲学上的标准也要有选择地运用。原因有两点：一是我们研究的是刑法因果关系，这个大的前提就决定着我们在选取要研究的对象时，必须要注意选择具有刑法意义或者特点的原因。二是研究刑法因果关系是为判断是否应该让行为人承担刑事责任提供客观方面的基础，而不是为了研究事物现象发展的规律。因此我们不能无限制地扩大选择相应的原因，而只能抽取其中和行为人的行为或者和出现的严重的危害结果有联系、在法律上可能有价值的原因进行研究。正像前文中我们谈到的，我们研究因果关系有认定和确定两个阶段：认定阶段是从所有事实上的原因中抽取具有刑法上的价值[①]的原因。在判断标准上，是选按照此原因是否有可能需要刑法追究其刑事责任的原因来选取；确定阶段则要以刑法的犯罪构成作为标准，判断哪些刑法因果关系中事实上的原因可以成为法律上的原因。如果说犯罪构成是并列性质的，那么我们在刑法因果关系上的判断则是层递式的。“刑法因果关系确定过程就是逐层分析，将判断范围逐渐缩小的过程。”[②]

笔者认为，事实上的原因应该包括可能要为造成的危害结果承担刑事责任的行为，和需要承担民事责任的行为或行政责任的行为，同时也包含一些客观方面的因素。我国学者早就已经指出这一点，各种犯罪的法定犯罪构成规定的或要求的因果关系。……客观上存在的与法定犯罪构成所规定或要求的因果关系相符的因果关系事实。[③]比如在厂矿企业等发生重大事故的时候，作为事故的原因，我们所关注的包括需要承担刑事责任的原因、需要承担民事责任的原因、需要承担行政责任的原因和客观因素，在追查的时候，无论漏了哪一方面，都是不合适的。

（1）国外判断标准

英美法系刑法因果关系理论是按照“But-for”公式来表达的，因此，事实上的原因极为广泛。大陆法系刑法理论则引入了哲学上的条件与原因两分说的思想，学者们在条件和原因是否区分以及如何区分的问题上展开其学说，由此出现了条件说与原因说的争论。

第一，条件说。条件说又称全条件同价值说，此学说立足于逻辑的因果关系，认为一切行为，在逻辑上是发生结果的条件，就是结果发生的原因。此学说主张在行为与结果之间，如果存在逻辑上必然的条件关系，即“如无前者，即无后者”的关系，则存在刑法的因果关系。条件说坚持的是一种广义上的因果概念，具有物理的因果关系的性质，将之直接

① 作为行为事实的因果关系只有经过价值判断才能转化为犯罪的因果关系，这里的价值判断是法律评判，即强调因果关系在具有事实性基础上，还具有法律性。陈兴良．刑法哲学［M］．北京：中国政法大学出版社，2000：111.

② 张绍谦．刑法因果关系研究［M］．北京：中国检察出版社，1998：145.

③ 陈兴良，曲新久．案例刑法教程［M］．北京：中国政法大学出版社，1994：97-99.

运用于刑法上的因果关系，学者们认为会导致刑事责任的客观基础过宽。为此，主张条件说的学者为限制条件的范围，又提出了因果关系中断说。该学说认为，当前行为之条件行为与结果之间介入第三者的故意行为时，可以中断原先的因果关系。中断的原因又扩展到自然性事实以及过失行为。①

第二，原因说。原因说又称原因与条件区别说，此学说区分原因与条件，将结果的发生与许多条件相对应，提出特别有力而重要的条件作为发生结果的原因，对于其他条件则不认为其对于结果的发生具有原因力而称为条件（单纯条件）。原因说是为限制条件说不当扩大刑事责任的范围而产生的学说，故又称为限制条件说。

那么，如何区分条件与原因呢？对于这一问题由于认识标准的不同，又产生了种种学说。概而言之，主要有以下几种：其一，必生原因说（或必要条件说）。此说认为，在引起结果发生的各种条件行为中，只有为结果发生所必要的、不可缺少的条件行为，才是刑法上的原因，其余的是单纯条件。其二，直接原因说（或最近原因说）。此学说认为，在引起结果发生的数个条件行为中，直接引起结果发生的条件行为是刑法上的原因，其余的为单纯条件。其三，最重原因说（或最有力条件说）。此学说认为，在引起结果发生的数个条件行为中，对于结果发生最有效力的条件行为是刑法上的原因，其余的为单纯条件。其四，决定原因说（或优势条件说）。此学说认为，在结果未出现之前，积极惹起结果发生的条件（起果条件）与消极防止结果发生的条件（防果条件）处于均势。后来，由于起果条件占有优势，压抑了防果条件，惹起结果之发生。因此，凡是占有优势并使结果发生的条件行为，即是刑法上的原因，其余的为单纯条件。②原因论从客观上对条件说作了种种限制，在一定程度上缩小了因果关系的范围。当然，如何区分原因与条件仍是一个悬而未决的问题。

---

① 陈兴良.本体刑法学[M].北京：商务印书馆，2001：285.

② 李光灿，张文，龚明礼.刑法因果关系论[M].北京：北京大学出版社，1986：20-40.

另外，有学者根据概率做出判断，又提出了疫学的因果关系和一个半因果关系理论。“所谓疫学的因果关系，是疫学上所采用的因果的认识方法，某因子与疾病之间的关系，即使不能够从医学、药理学等观点进行详细的法则性的证明，但根据统计的大量观察，认为其间具有高度的盖然性时，就可以肯定因果关系。”[①]疫学的因果关系在一定程度上是根据盖然性大小，即概率高低来判断因果关系的。我国的学者储槐植教授提出了一个半因果关系的观点，一个因果关系是指必然因果关系；半个因果关系是指一部分偶然因果关系。至于一部分偶然因果关系应当根据概率高低来确定。高概率的偶然因果关系是刑法因果关系。[②]

（2）我国判断标准的建议

条件说与原因说都为刑法因果关系提供了事实基础，同属于事实因果关系的范畴。而我国刑法中讨论的必然因果关系与偶然因果关系之争，实际上是以一种更哲学化的语言重复着条件说与原因说之争。偶然因果关系实际是在一定情况下承认条件说，意在表明必然因果关系说将因果关系限制过窄的缺陷。我们认为，因果关系的必然性与偶然性在哲学上也是一个难以厘清的问题，不如条件说与原因说的讨论更加实在。[③]鉴于在事实因果关系原因的判断方面，我们和大陆法系所研究的范围和研究对象上基本相同，因此我们建议考虑适用条件说作为我们的判断标准。原因有两个：

原因一，条件说理论比较成熟。无论大陆法系还是英美法系在司法实践中一般都是采用条件说为主，并且条件说已经发展了近百年，在理论上比较成熟。对于条件说的批评，认为它会无限制地扩大追究刑事责任的范围，但我们如果换个角度考虑，条件说只是为法律上的因果关系提供事实根据，其并不直接导致刑事责任，这一批评便不妥当。而且原因说虽然是为了完善条件说，但是原因说在实践中并没有提供与条件说相

① 大塚仁．犯罪论的基本问题[M]．冯军，译．北京：中国政法大学出版社，1993：104.

② 储槐植．刑事一体化与关系刑法论[M]．北京：北京大学出版社，1997：263.

③ 陈兴良．本体刑法学[M]．北京：商务印书馆，2001：288.

区别的可操作性标准。[①]

原因二，可操作性强。上文我们已经提到我国对于刑法因果关系的研究主要集中在认定事实上的因果关系和确定法律上的因果关系两个阶段。在事实因果关系的界定对象判断上，我国与英美法系没有很大的区别，条件说与生活联系比较紧密，一般的司法人员能够准确把握并进行操作。

2. 事实层面的结果

学者对事实上的结果进行分类的时候，因为采用的标准不一样，分的类别也不一样，分为加重的结果和基本的结果、直接的结果和间接的结果、现实的结果和可能的结果。我们在这里分为刑法意义上的结果和非刑法意义上的结果。

（1）刑法意义上的结果

刑法意义上的结果是指需要动用刑法才可以救济，必须要让行为人为自己的行为造成的严重的危害状态承担刑事责任的严重的危害结果，可以分为追究刑事责任和不需要追究刑事责任两种情形。

情形一，追究刑事责任的危害结果。司法人员通过对危害结果的认定，并且通过侦查和审理，根据刑法上的规定，认为需要追究行为人的刑事责任的结果。司法人员在认定与危害结果具有因果关系的原因中，运用犯罪构成的理论认定以后，认为原因中的引起危害结果的行为符合犯罪构成，需要追究刑事责任的情形。

情形二，不需要追究刑事责任的危害结果。司法人员在追究应该为危害结果承担刑事责任的行为时，刑法规定此种情形行为人不需要承担刑事责任。主要分为两种：一是主体免责情形。即未达到刑事责任年龄和不具有刑事责任能力的人进行了危害社会的行为，或者主体并非出于故意或过失而进行了危害社会的行为。在这种情形下，主体的行为不具有刑法意义，只具有民法意义、行政法意义或哲学意义。二是法律经过修改，认为不再是犯罪行为的情形。如我国《刑法》原先规定的投机倒把罪，在新的形势下，原来认为具有社会危害性的行为不再是犯罪，自然

① 侯国云.刑法因果新论[M].南宁:广西人民出版社,2000:302.

也就不需要追究刑事责任。

（2）非刑法意义上的结果

非刑法意义上的结果，指行为人只需要承担非刑法上的义务或责任，但是却具有严重的社会危害性的结果。这样的义务或责任，可以是民法上的责任，也可以是行政法上的责任。具体有以下两种情形：

情形一，民法上的责任。民法上的责任多数是侵权责任。“侵权责任是指行为人违反法律规定的义务而应当承担的法律后果。”[①]我们这里谈到的危害结果出现是由于行为人违反民法规定，需要承担民事责任。也就是说，虽然出现严重社会危害性的结果，但可以适用民法进行调节，没有达到用刑法进行调节的程度。例如，行为人甲驾车为了躲避牛，而撞坏乙的房间，造成乙的财产损失，在这样的情况下，甲只是承担民事责任，而不需要承担刑事责任。

情形二，行政法上的责任。危害结果的出现，是因为行为人违反了行政法的规定，应该由行政法进行调节，需要追究行为人行政法的责任的情形。

(二)法律层面的原因与结果

法律层面的原因与结果是追究刑事责任的依据，是对事实层面原因与结果的判断。

1. 法律层面的原因

（1）法律层面的原因概述

“所谓法律原因，就是在刑法上有价值的原因，也就是在事实原因中，能够被法律认为应让行为人对所产生的危害结果承担刑事责任的原因。”[②]法律上的原因可以分为主导原因和次导原因。主导原因是指与危害结果具有法律上的联系，并且需要为危害结果承担刑事责任的犯罪嫌疑人的行为，其主要作用是为定罪提供理论上的支持。次导原因是指与

① 魏振瀛.民法[M].北京：北京大学出版社，高等教育出版社，2001：720.

② 张绍谦.刑法因果关系研究[M].北京：中国检察出版社，1998：8.

危害结果具有事实层次上的联系，主要是为量刑提供理论上的支持。

主导原因和次导原因和哲学上主要原因和次要原因的称谓区别如下。

第一，主要原因和次要原因是在事物发展进程中影响事物发展方向，而主导原因和次导原因影响的是定罪和量刑。事物的发展是按照主要原因决定的方向发展，次要原因在事物的发展方向方面对主要原因既有辅助作用，也有引导事物向其他方向发展的作用。主导原因是具有刑法特色的一个称谓，是为了在事实因果关系中选取真正的刑法因果关系，为最后的定罪服务；次导原因是确定刑法因果关系之后，为量刑服务的。

第二，主要原因和次要原因之间的区别是在影响事物的发展方向中起到的作用不同。而主导原因和次导原因则以是否介入了独立的主观方面的因素，并且介入的主观因素影响了事物的发展进程（不一定要改变事物的发展方向）为特征。对于主要原因和次要原因在哲学上已有详尽的论述，在此不再叙述。至于主导原因和次导原因以一个例子来说明。刑法因果关系最难以解决的就是介入因素应该怎么定位，运用主导原因和次导原因就能很好地解决这个问题。当介入的因素拥有了主观方面的因素，并且影响了事件的进程或者是方向，那么介入的因素就是事件结果的主导原因，反之就是次导原因。

第三，主要原因和次要原因是哲学上的称谓，以研究事物的发展方向和发展规律为目的。主导原因和次导原因是具有刑法价值评价的要求的一种称谓，是具有“刑法”特色且以刑法上的特殊需要为目的，是去承担法律上所规定的法律结果要求的原因而需要的相应“责任”。

（2）法律层面因果关系的理解

刑法上的因果关系的特殊性就在于，客观现象的发展因为意外地介入了行为人的危害行为而使客观现象发展进程中断。所以刑法因果关系和哲学上的因果关系有区别。例如，在哲学上认为是因果关系中导致结果发生的主要原因，或者是事物内部发展的主要因素，可是在刑法上却不认为是主导原因。

当然主导原因并不一定就要承担主要的刑事责任，次导原因并不一定不承担主要的刑事责任，主要是看对应的是哪一个结果。如何判断相应的原因应该承担什么样的责任，那是刑法上用综合的因素所考虑的问题，对于这一点必须要分清楚。我们不能把刑法上的因果关系理论中所确定的对于因果关系理论中的结果承担主要责任的主要原因和刑法上需要承担刑事责任的主导原因等同。事实层次上的主要原因是为事实层次上因果关系的结果负责，而不是为刑法上需要追究刑事责任的结果负责，要追究刑事责任的“原因”，必须在刑法意义上的因果关系的原因中寻找。

例如，某甲意图杀害某乙，然而没有当场杀死，在送医院的途中，由于交通事故，造成某乙的死亡。如果看某乙死亡的主要原因是交通事故，某甲杀害某乙的行为已经成了某乙死亡的次要原因。我们能够因为某甲意图杀害某乙的行为是次要原因而不追究其刑事责任吗？显然需要追究某甲的刑事责任。但是我们用什么样的理由去追究其刑事责任呢？我们说，某乙死亡的结果直接来自交通事故。但是，为什么会出现交通事故呢？还是因为某甲杀害某乙，某乙因为受了重伤要去医院救治而上了救护车，并因此遇到了交通事故。这就是我们国家一直争论的情形，持必然因果关系学说的学者认为，某乙死亡之结果的原因只能是交通事故，某甲不为某乙死亡的结果负责。这显然是不合适的。持偶然因果关系学说的学者认为，某甲杀害某乙的危害行为与某乙死亡结果之间是偶然因果关系，因此要为某乙死亡的结果负责。但是批判持必然因果关系学说的学者反驳说，以什么标准和理由把某甲的危害行为和某乙死亡的结果定为偶然因果关系呢？这种“偶然”的概念来自何处？与哲学的偶然性概念是不是一致？在这一点上持偶然因果关系学说的学者没有办法解释清楚。

上面所举的例子只是介入因素起作用的一种最基本的情况，介入因素起作用又包含人为的和自然的两种，在人为和自然因素介入时又可以分为起主导作用和起次导作用两种。我们举的例子就是介入的自然因素起了主导作用的情况。如果以刚才的思路思索下去，一定又回到因果关系理论争论的漩涡中。实际上，我们恰巧忘记了我们研究刑法因果关系的目的，导致失去了方向。我们回头看看，研究刑法因果关系的目的有两个，一个就是为判断是否承担刑事责任提供客观基础，另一个是判断法律上的危害行为与危害结果之间的联系。“借助于因果关系范畴，我们只是为刑法研究寻找材料或对象。”①

某甲的行为肯定是某乙死亡的一个原因，但是某甲的行为是否是某乙死亡结果的法律上的原因呢？也就是在犯罪构成的标准下，某甲的危害行为与某乙死亡的结果的联系能否达到法律因果关系的标准呢？我们可以清楚地认识到，某甲的行为完全符合犯罪构成所有标准，只是在客观方面中的危害结果不好定夺，即某甲的危害行为是对某乙的死亡结果负责还是对某乙的伤害结果负责，以什么样的标准来认定的问题。如上所述，此时司法人员就要认清主导原因与次导原因，对于某乙死亡的结果，交通事故是次导原因，危害行为是主导原因，两个原因都要为某乙死亡的结果负责，因此在这个案件中，某甲的危害行为与危害结果之间的关系就是刑法上的因果关系。如果介入的交通事故具有了其他的因素，例如是司机故意拖延时间，或者是医生主观故意不治疗等主观上的因素介入导致某乙死亡的结果出现，我们说此时某乙死亡的结果由原先某甲的危害行为是主导原因变成了介入的因素成为主导原因，某甲的危害行为就是某乙的死亡结果的次导因素。因此，某甲只是对某乙的伤害结果负责，也就是说在与某乙的死亡结果之间具有刑法因果关系中事实层面的联系，却没有法律层面的联系，也就不算真正具有刑法因果关系。但是，不具有刑法真正的因果关系并不是说某乙的死亡结果对追究某甲的危害行为刑事责任没有影响，在对某甲追究刑事责任的时候，某乙死亡结果是量刑所要必须考虑的情节。

（3）法律层面因果关系的判断标准

在英美刑法理论中，某些被法律所关注的事实原因就是法定原因。在法定原因的标准问题上，又存在以下三种观点：其一，近因说认为，近因就是没有被介入因素打破因果链的、当然地或者盖然地引起危害结果

① 弗兰茨·冯·李斯特.德国刑法教科书[M].徐久生，译.北京：法律出版社，2000：185.

的事实原因，只有近因才是法定原因；其二，预见说以行为人的主观认识为标准来筛选事实原因作为法定原因，即行为人对某一结果有预见的就是法定原因，没有预见的就不是法定原因；其三，刑罚功能说认为，刑法因果关系理论的意义（价值）在于从许多因果关系中确定何种因果关系同刑事责任有联系，所以考虑问题的出发点应当是体现刑罚目的的刑罚功能。在上述三种观点中，近因说将当然地或者盖然地引起危害结果的事实原因当作法定原因。它实际上并没有提出原因认定上的法律标准，因而仍然属于事实层面的考察。只有预见说与刑罚功能说，在事实原因中将是否预见与是否能够实现刑罚功能作为确定法定原因的标准，因而属于法律上的因果关系考察。①

在大陆法系刑法理论中，法律上的因果关系是以相当性为判断标准的，由此形成相当因果关系说。相当因果关系说是按照条件说的观点，行为与结果被认为有因果关系时，进一步把人类全部经验知识作为基准，并以此来判断是何种原因的行为引起某种结果的事实，当原因行为与事实结构相当时，则认为它是刑法上重要的因果关系，属于这种相当性范围以外的结果认为没有重要性，从而刑法上不予考虑。相当因果关系说的核心问题是相当性，相当性是法律设定的一种判断刑法因果关系的标准，因而是从事实上的因果关系转化为法律上的因果关系的关键。那么，如何认定因果关系的相当性呢？对此，大陆法系刑法理论中存在以下三种观点：其一，主观的相当因果关系说认为，应当以行为人在行为时所认识或所能认识的事实为标准，确定行为与结果之间是否存在刑法因果关系。也就是说，凡是行为人在行为时所能认识到的有因果联系的事实，不论社会上一般人是否能认识到，皆认为存在刑法因果关系。可见，主观的相当因果关系说，完全是以行为人的主观认识能力为标准来确定刑法因果关系之有无。其二，客观的相当因果关系说认为，刑法因果关系是否存在，应当由法官以社会一般人对行为及行为后所发生的结果能否预见为标准，做出客观的判断。凡是一般人已经预见或可能预见某种行

① 陈兴良．当代中国刑法新境域[M].北京：中国政法大学出版社，2002：350.

为会引起某种结果的，就认为行为人的行为与结果之间存在刑法因果关系，否则，就不存在刑法因果关系。其三，折衷的相当因果关系说以行为时一般人所预见或可能预见之事实以及虽然一般人不能预见而为行为人所认识或所能认识的特别事实为基础，判断刑法因果关系之有无。也就是说，凡是一般人所能预见到的行为与结果之间的伦理上的条件关系，不论行为人是否预见，都认为存在刑法因果关系；凡是为一般人不能预见，但行为人能预见的亦认为存在刑法因果关系。

我国目前还没有具体统一的判断标准，但是结合我们国家的实际经验以及借鉴国外的实践做法，我们认为作为法律上的原因，应该结合犯罪构成上的理论作为标准进行选定和限制，作为法律上的因果关系，首先要符合法律上的规定。而对于因果关系的理论上的标准，只能是由犯罪构成来评断，也因此赋予了因果关系法律上的价值和性质。具体的做法是在事实上的因果关系基础上，运用犯罪构成的标准来判断，所限定的“行为”是否构成犯罪，如果行为构成了犯罪，那么行为和结果之间就具有刑法上的因果关系。

2. 法律层面的结果

法律上的结果是在事实因果关系中的结果里面，按照犯罪构成的标准，选取的需要承担刑事责任的危害结果，其中包括定罪的结果和量刑的结果。但是我们要清楚地知道，我们所研究的是法律上的因果关系中危害结果，与犯罪构成研究的危害结果是不同的，是被犯罪构成研究的危害结果所涵盖的。相对于犯罪构成所研究的危害结果，刑法因果关系所研究的法律上的结果具有的一个突出特点就是客观实在性。

（1）犯罪构成中的危害结果

为了更好地把握刑法因果关系中的法律上的结果，我们首先了解一下犯罪构成中的危害结果都包含哪些方面。

什么是刑法上的危害结果？对此，学术界大致有如下观点：一是专指危害行为对我国刑法所保护的客体的损害，二是指危害行为对刑法所保护的客体已经造成的损害，三是指危害行为对刑法所保护的社会关系所造成的实际损害和现实危险，[①]四是指犯罪行为作用于犯罪对象所引起的或可能引起的，从客观方面反映社会危害性质与量的一切事实现象。前三种观点都未表明结果是对哪种意义上的客体（是一般客体，还是同类客体或者直接客体）的损害。第四种观点把可能性结果列入危害结果之中，势必引起危害结果的扩大化，因为损害的可能性还不是现实性，把看不见摸不着的可能损害认为是危害结果，势必得出结论：危害结果不是实际存在着的客观事实。我们认为对刑法上的危害结果要科学地下一个定义，必须全面了解哲学上“结果”的含义及其法律属性。

在哲学领域，原因和结果是一对基本范畴。处于普遍联系、相互制约中的任何一个事物、现象的出现，都是某种现象所引起的，其中由一种事物或现象引起的变化或状态就是结果。结果无论其表现形式如何，总是一种客观存在。虽然哲学上的结果的含义对刑法中的结果具有指导意义，但刑法中的结果不是哲学中的结果定义的简单重复，它必然具有自己的特性。

刑法上的危害结果是指犯罪行为对刑法所保护的直接客体所造成的，有刑法意义的、有危害的现有事实的改变（实然结果）与应然结果比值的统一体，是一种经过主观评价的实然结果。具体解释如下：

第一，为了更详细地说明危害结果的概念，我们借用“实然结果”的概念。所谓实然结果，就是犯罪行为对刑法所保护的直接客体造成一种刑法意义上的有危害的现有事实的改变。这里的直接客体是相对于间接客体而言的，即指某一犯罪行为所直接侵犯的某一具体的社会关系。实然结果注重一种客观现实的存在，即法理上的实然性。例如在故意杀人案中，如果被害人被杀死，那么实然结果就是人死了，但如果出于故意杀人的目的而造成被害人重伤，那么重伤应是其实然结果。以上可以看出，实然性注重的只是现有事实的改变，即现有状态的外观的、物理的变化，但不等于造成有危害的结果的现实危险性或可能性。

另外，实然结果应是一种直接结果，不是一种间接结果，因为间接结

① 马克昌.犯罪通论[M].武汉:武汉大学出版社,2001:191-194.

果是指犯罪完成以后通过犯罪的直接结果而连带的引起的危害结果。直接结果一般指危害行为所决定而必然产生的损害结果，行为与结果存在直接的因果关系。如在上述故意杀人案中，出于杀人目的而造成被害人重伤就是一种直接结果，假如被害人重伤或死亡而引起其家人忧郁而死，那么其家人的死亡应是犯罪行为之间接结果，显然不属于实然结果之内容。

第二，应然结果是对犯罪行为所必然引起的具有刑法因果关系的损害结果的一种趋势把握。从法理上看，“应然”与“实然”是一对对立的范畴，就刑法来说，所谓应然结果就是在犯罪行为没有中介因素介入的情况下而必然会导致某种结果的可能性。应然结果就某犯罪事实来看，没有什么研究意义，但是我们所说的危害结果是经过主观评价了的结果，而应然结果则是衡量危害结果的一个重要指标，故研究它并不是没有意义。

实然结果可能与应然结果相重合，也可能相偏离。例如，如果甲以故意杀人的目的杀死乙，则实然结果是乙的死亡，应然结果也是乙的死亡，那么甲构成杀人罪（既遂）。如果甲由于某中介因素的介入而没有杀死乙，只是对乙造成了重伤，那么实然结果是乙的重伤，如果没有中介因素的话，甲杀死乙的目的应该是可实现的，故应然结果应是乙的死亡。这时候实然结果就和应然结果发生了偏离，产生了杀人罪的中止或未遂（中介因素可能是行为人意志外原因，也可能是行为人自身的原因）。

（2）法律因果关系研究的危害结果

通过上面的论述，我们对犯罪构成的危害结果有了初步的概念和了解。那么，法律因果关系所研究的危害结果与犯罪构成所研究的危害结果有什么区别和联系呢？我们认为两者的联系就是区别，区别也可以是联系。法律因果关系所研究的危害结果是在犯罪构成指导下进行的，即法律因果关系研究的危害结果不能超出犯罪构成所研究的危害结果的范畴。那么从另一个角度来说，法律因果关系研究的危害结果是犯罪构成研究的危害结果的一部分，但是，法律因果关系研究的危害结果是有自己的特点的，具体而言有两点：第一，要有客观实在性。我们在研究因果关系时，是一种倒溯性研究，从结果开始认识一直追到引起结果的原因上，所以这种结果必须是实实在在发生的，而不能是一种抽象的状态。第二，符合客观规律性。法律因果关系研究的危害结果来自事实因果关系所研究的结果，是受哲学上的原理指导的，也就是说，必须是符合事物发展规律的结果，对于一些没有按照规律性、主观选择性较大的“危害结果”，不是因果关系研究的危害结果的范围。如携带枪支犯罪，对于这样的“危害结果”，或者也可以归之于状态犯，不是因果关系所研究的危害结果。

综上所述，法律因果关系所研究的结果就是犯罪构成中的犯罪行为对刑法所保护的直接客体造成的一种刑法意义上的有危害的现有事实改变的结果，也就是上面所说的实然结果，这是危害行为所决定而必然产生的损害结果，行为与该结果存在直接的因果关系，需要承担刑事责任的结果。

第五章　故意的地位

故意在犯罪论中的地位举足轻重，关乎罪与非罪、此罪与彼罪、一罪和数罪的确认，关乎犯罪论体系的建构，因此研究故意在犯罪论中的地位有着重要的意义。

一、关于故意的地位的认识过程

现代刑法的“故意”概念起源于晚期罗马法。“在罗马法上，初期客观责任的色彩极为浓厚。以后，由于受到古希腊伦理学的影响，开始采用恶性这个概念，这就是主观责任的肇始。”[①]传统的团体责任、客观责任逐渐向个人责任、主观责任转变，客观事实和行为人之间的主观的、心理的联系就成为科处刑罚的前提，“故意”的概念因此而产生。对于故意的认识也就伴随着对犯罪的认识的变化而变化，对于责任主义认识的变化而变化。[②]对于故意地位的认识是沿着主观归罪——客观责任——主观责任这样一个变化趋势进行的。

（一）主观归罪时期

主观归罪时期大体是指中世纪（包括中世纪）之前的时期，主观归罪主要包含两个方面：一个方面是指主观上直接归罪，即依靠审判人员主

① 陈兴良.刑法哲学[M].北京：中国政法大学出版社，2000：31.

② 陈兴良.从归因到归责：客观归责理论研究[J].法学研究，2006(2)：70-86.

观上的认识来认定犯罪的行为；另一个方面是指思想也可以被定为犯罪。“在现代法治社会中，法律与伦理通常是有着严格界限的。”[①]在中世纪时期，“‘犯罪’和‘罪孽’两词可以互换使用。一般而言，不仅所有犯罪都是罪孽，而且所有罪孽都是犯罪。”[②]“时代的意识形态性是意识形态理论凸现的现实背景。”[③]在这种思想的影响下，中世纪的刑法充满了主观归罪的意味，不仅体现在认定犯罪的随意性、主观性，而且由于教会与王权合一，“恶性”被深深地打上了宗教的烙印，灵魂深处的思想既为宗教管辖，也为世俗刑法所管辖。

这一时期，对于“故意”的理解还比较简单，“故意”仅在认定“恶性”方面发挥一定的作用，对于是否在成立犯罪和成立何种犯罪等方面，“故意”并没有发挥作用。

(二)客观归责时期

客观归责时期[④]是以启蒙思想家、古典学派的学者为主所提倡的以客观为基础定罪时期。学者主张的内容主要包含两个方面：一个方面是对犯罪评价的对象客观化，另外一个方面是对犯罪评价的标准客观化。学者们试图将故意的内容客观化、故意的地位客观化，以期实现评价对象客观化和评价标准客观化的目的。[⑤]

“针对中世纪刑法的恣意性、宗教性、身份性和苛酷性特点，启蒙时期的思想家们试图以天赋人权和社会契约为理论根据，对刑法进行根本

① 丁英华，李新华. 对我国刑事立法的相关伦理考察[J]. 法学杂志，2009(1)：130.

② 哈罗德·J.伯尔曼. 法律与革命：西方法律传统的形成[M]. 贺卫方，高鸿钧，张志铭，等译. 北京：中国大百科全书出版社，1993：225.

③ 周宏. 意识形态理论与当代中国意识形态理论研究[J]. 安徽师范大学学报(人文社会科学版)，2005(3)：284.

④ 本文的客观归责时期与客观归责理论是有区别的，客观归责理论是德国刑法学在因果关系理论基础上发展起来的学说，旨在解决客观上的可归责性问题。本文的客观归责指的是以客观标准为基础来认定犯罪，并借此建构犯罪论体系。

⑤ 张明楷. 刑法学：第三版[M]. 北京：法律出版社，2007：3-12.

的变革。”[1]现代意义的不法和责任的区别就是从客观主义与主观主义的区别中产生。

古典学派学者以客观主义为基础，构建传统的犯罪论体系，包括构成要件的该当性、违法性和有责性三部分。古典学派学者认为刑法中的“行为”是对外界有意的举动，更正确地说，是有意的举动使外界变更，即（作为结果）使变更惹起或者不妨碍变更。[2]行为客观的一面表现在构成要件符合性和违法性的标志之中，而行为主观的一面则表现在责任的标志之中。犯罪是人基于自由意思实施了犯罪，是行为人理性选择的结果，责任的根据在于行为人尽管可以基于自由意思不实施犯罪行为却仍然实施了犯罪行为，责任概念是行为时所有发生在行为人内部的精神内容的概括。

此一时期，刑事责任的实质在于行为人自己的心理关系或故意过失的心理状态，学者开始意识到“故意”在犯罪是否成立方面的作用，开始研究故意在犯罪论中的地位。故意被理解为“责任形式”或者“责任种类”，在犯罪论中的地位是有责性的要件要素。

（三）主观归责时期

主观归责时期[3]是对客观归责时期的观点予以完善的时期，是以新派、古典学派（后期）的学者提出的观点为主，通过完善行为的理论、责任的理论、行为人的理论等完善犯罪论体系的时期。此时期学者的主张主要有两个方面：一方面，将刑法评价的对象主观化，即在说明犯罪原因和关注个别预防的立场上，主张犯罪是人内在品性、人格的表露，刑事责任的承担者是行为人，刑事责任的前提是行为人反社会危险人格的存在；另一方面，犯罪论体系中主观化因素地位提升，提倡主观因素不同

① 赵秉志.外国刑法原理（大陆法系）[M].北京：中国人民大学出版社，2000：10.

② 大塚仁.刑法概说（总论）[M].冯军，译.北京：中国人民大学出版社，2003：94.

③ 本文的主观归责时期与主观归责理论也是有区别的，主观归责是以当事人行为的心态来认定过错，不考虑结果发生与否。本文的主观归责时期是以人的“主观”思想内容为重点认定犯罪，并以此构建犯罪论体系。

于罪过、目的，主观思想方面的因素在犯罪的类型、不法的类型等方面都应该发挥作用。关于故意的地位的不同观点在犯罪论体系的地位也出现不同的变化，有人认为故意仅属于责任要件，这和故意在传统中被认为就是责任的形式完全不同，也有人认为故意属于不法要件等。[①]

例如，提倡规范责任论的学者认为，责任是对于行为人不法行为的可非难性。行为人有故意或过失的不法行为，这本身还不一定负刑事责任。故意与过失的本身不应该等于责任概念的内容，不过规范责任论者却仍然把故意或过失认为是所谓的责任形态，仍然属于责任概念内容的一部分。提倡目的行为论的学者从存在论的角度出发，认为目的性是行为的特性，将故意视为目的行为的本质要素，认为故意是主观的违法要素，根本不属于责任的要素，而是属于不法行为的要素。这样又把故意从责任的要件转成了不法的要件。

这一时期，对于故意理论的研究加深，故意在犯罪论中的地位得到了空前的重视。由于犯罪现象的增多以及理论上的发展，学者在建构犯罪论体系的同时，不考虑故意和过失在犯罪论中的地位是有责性的要件要素，开始探讨故意能否成为构成要件符合性、违法性的要件要素；故意是应该对行为人考查的要素还是应该成为考查行为必备的要素，并因此形成故意在犯罪论地位中的不同理论。

二、关于故意在犯罪论中的地位的五种理论

(一)构成要件与违法两要素说

“故意、过失等主观的要素的有无产生出法益侵害的危险性的差异。其结果是在违法评价方面也产生差异，所以应当将故意、过失作为违法要素来考虑。”[②]同时，构成要件是刑法规范应当予以关心的、对于法益

① 马克昌.比较刑法原理:外国刑法学总论[M].武汉:武汉大学出版社,2002:102-108.

② 野村稔.刑法总论[M].全理其,何力,译.北京:法律出版社,2001:167.

的侵害、危险化的行为类型，因此应当将故意、过失作为构成要件的要素来考虑。即故意、过失作为决定行为符合怎样的构成要件的重要的要素必然属于构成要件，而且既然认为构成要件是违法类型，那么，故意、过失就会是构成要件要素，同时也是违法要素。

（二）构成要件与责任两要素说

作为责任要素的构成要件要素说认为，若行为人有犯罪事实之表象、容认，则可对其归责该犯罪事实，而在以构成要件该当性为理论根据的同时，也能以有责性为根据，因此故意具有二重机能，视为主观构成要件要素的故意，属于违法及有责类型；视为责任要素的故意，则包括以违法性为基础的事实认识，以及违法性认识或其可能性。

（三）责任要素说

责任要素说一直是通说，该学说坚持将故意解释为责任要素，不承认故意的个别化机能即构成要件故意。以“心理责任论”为基础，认为有责性是对于实施了该当于构成要件的违法行为的行为人能够进行道义上的非难，即非难可能性。违法判断是从客观上说明犯罪行为应当受非难，责任判断是从主观上分析行为人应否受到非难。故意与过失是不同的“责任形式”或“责任种类”。[①]

此后，随着心理责任论逐渐被“规范责任论”取代，故意（以及违法性意识）被理解为主观的责任要素，而与作为客观的责任要素的期待可能性相并列。

责任要素说是最严格地坚守结果无价值论的学说。认为构成要件只能是违法行为的类型而不是违法、有责类型，故意既不是违法要素，也不是构成要件要素，而仅是责任要素。在进行违法性判断时，应当考虑的只是与法益的侵害、危险相关的、外部的、客观的事实，只有这样，才能保证判断的客观性。目的犯的目的、未遂犯的故意，都不是主观的违

① 赵秉志.外国刑法原理(大陆法系)[M].北京:中国人民大学出版社,2000:142-172.

法要素，而是责任要素。

（四）构成要件要素与违法责任类型说

此说认为故意作为主观的构成要件要素具有违法类型和责任类型的性质，只要有作为构成要件要素的故意，就不用进行违法性和有责性的判断，也就可以否定构成要件的符合性。理由是，从构成要件的罪刑法定原则机能出发，只能将被构成要件类型化的事实认定为故意。因此，故意必须是类型的、事实的东西，而不能是评价性的东西（形式的故意概念）。不能根据违法性意识的可能性或谴责的程度这些实质性的根据来认定故意。这样，故意是构成要件要素，具有能够将杀人罪、伤害致死罪以及过失致死罪之类的犯罪的构成要件进行特定的犯罪个别化的机能。[①]

（五）构成要件、违法、责任三要素说

此说认为，“构成要件故意、过失等主观要素，不仅为评价违法行为类型（构成要件）之要素，亦为评价违法行为（违法性）之要素，同时又为评价非难或非难可能性（有责性）之要素，换言之，故意、过失不仅是构成要件之判断对象，亦为违法性以及有责性之评价对象”[②]。如此，构成要件故意、违法故意、责任故意作为整体，共同构成犯罪故意。

在研究犯罪的成立时，故意因其对犯罪类型化的重大作用而必须作为构成要件故意来把握，确定犯罪的类型。故意作为决定违法行为性质的东西也是主观的违法要素，在对违法的程度判断中起到关键的作用，因此故意也应当是违法要素之一。另外，故意作为积极地表明行为人反规范的人格态度最终也是责任的要素，直接反映行为人应受非难的程度要素，故意也属于责任要素之一。

笔者赞同构成要件、违法、责任三要素说的立场，以下详细论述。

---

① 大谷实．刑法总论［M］．黎宏，译．北京：法律出版社，2003：231-239.

② 陈子平．刑法总论［M］．北京：中国人民大学出版社，2009：127.

三、故意属于构成要件、违法、责任三要素

构成要件性判断、违法性判断、有责性判断三者的性质是不同的，构成要件性判断是存在与否的定型性判断，违法性判断是内容程度上的实质判断，有责性是人格性非难的价值判断。故意存在于构成要件、违法、罪责三个领域，这是从不同方面对故意的不同把握。构成要件领域，对故意是符合行为类型与否的主观的事实把握；违法性领域，对故意是违法规范与否的客观的价值把握；责任领域，对故意是行为人可谴责性与否的主观的价值把握。贯穿犯罪成立的各个要件，故意有必要作为各个不同阶段的要素来对待，它们在各个阶段具有不同的意义。

（一）故意为构成要件要素理由之分析

笔者认为，构成要件层面的主观要件，应界定为涵盖所有客观构成要件要素的行为内在关系，也即构成要件中的主观要件，为对所有客观情状的内在认知与意向。通过此种主观要素，可以确定行为构成的特定类型并直接指向所侵害的法益，因此，故意应该作为构成要件要素。

首先，故意对犯罪的类型化本身具有重大作用。构成要件的任务主要是将刑事可罚的行为内容进行类型化，那么犯罪类型就无法不包括故意，因此，只有将故意作为构成要件要素，使得构成要件的犯罪类型特色更加明显。

其次，构成要件的未遂是以故意为前提的。在判断责任之前必须先进行构成要件该当性判断，如果不具备构成要件，则根本不存在是否应当承担责任的问题。例如扣动扳机发射子弹而没有击中任何目标的行为，如果离开了故意，我们就无法断定这是一个杀人未遂、伤害未遂、毁损财物未遂还是根本不具备犯罪构成的行为。

最后，故意作为主观的构成要件要素决定行为的性质。构成要件的描述本身，在许多情况下，如果没有故意等主观要件要素，我们就无法把

握行为本身的性质，比如诈骗行为，没有牟取利益的意图，也就不可能是诈骗。缺乏主观要件因素我们就无法把握犯罪构成这一事实本身。

(二)故意为违法要素理由之分析

笔者认为，从行为自身在法律上的意义考虑，故意行为与过失行为对法律规范的违反程度是有区别的，故意行为重于过失行为，因此故意、过失在作为责任要素之前，也必须作为主观的违法要素。

首先，将故意作为违法要素，有利于补足对于行为人特质的规范而使得行为不法的价判断更加完整。因为故意与过失不同，它涉及法律规范的效力问题，故意的存在表明行为人不愿意以法律的规定来指导自己的“个人”行为，从而从根本上威胁到整体的法律制度。个人的不法是“主体的客观不法”。故意作为直接针对规范命令的行为意志，是个人行为不法的核心。

其次，在三层次犯罪论的架构下，构成要件作为刑罚法规规定的犯罪定型，行为符合构成要件通常可推定为具有违法性，仅于有正当性事由存在时才阻却违法性，因此构成要件是违法的存在根据和类型化，只要是作为违法性基础的事实。主观的违法要素被构成要件类型化时，就成为主观的构成要件要素。主观的构成要件要素只不过成为关于其存在与否的定型性判断的对象，而主观的违法要素则应该对其内容程度进行更实质的考虑，两者有着不同的性质。

最后，故意属于决定违法性的有无及程度的要素。对于没有发生作为违法性基础的侵害结果的未遂犯，故意就成为决定有无违法性的要素。而且在一般的犯罪中，侵害法益的程度同样决定犯罪是否成立，以及承担何种责任，而故意在判断违法性程度的作用中又是必须考虑的要素之一。因此故意应该属于决定违法性的有无和程度的要素。

(三)故意为责任要素理由之分析

“法律中规范性分析因素也越来越多，法律责任的确定已经成了一个融合事实认定和规范性评价的十分复杂的过程。”①“责任原则是现代刑法中的一项基本原则，是防止对行为人进行客观归罪的重要保障，具有不可忽视的意义。”②故意对责任的影响，不过是通过违法性的间接的影响。故意是作为规范违反要素的违法评价的对象的本质部分，而不是与控制动机有关的责任的问题。

笔者认为，故意也应该是责任要件的要素之一。通说对于故意作为责任要件要素的原因已经阐述得很详细，在此不再赘述。笔者另外还想说明几点，具体内容如下：

首先，故意是以表明反规范的人格态度的行为人的心理要素为核心的，因此其基础是指向行为人的人格态度本身的非难形式，最终必须在责任中决定其存在与否。

其次，故意是行为人人格态度的非难判断。违法性讨论的是在行为的性质和故意指导下行为的违法性，其中心是对于具体犯罪行为违法类型和程度的判断，而责任中对于故意的讨论，是对于行为人人格态度本身的非难。

最后，故意是具有统一性的概念，在三个层次的判断中具有不同的作用和地位。“犯罪之成立，行为人必须具有犯罪故意或过失，即有罪性。”③故意分别作用于三个层次，不同的要件对故意评价的内容不相同，故意概念的理解结合三个层次的含义统一形成一个大的故意的概念。

“法律不是孤立地存在，也不是独立发挥作用的。”④故意在犯罪论体系中的地位，与对于故意的认识过程是相联系。当前，理论上既需要注意故意作为构成要件的主观要素的存在，同时也要注意到故意也是非难行为人人格的一种要素，不法是责任的前提，责任通常不得不与不法相联系，不法领域里的任何差异，均会间接地对责任非难的轻重程度产生

① 孙晓东，李炜．法律因果关系分析[J]．法学杂志，2009(10)：30.

② 赵秉志．论原因自由行为中实行行为的着手问题[J]．法学杂志，2008(5)：5.

③ 朱琳．法国二元论体系中的故意[J]．法学论坛，2006(1)：126.

④ 刘金国，闻立军．法治秩序断想[J]．法学杂志，2008(2)：32.

影响。因此，作为一般的主观不法要素的故意，同时也是责任非难的对象。综上所述，我们认为，故意作为犯罪成立评价的对象，存在于构成要件符合性、违法性、有责性三个领域。

第二编

共同犯罪相关问题研究

第六章 共同故意基础问题检讨

共同故意是我国刑事立法规定的共同犯罪的罪过形式，但对于共同故意，各教科书和论著虽都有所涉及，但大部分浅尝辄止，并没有对其进行系统深入研究。我们知道共同故意绝不是两个单独故意简单地加在一起，其研究的立足点也不是简单的意思联络，准确认定共同故意直接决定共同犯罪的成立。《刑法修正案（九）》规定了帮助恐怖活动罪、利用极端主义破坏法律实施罪、代替考试罪、帮助信息网络犯罪活动罪等新罪，将一些帮助性行为独立成罪的现象引起了理论界和实务界的重视，结合我国已经规定的一些独立性的帮助犯罪如协助组织卖淫罪、帮助犯罪分子逃避处罚罪等犯罪，学界质疑共同犯罪的故意内容是否有扩大化趋势。另外，多年来，我国《刑法》和司法解释对于共同故意的法律规定有多处相互矛盾之处，刑法理论对于共同犯罪的用语存在不规范的地方。这些导致司法实践对于共同故意的认定比较模糊，有扩大共同犯罪认定范围的趋势。所以，本章试图回应共同故意所出现的争议。通过分析共同故意出现的问题，深入探究共同故意的内在机理，确定共同故意的认定范围。

一、共同故意的相关问题

（一）共同故意的认定标准模糊

我国共同故意的认定标准是模糊的，《刑法》仅在第25条[①]规定了共同犯罪，但是对于故意的形式、内容和标准并没有明确规定。

1. 共同故意的认识因素

一般认为，“我国《刑法》中的犯罪故意，是指行为人明知自己的行为会造成危害社会的结果，并且希望或者放任这种结果发生的一种心理态度”[②]。共同故意认识因素要求，“各共同犯罪人都明知自己与他人的共同犯罪行为会发生危害社会的结果”[③]。相对于单独犯罪的故意来说，共同犯罪中共同故意的认识因素具有自己的特殊之处。共同故意的认识要素包含了共同犯罪人对本人行为的社会危害性的认识，还有对自己与其他共同犯罪人共同实施犯罪的认识。[④]对于共同故意的基础论断，学界已经形成较为一致的认识，这些也体现在当前的教科书和关于共同犯罪的论断中，但是这仅仅是整体上的一个概括说明，对于共同故意认识因素的内容与单独犯罪的故意认识内容有什么区别，其具有的特殊性还需要进一步解析。

2. 共同故意的意志因素

共同意志，即对某种危害社会结果的发生，各共同犯罪人采取希望或者放任的态度。[⑤]对于犯罪故意的意志因素来说，通说认为存在着两种意志因素：第一个是希望的意志，第二个则是放任的意志。行为人对自己行为所造成的结果，不是希望结果发生，就是放任结果发生，如果行为

① 《刑法》第25条规定：共同犯罪是两人以上共同故意犯罪。

② 杨春洗，杨敦先．中国刑法论[M]．北京：北京大学出版社，2000：115.

③ 赵秉志．当代刑法学[M]．北京：中国政法大学出版社，2009：216.

④ 陈兴良．共同犯罪论[M]．北京：中国人民大学出版社，2006：95.

⑤ 赵秉志．当代刑法学[M]．北京：中国政法大学出版社，2009：216.

人对自己的行为所造成的结果既不是希望也不是放任，那么行为人在主观上就排除了犯罪的故意。希望和放任反映了犯罪人不同的心理态度，对于意志因素的希望而言，比较容易解释和认定，在共同犯罪中，共同犯罪人可能都具有积极的希望态度，希望犯罪结果的出现，并追求犯罪结果的实现。但是对于意志因素的放任而言，理论上相对模糊，因为对于意志的放任因素而言，即使共同犯罪人所放任的结果是一致的，司法实践中也不容易证实。另外，如果共同犯罪人之间的放任并不相同，是不是还成立共同的意志？或者一个犯罪人是希望要素，另外的共同犯罪人是放任要素，是不是仍然成立共用的意志因素呢？理论上并没有给出清晰的解释。

3. 共同故意的意思联络

我国刑法理论上要求共同犯罪必须具备共同故意。“共同”的故意，不能单纯地认为行为人具有同样的故意就可以，关键还需要各共同犯罪人之间具有意思联络。[①]而意思联络是需要数个行为人主观方面不仅仅意识到自己是与他人一起实施犯罪，还需要相互之间要有联络与沟通，主观意识指导下的行为相互配合共同实施犯罪。[②]然而，刑法理论和刑法典对于共同故意的意思联络形式、方式及内容，并没有统一的认识与标准，司法实践中仅仅依照意思联络本身的词意进行认定，这显然缺乏严谨性。

(二)共同故意司法实践认定混乱

对于共同故意的确定，由于理论上的标准不是很细致，导致实践中认定共同故意的时候，采用的标准也根据具体案件的不同而不同。

1. 认识的内容扩大化

案例6-1：

甲和乙是好友，甲长期售卖淫秽光盘，乙购买了一些淫秽光盘供自己观赏。某日，甲的好友丙找甲购买淫秽光盘，但是甲手头没有淫秽光盘。

① 张明楷．刑法学：第三版[M]．北京：法律出版社，2007：322.

② 赵秉志．当代刑法学[M]．北京：中国政法大学出版社，2009：216.

恰好甲看到乙的淫秽光盘，告诉乙先从乙处拿一些淫秽光盘给丙，并说之后由甲付钱给乙，乙不置可否，甲自己拿了乙的淫秽光盘给了丙，至此案发。

本案中，乙仅仅了解甲是贩卖淫秽物品，乙也知道甲将自己的淫秽物品拿走是为了卖与他人，但是乙并没有贩卖淫秽物品的犯罪故意，也无意与甲共同贩卖淫秽物品。乙在本案中仅仅明知甲去贩卖淫秽物品，从犯罪的故意方面难以认定乙的犯罪故意就是贩卖淫秽物品的犯罪故意，因此不应该认定乙与甲共同贩卖淫秽物品。然而，司法实践中认为，只要乙事先知道甲贩卖淫秽物品，并且放任甲去实施贩卖淫秽物品犯罪，就是与甲共同犯罪，这种推知的共同故意的认识内容，明显违背了共同犯罪的共同故意的本意，扩大了共同故意的成立范围。

笔者认为，在上述案例中，司法实践认定共同犯罪的故意时，采用的标准具有一定的主观臆断性，通过类似想当然的标准，认定乙和甲共同贩卖淫秽物品犯罪比较牵强，理由如下：

第一，就事实过程而言，乙根本不具有贩卖淫秽物品的犯意，也没有实施任何与贩卖淫秽物品相关的行为。整体而言就是乙放纵甲寻求到乙的帮助，而这一放纵的结果导致甲贩卖淫秽物品行为的发生。笔者认为，这与乙放纵贩卖淫秽物品行为的发生仍有质的不同。

第二，实施犯罪时故意内容不同的，不构成共同犯罪。本案就犯意而言，乙明知甲实施犯罪，放任了自己的帮助行为，此时的乙所形成的犯罪故意与甲的犯罪故意，无论是内容上还是具体的行为上都具有一定的差距，此时形成的共同的犯罪故意，很难与甲乙二人通谋形成的共同的犯罪故意相提并论。

2. 意思联络认定不准确

2011年七夕节下午，王五、赵六二人通过手机短信联系，“骗个人来搞一下”。当晚二人将乙骗上车并开车将其带至某公园。王五拉乙往树林里走，乙不愿意，赵六朝乙大吼：“你知道我是谁吗？”乙很害怕。到树林后，赵六翻乙的背包，获得手机一部、现金400元，与王五二人均分。

随后王五强迫乙脱掉衣服，乙不从，王五就对站在旁边的赵六说：“你去拿刀。”赵六知道王五这么说是为了吓唬乙，于是站着没动，也没说话，接着王五强奸了乙。事后查明，关于共谋时说的“搞”，王五称是指劫色，赵六称是指劫财。

王五是强奸罪的实行犯，即使不考虑赵六的行为，也可以顺利地认定王五的行为成立强奸既遂。问题是，赵六是否成立强奸罪的共犯？在这种场合，如果整体判断二人是否有共同的强奸故意，反而不能得出妥当结论，因为王五和赵六虽然事先进行了“意思联络”，但是意思联络的内容与形成共识之间具有一定的距离。因为共同故意的意思联络的标准不确切，引起司法实践中对于共同故意认定的不准确，从而影响到了共同犯罪的认定。

通过以上分析，我们可以总结出现类似现象的原因，我国对于共同犯罪的故意认定标准是模糊、不确切的，这也就直接导致司法确认共同故意比较牵强，导致认定共同犯罪比较困难。

(三)共同故意相关法律规范的规定前后矛盾

共同故意法律规定存在于我国的共同犯罪的法律规定中，然而我国关于共同犯罪的法律规定却出现了法律条文前后差异、含义不一致、语境不统一的问题。如果关于共同犯罪的法律规定与理论理解出现了偏差，自然会影响共同故意认定的理论基础，导致共同故意出现不同的理解。相关法律规范前后不一致的规定具体如下。

1. 刑法典条文前后不一

我国《刑法》第25条①明确规定，共同犯罪由二人以上共同故意构成，排除过失成立共同犯罪的可能性。也就是说，既排除过失共同正犯，也排除过失教唆犯和过失帮助犯的存在。

（1）共同犯罪不等同于共犯

---

①《刑法》第25条规定：“共同犯罪是指二人以上共同故意犯罪。二人以上共同过失犯罪，不以共同犯罪论处；应当负刑事责任的，按照他们所犯的罪分别处罚。”

《刑法》第310条[①]规定事前通谋的，以共同犯罪论处。而第349条[②]规定事先通谋的，以走私、贩卖、运输、制造毒品罪的共犯论处。对比以上两个法条我们可以发现，两个法条的犯罪行为表象基本相同，但刑法条文的表达却有所差别：在同样以“事前通谋”作为论处判定依据时，第310条规定以“共同犯罪”论处，而第349条规定却以“共犯”论处，难道此处的共同犯罪等同于共犯吗？笔者认为并非如此，第310条所说“共同犯罪”是我国刑法语境下所指的共同犯罪，而第349条所说的“共犯”是大陆法系语境下的共犯，尽管理论上可以使用“共犯”一词进行探讨，然而在《刑法》中出现类似前后有所差异的规定，仍会有损刑法的权威。

（2）共犯成立的条件前后不一致

《刑法》第156条、198条、第349条第3款、第350条第2款、第382条等条文[③]，规定的都是“以共犯论处”，我们可以看到，走私共犯需要

---

①《刑法》第310条规定：“明知是犯罪的人而为其提供隐藏处所、财物，帮助其逃匿或者作假证明包庇的，处三年以下有期徒刑、拘役或者管制；情节严重的，处三年以上十年以下有期徒刑。犯前款罪，事前通谋的，以共同犯罪论处。”

②《刑法》第349条规定：“包庇走私、贩卖、运输、制造毒品的犯罪分子的，为犯罪分子窝藏、转移、隐瞒毒品或者犯罪所得的财物的，处三年以下有期徒刑、拘役或者管制；情节严重的，处三年以上十年以下有期徒刑。缉毒人员或者其他国家机关工作人员掩护、包庇走私、贩卖、运输、制造毒品的犯罪分子的，依照前款的规定从重处罚。犯前两款罪，事先通谋的，以走私、贩卖、运输、制造毒品罪的共犯论处。”

③《刑法》第156条规定：“与走私罪犯通谋，为其提供贷款、资金、账号、发票、证明，或者为其提供运输、保管、邮寄或者其他方便的，以走私罪的共犯论处。”

第198条第4款规定：“保险事故的鉴定人、证明人、财产评估人故意提供虚假的证明文件，为他人诈骗提供条件的，以保险诈骗的共犯论处。”

第349条第3款规定：“犯前两款罪，事先通谋的，以走私、贩卖、运输、制造毒品罪的共犯论处。”

第350条第2款规定：“明知他人制造毒品而为其生产、买卖、运输前款规定的物品的，以制造毒品罪的共犯论处。”

第382条规定：“国家工作人员利用职务上的便利，侵吞、窃取、骗取或者以其他手段非法占有公共财物的，是贪污罪。受国家机关、国有公司、企业、事业单位、人民团体委托管理、经营国有财产的人员，利用职务上的便利，侵吞、窃取、骗取或者以其他手段非法占有国有财物的，以贪污论处。与前两款所列人员勾结，伙同贪污的，以共犯论处。”

通谋，但是保险诈骗的共犯只需要提供条件即可以成立共犯，贪污的共犯是与他人伙同贪污，同样都是共犯，但是要求的标准却大相径庭，这说明我国共同犯罪、共犯的理论比较混乱，参考的标准、理论的指导亦有冲突和不同地方，因此导致立法标准前后不一，必然会导致司法上的混乱。

2. 司法解释规定混乱

最高人民法院于2000年11月10日发布的《关于审理交通肇事刑事案件具体应用法律若干问题的解释》第5条第2款、第7条[①]明确规定了共同过失犯罪。作此司法解释的初衷是为了解决实践中大量存在的指使他人违章驾驶造成事故、指使肇事人肇事后逃逸等问题。虽然学界对上述司法解释基本是持赞同态度，但此司法解释与我国《刑法》关于共同犯罪的规定存在冲突，学界还是有人持不同的意见。问题的关键在于，此司法解释是否意味着我国从立法层面已经确认了共同过失犯罪的存在。

最高人民法院、最高人民检察院在2001年4月9日发布的《关于办理生产、销售伪劣商品刑事案件具体应用法律若干问题的解释》第9条规定了片面共犯的存在[②]，即将共同的犯罪故意内容，从相互联络的标准降低到共犯知道正犯施行犯罪行为即可，无需正犯是否知道共犯人是不是与其有共同犯罪的故意，从侧面承认了片面共犯的理论存在，这是不是根本上否定了共同故意无需意思联络？

同样的情况也出现在最高人民法院、最高人民检察院2009年5月13日颁布的《关于办理生产销售假药、劣药刑事案件具体应用法律若干问

① 最高人民法院2000年11月10日的《关于审理交通肇事刑事案件具体应用法律若干问题的解释》第5条第2款规定："交通肇事后，单位主管人员、机动车辆所有人、承包人或者乘车人指使肇事人逃逸，致使被害人因得不到救助而死亡的，以交通肇事罪的共犯论处。"第7条规定："单位主管人员、机动车辆所有人或者机动车辆承包人指使、强令他人违章驾驶并造成重大交通事故，具有本解释第二条规定情形之一的，以交通肇事罪定罪处罚。"

② 最高人民法院、最高人民检察院《关于办理生产、销售伪劣商品刑事案件具体应用法律若干问题的解释》第9条规定："知道或者应当知道他人实施生产、销售伪劣商品犯罪，而为其提供贷款、资金、账号、发票、证明、许可证件，或者提供生产、经营场所或者运输、仓储、保管、邮寄等便利条件，或者提供制假生产技术的，以生产、销售伪劣商品犯罪的共犯论处。"

题的解释》的第5条："以生产、销售假药罪或者生产、销售劣药等犯罪的共犯论处的情形。"最高人民法院、最高人民检察院、公安部2011年1月10日印发的《关于办理侵犯知识产权刑事案件适用法律若干问题的意见》第15条"以侵犯知识产权犯罪的共犯论处的情形"等条文。

上述条文均强调了共犯的犯罪故意的罪过心态，但是并没有要求共犯是需要和正犯共谋才能成立共同犯罪。缺少共同的犯罪故意就不成立共同犯罪，进而就不会有共犯的存在。

二、共同故意的学理基础探析

共同故意的理论依存于我国共同犯罪理论，由共同犯罪理论指导。而我国共同犯罪理论本身就与大陆法系的共同犯罪理论有混淆之处，这也反映在我国刑事理论和法规中（如上文所列举的理论和司法解释），然而，我国共同故意所依存的共同犯罪理论与大陆法系的共同犯罪理论具有本质上的区别，盲目将大陆法系的共同犯罪理论中的概念引入我国刑法理论中，必然会引起司法实践中的混乱。"中国共产党一直都在寻求以人类最先进的理论、思想来指导自己的历史性实践。"[①]这也体现在了法律体系的建构方面，我国的法律制定集合了我国最优质的法律资源，经过深思熟虑系统建设而成，刑法规定共同犯罪的共同故意符合我国的基本国情和刑事法律规定，没有必要引入大陆法系共同犯罪相关的概念和理论。

（一）共同犯罪与共犯是两个不同的概念

在我国刑法学界和司法实践中，认定共同犯罪的共同故意之际，习惯依据"共犯"和"正犯"之间进行的意思联络来认定共同犯罪的共同故意。但是，这与我国刑事法律规定的现状不符合，我国《刑法》中并没

① 张恒山．论坚持党的领导与依法治国[J]．安徽师范大学学报（人文社会科学版），2015(2)：134.

有“共犯”的概念。

1.“共犯”一词难以在中国的刑法语境下适用

中国的共同犯罪是指两人以上共同故意所实施的犯罪行为，共同犯罪人按照各自在犯罪中所起到的作用分为主犯、从犯、胁从犯和教唆犯四种。大陆法系共同犯罪的含义大致与我国关于共同犯罪的含义相同，但是大陆法系更多地关注共同犯罪人的组成形式，例如传统的理论分为行为共同说、犯罪共同说、共同意思主体说、共犯从属说、共犯独立说等，无论大陆法系传统理论如何变化，其主要关注的是共同犯罪中人的地位和划分，大致都承认正犯和共犯的区分。因此“共犯”一词主要是大陆法系语境下的相对于正犯的共同犯罪人，此外别无他意。而我国《刑法》中的“共犯”，是二人以上共同故意犯罪的情形。学界基本上也都承认共犯是相对于正犯的概念，并且是在讨论大陆法系共同犯罪时方才使用，而我国共同犯罪的语境下，多使用主犯、从犯、胁从犯和教唆犯，或者使用实施实行行为的共同犯罪人和实施帮助行为的共同犯罪人，对于我国主犯、从犯、胁从犯和教唆犯，很难再进行正犯和共犯的划分。

2. 共犯混淆了如何认定共同犯罪的罪过形式与内容

共犯适用于大陆法系下的共同犯罪语境，其相对正犯进行区分。所谓非单一的正犯概念，是指将所有参与犯罪实现的人，依其参与的形态，分为正犯与共犯两种类型，而在刑罚上分别给予不同的评价。[①]共犯与正犯的参与形式主要是在构成要件层次下讨论的共同犯罪人形式，共犯与正犯的犯意联络更多的是在有责性里面讨论。而我国共同犯罪是以符合同一犯罪构成所要求的条件为基础，因此不仅犯罪行为需要有共同之处，犯罪故意也需要具有一定的共同点。这一点共犯的概念并不能恰当地包含我国共同犯罪人所需要包含的内容，因此，在中国的语境下，适用共犯的概念，混淆了认定共同犯罪的罪过形式和内容。

综上所述，大陆法系的“共犯”与当前我国刑事立法出现的“共犯”一词含义并不相同，不可以混同使用，大陆法系的“共犯”也不适用于

① 马克昌.外国刑法学总论(大陆法系)[M].北京:中国人民大学出版社,2009:313.

我国《刑法》的语境，我国刑事立法应该慎重使用“共犯”，避免引起理论和司法的混乱。笔者建议，我国应该修订相应的法律规定，统一标准，将《刑法》分则所有关于“共犯”的用语修改为“共同犯罪人”一词，以便与大陆法系的“共犯”一词进行区别，对于司法解释所涉及的并不属于共同犯罪规定的内容进行修正。

（二）我国共同犯罪的规定符合我国的基本国情

我国共同犯罪的规定是不是需要引进“共犯”一词，或者引进大陆法系关于共同犯罪的理论呢？有学者建议我国《刑法》引入大陆法系关于共同犯罪的理论，笔者不赞同将大陆法系关于共同犯罪的理论完全照搬到我国《刑法》中。而且大部分学者都不建议完全引进大陆法系的规定和理论，认为我国《刑法》共同犯罪人的分类对于定罪而言更为科学，处罚上合理，操作上简便。①

不需要完全将大陆法系的共同犯罪理论引入我国共同犯罪理论中，主要理由在于，我国共同犯罪的规定符合我国的基本国情。我国《刑法》起草、修订过程中，曾经对于共同犯罪如何规定进行了很长时间的争论和研究，最终采用以作用分类方法为主，将共犯人分为主犯、从犯和胁从犯之外，再以分工分类为辅对教唆犯加以专门规定。②共同犯罪的详细规定也是在借鉴世界各国立法的基础上认真推敲而作出的选择。

事实上，几十年的司法实践证明，我国关于共同犯罪的理论和法律规定是符合我国国情要求的，司法实践也比较易于操作。③从我国1997年《刑法》颁布实施以来，对于共同犯罪的处罚尺度把握也恰到好处，符合生活中的打击犯罪又不放纵犯罪的要求，其间并没有如学者所预言的那样，这种认定方法必然会导致难以解决诸多复杂案件。④而且，实践中

① 刘明祥.论中国特色的犯罪参与体系[J].中国法学，2013(6)：117-130.

② 赵秉志.犯罪总论问题探索[M].北京：法律出版社，2003：505.

③ 李振林.对刑法中法律拟制正当性质疑之辨析[J].法学杂志，2015(6)：82-90.

④ 张明楷.共同犯罪的认定方法[J].法学研究，2014(3)：3-25.

公、检、法等一线司法人员，认为共同犯罪的理论简单、直接、易操作、好把握。相反，一些学者将大陆法系语境下的正犯、共犯等概念混淆在我国共同犯罪理论和法律规定中，反而引起理解上出现偏差①。

(三)我国的共同犯罪的罪过形式是且仅是共同故意

近年来，出现了一些新类型的犯罪行为，诸如帮助犯、共同过失、片面正犯等，学界甚至出现了扩大共同犯罪的罪过形式的呼声。笔者认为，我国共同故意需要依据《刑法》第25条确立自己的范围，其他超出法律规定的情形一律不应当认定是共同犯罪。

1. 我国《刑法》明确规定共同犯罪的罪过形式是共同故意

《刑法》第25条非常准确而且无任何歧义地指出，共同犯罪的罪过形式仅仅是指共同故意，此外别无其他罪过形式。这也意味着共同故意从主观上指导和掌控行为的方向，把各共同犯罪人的行为结成一体，构成共同犯罪。在结构上，共同故意应当是由两个以上的共同犯罪人的主观心理构成；在本质上，共同故意要求共同犯罪人具有犯罪认识，激发犯罪意志。结构和本质相互对应，构成不可分的整体。共同故意并非个人故意单纯叠加，意思联络是共同故意的基本特征和表现形式，揭示了共同故意的本质，突出共同故意需要具备共同的谋划的条件。或许可以说，共同故意并不制约或者是限于每个犯罪人故意内容的相同性，其取决于每个共同犯罪的犯罪人意思联络的一致性。共同犯罪要求犯罪人之间必须要有意思联络，决定了每个犯罪人只能在“故意”状态下才能够进行意思联络，没有“故意”也就不能够进行意思联络，所以我国共同犯罪的罪过形式是共同故意，而且也只能是共同故意。

2. 我国不需要扩大共同犯罪的罪过形式

(1) 共同犯罪的理论基础是犯罪构成理论

共同犯罪概念的探讨，“是以刑事立法对共同犯罪的规定为基础和依

① 笔者多次参与司法实践的案例研讨时发现，多数司法工作人员不能准确理解共犯与共同犯罪的区别。

托的，一般不存在争论。”[①]我国《刑法》中关于共同犯罪的定义体现了主观与客观相统一的原则，科学地概括了共同犯罪的内在属性。[②]共同犯罪所规定的犯罪行为是在刑法分则规定具体犯罪的犯罪构成基础上，确立的共同犯罪的犯罪构成，虽然每个共同犯罪都有自己的犯罪构成，但是，毫无疑问，共同犯罪的基础就是犯罪构成理论。

（2）共同故意是共同犯罪的核心内涵

共同犯罪的行为是对于共同故意的反映，共同故意指导共同犯罪的行为，两者是相互印证统一的整体。共同故意即共同犯罪的核心内涵，也是我国共同犯罪的本质要求，因此共同故意是唯一也是必要的罪过形式。

（3）共同过失等情形无需修改共同犯罪的罪过形式

《刑法》第25条第2款从法律上明确规定共同过失不是共同犯罪的罪过形式。笔者认为，《刑法》关于共同过失的规定是正当的，符合实际情况的。共同过失是指：“由于各行为人之间缺乏主观联络，从总体而言，其社会危害性并不是特别严重。社会危害性的相对轻微，决定了其欠缺为刑法所特别规定之必要。”[③]而且我国犯罪成立的标准必须要符合刑法的主客观相统一的基础原则，这一点上共同过失难以达到。同样理由也适用于其他情形，例如片面共犯。

三、共同故意的认定解析

通过上文分析，共同故意应该以《刑法》第25条的规定作为基础，按照刑法的基础理论确定共同故意的内容。对于共同故意的认定应该严守我国犯罪的基础理论，共同故意的认识要注意“共同”的含义，“共同”的含义应该贯彻共同故意认定的各个环节。以下是对于共同故意认定的解析。

---

① 赵秉志．当代刑法学［M］．北京：中国政法大学出版社，2009：215.

② 张明楷．刑法学：上［M］．北京：法律出版社，1997：275.

③ 赵秉志．当代刑法学［M］．北京：中国政法大学出版社，2009：221.

(一)共同故意认识因素的认定内容

共同故意的认识因素是认定共同故意的关键要素，共同故意是认定共同犯罪的灵魂，共同犯罪的行为反映了共同故意，共同犯罪与共同故意是相互印证的统一体。共同犯罪的故意与单独犯罪的故意是有比较大区别的，共同犯罪的故意不仅仅是指对于犯罪构成本身具有一定的认识，还包括对共同犯罪人之间的合意的共同认识。笔者认为，共同犯罪的故意的认识因素，应该统一于共同犯罪人之间所形成的共同犯罪目的下的认识内容。原因在于，如果没有一致的犯罪目的（并非具体行为的目的），即使客观上组成了相同点的认识，也无法形成系统的犯罪认识，并且实施系统犯罪故意下指导的犯罪行为。共同故意的认识因素里不仅仅要有单独犯罪故意的内容，还需要具有共同犯罪自己的内容与特色，也正是这些自己的特色才能够形成共同犯罪的内在含义。对于共同犯罪的本质而言，共同犯罪的行为属于系统而统一的行为，作为系统的共同犯罪行为的一部分，共同故意的认识内容需要整体认识和理解系统犯罪行为，这样的认识既来源于所形成的共同犯罪目的，又需要高于这个犯罪目的；既来源于个体犯罪目的，又区别于每一位共同犯罪人的犯罪目的。司法实践中需要关注和落实共同故意认识要素的具体内容。

1. 共同犯罪人对犯罪主体的认识

在共同犯罪的场合，行为人对于共同犯罪主体的认识尤为重要。依据我国刑法的通说，共同犯罪中的犯罪人应该是具有刑事责任能力的自然人和单位，这是共同犯罪成立的基础。共同犯罪人不仅要具有对于单独犯罪犯罪主体的认识，还需要认识到自己是与他人实施犯罪，而且还要清楚认识到“他人”是刑法意义上的“人”。只有这样，两个以上的“人”才能形成刑法上的共同故意，否则就无法成立共同犯罪。共同犯罪故意对于主体的认识，笔者认为不仅仅是对于自然人和单位的认识，还需要认识到犯罪主体是共同犯罪所需的身份。如果没有认识到主体具有共同犯罪所需的身份，那么也就不能认定具有共同犯罪的故意以及成立共同犯罪。

笔者认为，对主体的认识需要包含两个方面：其一，共同犯罪人的刑事责任能力；其二，共同犯罪人的身份。

2. 共同犯罪人对共同行为性质的认识

对于共同犯罪来说，共同犯罪人对其行为性质的认识也是必不可少的，而且是对“共同行为”的性质认识。不能够仅仅局限于对自己所实施行为的认识，还需要了解共同行为人所实施行为的性质和内容。自己的行为与共同行为人的行为是密切联系的整体，两个人的行为是共同目的下形成的一个整体行为。对于某些犯罪而言，整体行为能够引起的社会危害结果也需要有真切的认识和了解。

对于共同行为性质的认识包含三个方面：其一，需要认识到行为是《刑法》禁止的行为；其二，需要认识到个体行为在共同犯罪行为中的地位和作用；其三，需要认识到共同犯罪人的行为是属于共同犯罪的行为。

3. 共同犯罪人对犯罪行为结果的认识

共同犯罪人是否需要对犯罪行为的结果具有认识，在司法实践中认定的标准并不统一。在单独犯罪中往往需要对结果具有认识，但是在认定共同犯罪的时候，并没有要求所有的共同犯罪人都需要对犯罪结果具有清楚的认识，这在某种程度上说明，认定共同犯罪与单独犯罪的标准是有区别的。当下我们经常讨论的片面共犯就是对犯罪结果是否需要认识的典型例子。笔者认为，对于行为结果的认识，共同犯罪与单独犯罪不应该有所区分。对于所有的共同犯罪人而言，执行的标准与单独犯罪人的标准应当相同，单独犯罪需要对犯罪结果有认识，所有的共同犯罪人就都需要有认识，反之亦然。

对于结果的认识包含的内容：其一，要认识到自己的行为所能引起的后果是法律所禁止的后果；其二，所产生的法律后果是共同犯罪必然产生的后果。

(二)共同故意意志因素的认定内容

1. 共同故意的“希望”

共同故意的“希望”比较容易理解和认定，即各共同犯罪人对于共同犯罪结果的积极追求，犯罪结果的发生符合共同犯罪人的犯罪所求，而且每一个共同犯罪人所追求的犯罪结果是相同的、一致的。可能每一个犯罪行为人的目的并不完全相同，但是对于组成的犯罪整体而言，“希望”更多地表现出的是积极的态度和行为，司法实践中一般体现为为实施犯罪行为积极进行谋划、认真准备犯罪所需要的工具，为了实施犯罪行为制订周密的犯罪计划等。

2. 共同故意的“放任”

共同故意“放任”的解读较为困难，相比较单独犯罪故意的放任，共同犯罪人的放任还有另外一种情形需要认真探讨，即共同犯罪人的放任是放任共同犯罪结果的发生还是放任其他共同犯罪人的行为。笔者认为，对共同故意放任进行界定时，要严于单独故意放任，且要具有共同故意的独有特征。共同故意的放任态度并不是在发生与不发生两种可能性之间采取中立态度，而是放任结果的发生，不是放任结果的不发生。①因此，对于共同故意而言，放任是基于有共同的认识基础之上的放任，是需要对共同犯罪的结果有一定的认识，同时不仅仅要放任结果的发生，还需要对自己的行为以及共同犯罪人的行为具有一定的理解的放任。也就是说，单纯的放任犯罪结果的出现和单纯的放任其他共同犯罪人的行为都不能成为共同故意的“放任”，只有基于“共同”认识基础上，各共同犯罪人对于危害结果至少是放任的意志；对于共同犯罪人的行为也应该至少亦是放任，这样方才成立共同故意的放任。

(三)共同故意中意思联络的认定内容

共同犯罪故意并不是几个单独故意简单叠加在一起，而是以意识联络

① 赵秉志.犯罪总论问题探索[M].北京:法律出版社,2002:209.

作为中心纽带，使得共同犯罪人的数个单独故意相互影响和协调统一，进而使得原本独立的犯罪行为形成一个统一整体。共同犯罪人之间意思相互联络，其两者的行为才能组成一个整体。共同故意的纽带就是主观联络。[①]“正是通过意思联络，各共同犯罪人的个人犯罪故意，才结成一体，转化为共同的犯罪故意。”[②]

1. 意思联络的行为方式

意思联络的行为方式可以包含很多种，但是共同犯罪的意思联络形式必须具有一定的典型性和易于认定的特点，我国刑法理论的通说概括意思联络的行为方式主要有三种：明示、暗示和容忍三种方式。[③]笔者认为，明示是意思联络的主要方式，共同犯罪一般都是通过明示的方式直接传递、沟通信息，难点在于暗示和容忍两种行为方式，尤其是容忍方式，属于意思联络方式的新情形。如果没有明确的指示或者沟通，单纯依靠经验、默契或者惯例等司法实践中常见的暗示、容忍等意思联络方式，能否认定为共同故意呢？下文具体分析三种方式需要注意的内容。

第一，明示的方式。意思联络的明示方式需要行为人将自己的犯罪意图明确无疑地向对方表露出来，各个共同犯罪人相互之间将自己的犯罪意图表露给对方，通过明确的交流，理解和认识共同犯罪的犯罪意图，从而形成共同的认识和意志。

第二，暗示的方式。暗示方式的意思联络通常表现为共同犯罪人将自己的犯罪意图明确地在外部表现出来，其他的共同犯罪人根据习惯或者是经验推断出行为人的意图，并接受了这一犯罪意图。这种暗示的方式尽管没有通过行为表达出来，但是共同犯罪人能够推断出共同犯罪的意思内涵，即所有的客观依据、习惯或者经验能够证明出共同犯罪人已经知晓共同犯罪的意思内涵。

第三，容忍的方式。容忍从字面理解具有允许和纵容的意思，容忍的

① 陈兴良. 共同犯罪论[M]. 北京：中国人民大学出版社，2006：100.

② 马克昌. 犯罪通论[M]. 武汉：武汉大学出版社，2005：510.

③ 刘建国. 刑事法适应典型疑难案件新释新解[M]. 北京：中国检察出版社，2006：79.

方式与暗示相比较，两者更为接近，甚至某些地方是相同和相通的。但是两者还是具有很大的区别，容忍的方式更多体现出来的是行为人的积极心态和意思倾向，共同故意的容忍是共同犯罪人处在对整体犯罪统一认识的基础之上，通过容忍的方式，完成共同犯罪人相互之间的意思联络而达成共识，这种容忍也包括对行为结果的接纳。

2. 意思联络的内容

意思联络是共同犯罪人以明示、暗示或容忍的方法表明愿意共同实施某种犯罪。笔者认为，对于共同犯罪意识联络认定的内容，应该包括以下几个方面：

第一，共同犯罪人是基于共同的犯罪目的进行的意思交流。因为只有主观上共同故意的交流，才能使得共同犯罪人原本独立的犯罪故意，相互之间联络、协调，最终形成共同的犯罪故意，促使共同犯罪人成为同一个犯罪的主体，其行为成为共同犯罪的行为。

第二，共同犯罪人应该认识到自己是与他人共同实施犯罪行为，每一个共同犯罪人都要知道其他共同犯罪人的存在以及相互之间的关系。

第三，所有的共同犯罪人都有实践主观意图的共同意愿。对于共同犯罪人而言，不仅在犯罪的主观方面成立共同的故意，而且客观上形成了共同故意指导下的整体共同犯罪行为，每一个共同犯罪人都有实施犯罪行为的意图，落实共同的犯罪故意的内容。

共同故意是共同犯罪的核心内容，通过上文的分析，“共同”是共同故意的核心。把握好共同故意的相关基础理论和标准，才能够厘清共同故意的内涵。

第七章　被教唆者刑事责任解析

——解析《刑法》第29条第2款

教唆犯罪近年来呈现上升趋势，并且教唆的途径也出现新的变化，通过网络实施教唆行为已经成为比较重要的形式。通过网络途径教唆犯罪具有特殊性，司法实践中，被教唆人并没有完全按照教唆的内容去实施犯罪，导致适用《刑法》第29条第2款的案件比例直线上升，如何认定被教唆人的性质以及如何适用《刑法》第29条第2款，着实是摆在司法实务工作人员面前的一个难题。出现这样情形的原因在于，我们刑法条文规定得比较粗略，学界对该法条的理解具有争议。基于此，本章拟对该款抒发己见，以期可以为司法实务部门和学界提供参照与建议，以更好解决当前司法实践中的问题。

一、《刑法》第29条第2款适用的基础

鉴于教唆行为的特殊性，学界对于我国《刑法》第29条第2款适用的基础产生一定的争议，如本法条的适用是否必须以共同犯罪为前提条件，教唆犯与被教唆者之间共同故意犯罪的内涵都有不同的见解，以下笔者将详细论述。

（一）成立共同犯罪为适用前提

笔者认为，应在成立共同犯罪的前提下理解现行《刑法》第29条第2

款，因为教唆犯是共同犯罪中的一种犯罪主体的类型，不构成共同犯罪就无教唆犯可言，因此也不能适用我国《刑法》对教唆犯的处罚规定，毕竟《刑法》第29条第2款处于第2章第3节共同犯罪规定之下。

1. 刑法典体系完整的要求

现行刑法对共同犯罪的规定主要集中在第2章第3节（共同犯罪）。在本节伊始，第25条就开宗明义地阐明了共同犯罪的内涵，并从正反两个角度对共同犯罪的内涵予以深化。在共同犯罪的前提下理解第29条第2款，不仅与该节题名相呼应，同时也能深化对该节第28条与第29条的理解，对于刑法典的体系完整也是一种保护。

有学者认为，可以把《刑法》第29条第2款与共同犯罪的相关规定割裂开来，第29条前后法律规定按照逻辑顺序推演，第2款属于不构成共同犯罪的情形，甚至认为第29条第2款规定为多余。笔者认为这种推演有可商榷之处，理由在于我国共同犯罪的规定与大陆法系共同犯罪的规定大不相同，大陆法系将共同犯罪分为正犯与共犯，原因在于其依据的犯罪构成三层次之基础，在构成要件符合性层次依据正犯与共犯行为关系进而判断共同犯罪关系，以及正犯与共犯行为的关系。我国共同犯罪的分类依据是以犯罪构成四要件为基础，统一审视所有共同犯罪人之间的关系，共同犯罪人之间关系的判断，依据在于共同犯罪人之间是否具有共同的故意，进而在主客观一致要求下是否形成共同的行为，因此孤立地判断教唆犯行为，在我国《刑法》语境下没有意义。另外，刑法条文关于共同犯罪一节的规定，是整体化、系统化规定，不能割裂地审视一个法条的规定适用。笔者认为，《刑法》第29条第2款的规定必须是以成立共同犯罪为前提，这样的理解符合刑法规定的原意，也符合司法实践实际的要求。

2. 限制教唆行为入罪的要求

我国《刑法》分则通常仅对单独犯的犯罪行为表现予以规定，对犯罪的特殊形态则通过总则以修正的构成要件的形式进行规定。这即意味着二人以上共同故意犯罪的情形，单纯依靠刑法分则的规定是不能全面处罚的，毕竟在共同故意犯罪的情况下，行为人仅实施了部分行为，却要对所参与的全部行为承担责任，属于共同犯罪的刑罚加重事由。基于此，现行《刑法》第25条将共同犯罪的成立限定在故意犯罪的场合，目的在于限制刑罚权的恣意扩大。同样的道理，在存在教唆行为的情况下，跳出共同犯罪的前提限制，教唆行为的认定不受共同犯罪成立条件的限制，会扩大教唆行为的入罪范围，有违刑法的谦抑性。

3. 有利于贯彻客观主义刑法观

"刑罚目的实现与否，取决于服刑人的心理是否得到矫正，在认识上能否回归正途。"[①]客观主义刑法观由于倡导罪刑法定原则而得到刑法学者们的青睐，这就意味着，无论刑法理论如何发展，都不能抛弃客观主义刑法观，或者说，刑法理论的发展创新应该建立在客观主义刑法观的基础之上。在成立共同犯罪的条件下理解被教唆人没有犯被教唆罪，严格坚守法益侵害的原理，认为行为人没有故意实施侵害（或严重威胁）刑法所保护的法益的行为，则不能纳入共同犯罪的范围，也就不能对其适用部分行为全部责任的原理。这种从客观上以是否侵害法益来判断行为是否应当纳入刑法射程的思维方式，我们必须承认其是客观主义刑法观的充分体现。

（二）共同故意犯罪的内涵

鉴于本条款的适用存在被教唆者没有实施教唆的情形，即教唆者与被教唆者之间的共同故意出现了偏差，是该将共同故意理解成形成共同故意后去犯罪还是理解成共同去故意犯罪，学界存在争议，有学者认为第29条第2款的情形与共同犯罪相关，但是不成立共同犯罪。[②]两人以上，基于共同故意，实施了侵害刑法所保护的法益的行为，即为共同犯罪。[③]也有学者认为，对第29条第2款的解释应该与第25至28条相协调，即应

① 阴建峰，贾长森."刑变罚恒"的价值背离及其重塑[J].法学杂志，2016(2)：40.

② 刘明祥."被教唆的人没有犯被教唆的罪"之解释[J].法学研究，2011(1)：139-149.

③ 刘明祥.论中国特色的犯罪参与体系[J].中国法学，2013(6)：117-130.

该在成立共同犯罪的前提条件下讨论第29条第2款。[①]我国现行刑法规定的共同犯罪，指两人以上共同去故意犯罪。[②]笔者认为，教唆者与被教唆者形成共同的犯罪故意，即教唆者有教唆的故意，并且实施了教唆的行为，被教唆者有接受教唆的意思表示，也就是教唆者与被教唆者之间成立所实施犯罪的共同故意。这种共同故意体现于教唆者与被教唆者形成了接受与被接受教唆内容的一致认识，并且有意去落实教唆内容的意志因素，就成立了共同犯罪的共同故意。因此，应该将共同故意犯罪理解为共同故意去犯罪较为合适，理由如下：

1. 法律的明确规定

如上文已有论述，《刑法》第29条位处《刑法》共同犯罪规定的范围内，因此《刑法》第29条第2款适用于关于共同犯罪的所有理论和法律规定。共同犯罪中关于共同故意的规定也就适用于本法条的内容，教唆犯与被教唆者只有成立共同犯罪才有所谓的教唆犯罪，只有形成了共同故意才能够成立共同犯罪，因此成立共同犯罪是教唆犯罪成立的前提。所以，共同故意成立应该在先，共同去犯罪应该在后，这是法律的明确规定，不容置疑。

2. 维护刑法规范的需要

“司法活动是国家根据法律解决社会矛盾的活动，应当由国家专门机关依法进行。”[③]从维护刑法规范的观点来看，共同故意犯罪解释为共同故意去犯罪，有利于刑法预防作用的积极发挥，进而有利于维护刑法规范的权威。刑法规范兼具行为规范与裁判规范的属性，从行为规范的角度而言，刑法通常表现为禁止性规范，即禁止行为人实施违反刑法规范的行为。将共同故意犯罪解释为共同故意去犯罪，只有行为人在存在共同犯罪故意的情况下实施了违反刑法规范的行为才有被评价为犯罪的可能。实践中，司法工作人员往往为了证实被教唆者是否实施了教唆者的

① 张明楷．刑法学［M］.4版．北京：法律出版社，2015：378.

② 张明楷．刑法学［M］.4版．北京：法律出版社，2015：349.

③ 杨宇冠．论刑事司法规律［J］.法学杂志，2016(3)：51.

教唆内容，即为了证明共同去故意犯罪，浪费了大量的人力和物力，实际的效果却是大打折扣。事实上，只需要证实教唆者与被教唆人是否具有共同犯罪的故意，即教唆人实施了教唆的行为，并且具有教唆的故意，而被教唆人主动接受了教唆的内容，并且有意去实施教唆的犯罪内容，此时就可以证实教唆者与被教唆者形成了教唆犯罪的共同故意。被教唆者实施了教唆的内容，教唆者与被教唆者的共同犯罪成立；如果被教唆者没有完成被教唆的内容，此时共同犯罪属于未完成形态，按照未完成阶段追究刑事责任；如果被教唆者生成了新的罪过心态，例如中止、另起犯意等，对于教唆者而言属于共同犯罪未遂，对被教唆者按照实际情形进行追究。因此，将共同故意犯罪解释为共同故意去犯罪有助于刑法条文的落实，维护刑法规范。

3. 符合教唆犯罪的本质要求

学界对“共同犯罪”共同故意的理解不一致。笔者认为，共同犯罪法律明文规定两人以上共同故意犯罪，也就是要求共同故意是成立共同犯罪的前提，教唆犯是共同犯罪的一个种类，尽管与主犯、从犯、胁从犯相比分类的角度不同，但这并不妨碍教唆犯与被教唆者成立共同犯罪的条件的变化，形成共同故意就是成立共同犯罪的首要条件。当然，共同犯罪的共同故意并不是实施共同犯罪的每个行为人的犯罪故意的叠加，相互之间的犯罪故意是统一在共同犯罪人形成的共同故意之下的故意，共同犯罪人之间需要通过意思联络达成合意。对于本法条而言，尽管被教唆者没有实施教唆的内容，但是并不妨碍之前两者形成的合意，法律对于教唆者减轻处罚的主要理由在于被教唆者没有实施教唆的内容，这表明教唆者已经实施了教唆行为。而完成教唆行为的表现，是教唆者与被教唆者已经成立了共同犯罪，即教唆者与被教唆者形成了合意并且完成了教唆行为。

二、对“被教唆的人没有犯被教唆的罪”的理解

刑法理论上对“被教唆的人没有犯被教唆的罪”的理解存在颇多争议，导致司法实践掌握的标准比较混乱，引发对教唆者的行为是不是犯罪，即教唆者与被教唆者是不是共同犯罪的争议。因此，对于被教唆者未实施被教唆的罪的情形有必要进行具体分析。

（一）学说争议的评述

立法机关的解释是“被教唆的人没有犯被教唆的罪”包括两种情况：情况一，教唆犯的教唆，对被教唆人没有起到促进犯意、实施犯罪的作用，被教唆人既没有实施教唆犯教唆的犯罪，也没有实施其他犯罪，其教唆行为没有造成直接的犯罪结果；情况二，被教唆人没有犯所教唆的罪，而犯了其他罪。[①]

有学者认为，应将其解释为：被教唆人已经着手实行犯罪，但由于其意志以外的原因而没有得逞；被教唆人着手实施犯罪后又中止的情形（教唆者未遂说）。[②]

有学者认为应该将其解释为被教唆的人没有按教唆犯的意思实施犯罪，包括四种情况：教唆信息（或内容）还未传达给被教唆的人；被教唆的人拒绝教唆犯的教唆；被教唆的人接受教唆，但还未为犯罪做准备；被教唆的人接受教唆，但后来改变犯意或者因误解教唆犯的意思实施了其他犯罪，并且所犯之罪不能包容被教唆的罪（未按教唆者意思实施说）。[③]

还有学者认为是以教唆的行为方式实施的间接正犯未遂（间接正犯未

① 全国人大常委会法制工作委员会刑法室.中华人民共和国刑法条文说明、立法理由及相关规定[M].北京：北京大学出版社，2009：42.

② 张明楷.刑法学[M].4版.北京：法律出版社，2015：378.

③ 刘明祥.“被教唆的人没有犯被教唆的罪”之解释[J].法学研究，2011（1）：139-149.

遂说）。[①]

笔者认为上述诸学说均存在不合理之处，具体论证如下：

第一，间接正犯未遂说认为，第29条第2款是规定以教唆方式实施的间接正犯，只有被教唆的人因为不具有责任能力等原因而不构成犯罪，被教唆者没有实施被教唆的行为的，才属于第29条第2款规定的被教唆的人没有犯被教唆的罪，才能够从减处罚。但是，“为何刑法仅规定以教唆方式实施的间接正犯？在刑法并没有明文规定对于间接正犯作为正犯处罚的情况下，为什么却规定了间接正犯的未遂的处罚原则？”[②]“为何刑法在‘共同犯罪’一节中规定间接正犯的未遂处罚原则？既然‘对间接正犯未遂的处罚应该与直接正犯未遂的处罚一样’，为什么刑法在规定未遂犯的处罚原则的同时，另规定间接正犯的未遂的处罚原则？”[③]这一切均说明，我国《刑法》无论从法律规定还是刑法理论均没有承认间接正犯的概念，所以间接正犯未遂说的理论出发点存在不合适的地方，得出的结论自然不会为大家所接受。

第二，未按教唆者意思实施说与立法原意说结论相同，认为第29条第2款应该解释为被教唆者未按照教唆者的意思实施被教唆的犯罪，该说认为教唆者只要实施了教唆行为，无论是否产生危害社会的客观法益侵害行为，均成立教唆犯，应该定罪处刑。但是，一方面，这是主观主义犯罪征表说的极端表现，其过于强调行为人的主观恶性及人身危险性，而忽视了客观主义刑法观侵犯刑法所保护的法益的要求，对被教唆者没有犯被教唆之罪的解释过于宽泛，有扩大第29条第2款适用范围之嫌疑；另一方面，该说将被教唆的人实施了被教唆的罪但是没有达到既遂状态的犯罪预备、犯罪未遂、犯罪中止等情形排除在第29条第2款的适用范围之外，又限制了该款的适用范围。由于该说存在上述两个方面的问题，因此为我们所不取。

---

① 何庆仁.我国刑法中教唆犯的两种涵义[J].法学研究，2004(5)：45-57.

② 张明楷.刑法学[M].4版.北京：法律出版社，2015：378.

③ 张明楷.论教唆犯的性质[J].刑事法评论，2007(2)：88.

第三，教唆者未遂说认为，只有当被教唆者接受了教唆，并将被教唆的行为付诸实施，没有达到既遂状态的情况，才属于被教唆的人没有犯被教唆之罪的情况。但是，持该观点的论者认为《刑法》第29条第2款的适用范围仅包括被教唆者实施的行为构成未遂和中止两种情形，而将预备排除在外，显然这与我国刑法对预备犯的处罚观念不一致，未能将自己的观点贯彻始终；而且该说没有将由于教唆者的教唆而产生犯意的被教唆者实施的行为考虑在第29条第2款的适用范围之内，又再次人为缩小了该款的适用范围。该说不仅将被教唆者实施预备行为的情形排除在外，而且也人为将被教唆者因为教唆者的教唆而产生与被教唆之罪存在交叉的犯意，并将此种犯意付诸实施的情形排除在外，限制了第29条第2款的适用范围，也为笔者所不取。

（二）未犯被教唆之罪的内涵

笔者认为，要正确理解被教唆的人没有犯被教唆之罪的内涵，应该站在主客观相统一的刑法观的基础上，从主客观相统一的角度来理解。基于此，我们认为，现行《刑法》第29条第2款的内涵应该包括：第一，被教唆的人没有将被教唆的罪实施达到既遂；第二，被教唆的人接受教唆人的教唆，但实施了不同于被教唆之罪的犯罪；第三，被教唆者受到教唆者的教唆，产生了实施有别于被教唆之罪的犯意。理由如下：

1. 我国教唆犯与被教唆犯不存在独立性或者附属性的问题

形成共同的故意是教唆犯本质的要求，也只有形成了共同的故意，才有教唆犯和其他共同犯罪人的存在。学界对教唆犯的独立性或者从属性存在争议。①有学者认为，我国教唆犯既有从属性又有独立性。②笔者认为，这样的争议是以大陆法系语境和思维来思考我国共同犯罪的相关问题，角度和出发点出了偏差，得出的结论在解释司法实践的问题时有力不从心之感。我国的教唆犯与其他共同犯罪人属于一个整体，无法谈及

① 黎宏.刑法学[M].北京：法律出版社，2012：63.

② 江溯.超越共犯独立性与共犯从属性之争：刑法第29条第2款的再解释[J].苏州大学学报（法学版），2014（2）：23-32.

独立性或者从属性，教唆犯既不从属于其他共同犯罪人，也不独立于其他共同犯罪人，教唆犯与被教唆者形成共同的犯罪故意，统一在共同犯罪之下。从教唆犯分类的依据来看，教唆犯是按照共同犯罪的分工来确定的，即在共同犯罪中，实施教唆行为的行为人与其他行为人构成了共同犯罪，其完成了教唆行为，就完成了其应该扮演的角色。对于教唆犯而言，其行为已经完成，至于被教唆者没有实施被教唆内容，属于共同犯罪没有完成，这不代表共同犯罪不成立，不代表没有形成共同故意。立法原意被教唆者没有实施被教唆内容是共同犯罪没有完成的原因，而不是教唆者减轻处罚的原因，尽管被教唆者没有完成教唆内容是犯罪行为没有发生的主要原因，但是绝不是减轻处罚的根据。

2. 被教唆犯的犯意是共同犯罪指导下的犯意

正如上文所论证，教唆犯是在成立共同犯罪基础之上才有的分类，我国共同犯罪的理论基础与大陆法系的理论基础具有本质区别，不能混同适用相关的用语。因此被教唆者的犯意是其与教唆者形成共同犯罪故意基础上形成的犯罪故意，被教唆者的犯罪故意是共同犯罪犯罪故意的有机组成，不能单独或者孤立地剖析。被教唆者未完成教唆的犯罪，其首要前提是受到了教唆者的教唆，并且形成了共同犯罪。在形成了共同犯罪的共同故意指导下，并没有完全落实共同故意指导下的犯罪行为，也就是没有完成教唆的犯罪，是本法条所包含的内涵。而没有完成教唆的犯罪的形式可以是没有将犯罪行为实施完毕，也可以是实施了不同于教唆犯罪的其他行为。当然被教唆者另起犯意也属于被教唆者未完成教唆犯罪的情形。

三、教唆犯减轻处罚适用情形分析

明确被教唆的人没有犯被教唆之罪的内涵之后，也应当对其刑罚处罚问题予以探讨，这不仅是完整罪行关系的要求，也是增强论点说服力的依据。现行《刑法》第 29 条第 2 款规定，对于被教唆的人没有实施被教唆的罪的教唆犯（实施教唆行为者），可以从轻或者减轻处罚。那么，从轻或者减轻处罚的根据何在呢？

被教唆的人没有把被教唆的罪实施到既遂状态的预备和中止情形，该条款的解读与《刑法》第22条、24条的规定存在出入，理由何在？被教唆的人没有正确实施被教唆的罪或者另行实施相关犯罪的情形，为什么能够从减处罚？从刑罚处罚的角度能够证成上述对被教唆的人没有犯被教唆的罪的理解。

（一）未达既遂情形

未达既遂的情形包括三种情况，即被教唆的人实施预备、未遂、中止三种情况。

首先，就实施到预备的情形而言，对于被教唆者可以减免处罚，而普通的单独犯罪人犯罪预备情形则可以比照既遂犯从轻、减轻或者免除处罚，表面来看，确实存在不一致之处。但是笔者认为，这样的不一致具有合理性。教唆者教唆他人犯罪的情况，不仅教唆者意图通过他人实施刑法所禁止的危害行为，还教唆他人实施违反刑法规范的行为，这破坏了刑法规范在被教唆者心中的权威性，使得被教唆者降低其对刑法规范的信赖，不利于法制宣传，阻碍刑法功能的发挥。因此，对教唆者的刑罚处罚原则理应重于普通单个人犯罪。

其次，就被教唆者将被教唆的行为实施到未遂阶段的情形而言，现行《刑法》第23条与《刑法》第29条第2款的规定相同，均是“可以从轻或者减轻处罚”。看得出来，这里两处均是原则性的规定，均为“可以”，这是否说明本文的主张不合理呢？我们认为答案是否定的。在被教唆的人将被教唆的罪实施到未遂的情形，对教唆者的处罚原则应该重于普通单个人犯罪未遂的情形，但是限于语言文字表述的局限性及法律的相对明确性，两处条文均采用“可以从轻或者减轻处罚”的规定，这是制定法律不得不面对的遗憾。可是，在具体适用这两处条文时，应该本着宽严相济刑事政策的要求，对被教唆的人实施了被教唆的罪到未遂阶段情形的处罚应该重于单个人犯罪到未遂阶段的情形。

最后，对于犯罪中止的情形，对被教唆人中止被教唆的罪的实施的情形，《刑法》第29条第2款规定，从减处罚；而《刑法》第24条规定，对于中止犯，没有造成损害的，应当免除处罚；造成损害的，应当减轻处罚。我们认为，这样的规定同样具有合理性。第24条规定的情形下，犯罪行为人在犯罪过程中基于自己的意思中止了犯罪行为的实施，表明行为人主观恶性不大，因此刑法为其规定了较为宽容的处罚原则，即没有造成损害的，应当免除处罚；造成损害的，应当减轻处罚。这样的规定不仅是宽严相济刑事政策的表现，同时也为危害行为的实施者架设了一座从犯罪深渊返回的“黄金桥”，有利于行为人改恶从善，进而防卫社会。对于被教唆者在实施被教唆的行为过程中，中止被教唆的行为的实施的情形则与上述情形存在区别。根据个人责任原则，个人只能就自己实施的违反刑法规范的行为承担责任。也就是说，一旦被教唆者将教唆者所教唆的行为付诸实施，无论被教唆者实施过程中是否中止被教唆者教唆行为的实施，均不影响教唆者的定罪量刑。毕竟教唆者行为的犯罪性（应当受到刑罚性）在被教唆者将其教唆行为付诸实施的那一刻已经定型，哪怕被教唆者没有造成损害得到了刑法的宽恕而不予以处罚，也不影响教唆者的处罚。因此，对教唆者而言，不存在没有造成损害结果而予以免除处罚的情形。但是，被教唆者中止被教唆的行为的实施，客观上防止或者减少了损害结果的发生，对于被教唆者而言，其所希望或者放任发生的客观损害结果没有达到既遂状态，可以从轻或者减轻处罚。

另外，从与被胁迫参加犯罪的人的处罚原则的比较中，也能得出对被教唆的人没有犯被教唆的罪的情形的处罚应当重于普通单个人犯罪预备、未遂、中止的情形。《刑法》第28条规定，对于被胁迫参加犯罪的，应当按照他的犯罪情节减轻处罚或者免除处罚。而被教唆的人未犯被教唆的罪的则是可以从轻或者减轻处罚。两处相比较，不难发现，刑法对被胁迫参加犯罪的人的处罚原则明显轻于教唆他人犯罪者，被胁迫参加犯罪者是“应当减免处罚”，而教唆他人犯罪者则是“可以从减处罚”。这其中缘由就在于教唆他人犯罪者主观恶性较大，而被胁迫参加犯罪者则主观恶性较小。毕竟，被胁迫参加犯罪的人，主观方面的自由意志受到限制，其虽然还有一定程度的自由意志，可此种意志的行使是受到一定限制的，纵然其行为所造成的客观损害与其积极主动实施犯罪后造成的损害无异。而教唆他人犯罪者则不同，在被教唆的人没有将被教唆的行为实施既遂的情形，教唆者期望造成的客观危害虽小，但其主观恶性较大，应该对其处以相对较为严厉的刑罚，以改造其犯罪危险性人格。

（二）领悟错误及另起犯意情形

在被教唆的人错误领悟教唆的人的意思而实施相交叉的犯罪及受被教唆的人的教唆而产生犯意实施与被教唆的犯罪交叉的犯罪的情形，在处罚情形的根据上，存在类似之处，因而将两种情形合并在一起论述。

在此两种情形之下，被教唆的人没有按照教唆者的意思实施被教唆的犯罪，但是其均受教唆者的影响，实施了与被教唆的犯罪相交叉的犯罪。在这里，之所以要处罚教唆者，是因为教唆者通过其教唆行为，使得被教唆者实施了违反刑法规范的行为，侵犯了刑法所保护的法益，并且这种法益侵害行为与其所意图通过被教唆者侵害的法益存在交叉之处，也可以解释为教唆者通过他人的行为，部分实现了其希望或者放任实现的犯罪，此为其一；其二，教唆者教唆他人的行为，征表了教唆者具有较大的主观恶性与反社会性，这种主观恶性与反社会性已经达到刑法应该介入的程度；其三，教唆者的教唆行为，弱化甚至灭失了刑法规范在公众（尤其是被教唆者）心中的权威，使得规范在民众心中的有效性与权威性受到质疑，破坏了公众对刑法规范的信赖。之所以对这两种情形下教唆者予以从减处罚，是因为这两种情形之下，虽然被教唆者实施了危害社会的行为，但是对于教唆者而言，其只是部分实现了其希望或者放任实现的危害结果或者造成了发生这种结果的紧迫危险，虽其主观恶性较大，但是危害毕竟有限，因此可以考虑从减处罚。而采用“可以”的表达形式，是因为在有的情形下，教唆者的主观恶性太大，对其从减处罚不利于对他的改造和再社会化。

“立法的本质是对利益资源进行配置的最重要的公共决策及其制度安排。”[①]落实《刑法》第29条第2款，要坚持我国的共同犯罪标准与用语，注意不要与大陆法系共同犯罪的用语与标准混同，要在《刑法》共同犯罪一章的基础语境下，系统确立判断和追诉的标准，不可把本法条与相关法条割裂思考。

① 黄信瑜，石东坡．立法博弈的规制及其程序表现[J]．法学杂志，2017(2)：48.

第八章　结果加重犯共同正犯的认定

结果加重犯共同正犯的概念并不是我国刑法语境的标准用语，而是来自大陆法系语境的词汇。我国《刑法》总则的法律条文并没有对结果加重犯的概念进行明确的规定，但在刑法分则中，一些具体个罪有发生严重结果而加重其刑的明文规定。[①]《刑法》分则对结果加重犯具体罪的情形列举如下：故意伤害罪中的致人死亡；抢劫罪中的致人重伤、死亡；强奸罪中的致人重伤、死亡；暴力干涉婚姻自由罪、虐待罪中的引起被害人重伤、死亡；非法拘禁罪中的致人重伤、死亡；[②]生产、销售有毒、有害食品造成严重食物中毒事故或者其他严重食源性疾患的；等等。而且，近年来的刑法修正案也对于结果加重犯予以更多关注，结果加重犯的规定更多出现在立法中。例如，《刑法修正案（八）》修改了生产销售假药罪、拒不支付劳动报酬罪等结果加重犯的规定；《刑法修正案（九）》修改了绑架罪、聚众扰乱社会秩序罪、行贿罪等的规定。

随着经济、社会的发展，不仅在立法上增加了结果加重犯的相应的规定，在司法实践中，结果加重犯的犯罪现象也开始呈现易发、多发的特点，这引起理论界和实务界的关注并开始研究结果加重犯。对于结果加重犯的共同正犯应不应该承担加重结果的刑事责任，以及承担什么样的刑事责任，学者们更是争议不止。因此，探讨结果加重犯共同正犯的成立条件及刑事责任的确认标准便尤为重要。

---

① 彭文海，林伟．结果加重犯若干问题探讨［J］．福建法学，2003（2）：6-9.

② 赵秉志．新刑法教程［M］．北京：中国人民大学出版社，1997：162.

一、理论和司法实践标准的争议

本文所讲的结果加重犯共同正犯，“是指在二个以上的人基于共同实行的意思共同实施作为基本犯罪的实行行为，其中部分人的行为引起了重结果的场合，全体共犯人就成为该重结果的共同正犯。”[①]就结果加重犯共同正犯而言，其本身的法律规定和相关理论就比较复杂，在大陆法系刑法理论中的争议也很大，观点林立。而我国与大陆法系关于共同犯罪的规定也明显不同，因此，对于结果加重犯共同正犯在我国刑法语境下的认识就更加混乱。

（一）结果加重犯的共同正犯的存在性

对于结果加重犯共同正犯的存在性，无论大陆法系还是我国刑法理论界一直有否定说和肯定说两大分歧。目前我国通说的肯定结果加重犯共同正犯的存在。

1. 否定说

否定说的基本观点认为，行为人的主观方面的罪过形式只有对故意犯故意参与才能够成立共犯，而结果加重犯的共同正犯主观方面的罪过形式，对于加重结果不存在故意的参与心态，因此也就不存在结果加重犯的共同正犯。对此，大陆法系的学者又以不同的根据进行论证，例如以犯罪共同说为根据，认为共同正犯只能在基本犯意思联络的范围内成立，换言之，刑法中根本就不存在结果加重犯的共同正犯；以行为共同说出发来否定结果加重犯的共犯，认为无论是以数人共同实行行为为要件还是以他人的实行行为作为前提的共犯，都不存在结果加重犯的问题。[②]

我国学者对结果加重犯共同正犯的否认理由，认为结果加重犯共同正犯是大陆法系语境下的用语。对于我国《刑法》而言，结果加重犯只属

① 大谷实.刑法总论[M].黎宏，译.北京：法律出版社，2003：83.

② 陈家林.结果加重犯的共同正犯浅论[J].河北法学，2006(12)：75-81.

于法律规定的特殊情况，不是普遍适用的概念，而且正犯的概念也仅仅存在于大陆法系的理论中，我们国家并没有正犯的概念，也因此就无从谈起结果加重犯的共同正犯。①

2. 肯定说

肯定说的基本立场从主观方面罪过形态是共同意思的角度，肯定结果加重犯共同正犯的存在。如大陆法系的学者从具有共同意思主体说的立场出发，认为实施实行行为的行为主体具有共同意思，进而实施了基本犯罪，对于所有参与实施犯罪行为的行为人，都应对基本犯罪所产生的一切结果负责，以此肯定结果加重犯共同共犯的成立；依据行为共同说也可以得出相同的结论，行为共同说只要求有共同行为的意思，对于结果加重犯而言，行为人只要在主观方面有共同实施行为的意思，对于共同犯罪的行为人就应该对所有的结果承担责任，以此肯定了结果加重犯共同正犯的存在。

我国学者并没有同大陆法系一样，依据共同意思理论或者行为共同说来分析，主要是通过危害结果的否定，从而肯定结果加重犯共同正犯的存在。例如陈兴良教授认为，在共同犯罪中，如果共同实行犯中发生了基本犯罪结果以外加重结果的情形，共同犯罪人既然共谋实施某一犯罪，其对于犯罪中可能发生基本结果以外的加重结果就应该有所预见，所以其主观方面就应该有过失。因此，在共同实行犯中，每一个共同犯罪人对加重结果都必须承担刑事责任。②根据陈兴良教授的分析，共同犯罪人都需要对结果加重犯的加重结果承担刑事责任，而无论共同犯罪的行为人是否直接参与实施犯罪行为，还是共同犯罪人主观方面是否过失或者故意，都在所不问，从而肯定了结果加重犯共同正犯的存在。

① 林亚刚，何荣功．结果加重犯共同正犯刑事责任的探讨[J]．郑州大学学报(哲学社会科学版)，2002(4)：42-46.

② 陈兴良．共同犯罪论[M]．北京：中国社会科学出版社，1992：34.

(二)结果加重犯共同正犯的罪过形式

结果加重犯共同正犯的罪过形式对于认定结果加重犯共同正犯刑事责任具有关键的作用，其罪过形式还要结合结果加重犯共同犯罪的情形才能够予以确认，在这一点上，大陆法系与我国的情形又有显著的不同。

大陆法系刑法学者关于结果加重犯罪过形式的争议可分为广义说与狭义说两种：

广义说既承认主观方面罪过形式是过失犯罪的结果加重犯，也承认主观方面罪过形式是故意的犯罪，而且造成重结果的主观上也是故意的结果加重犯。[①]对于加重犯共同正犯的罪过形式，其主要还是根据结果加重犯的罪过形式进行具体判断。

狭义说认为，因行为人主观上故意实施了基本的实行行为，从而引起了超过其故意的加重结果，刑法加重了法定刑属于结果加重犯。[②]狭义说据此认为结果加重犯的罪过形式只能是故意，结果加重犯共同正犯也只能以故意作为其罪过形式。

对于结果加重犯的罪过形式，我国学者的观点也不尽相同。有学者认为，“结果加重犯，又称为加重结果犯，是指行为人所实施的某种犯罪的危害行为，造成了重于作为该种犯罪构成要件的危害结果的结果，刑法因而规定加重刑罚的犯罪形态。”[③]有学者认为，结果加重犯是刑事法律规定了一个基本犯罪，由于发生了严重结果而加重其法定刑的情况，故意伤害致死是其适例。[④]通过分析两位学者对于结果加重犯概念的解释，可以得出我国学界并没有过多地限制结果加重犯的罪过形式。通说认为，结果加重犯基本犯的行为通常是出于故意，但不排除出于过失，因为这是立法例上客观存在的情况，不能不予以承认。目前学界的主要观点认

---

① 李莉.论结果加重犯的共同正犯[J].法商研究(中南政法学院学报),1996(6):69-73.

② 马克昌.犯罪通论[M].武汉:武汉大学出版社,2005:652.

③ 赵秉志.当代刑法学[M].北京:中国政法大学出版社,2009:248.

④ 张明楷.刑法学[M].3版.北京:法律出版社,2008:169.

为，结果加重犯的罪过形式包括了三种情形：一是基本犯以及对于加重结果的罪过均为故意；二是基本犯的罪过为故意，对加重结果的罪过是过失；三是基本犯和加重结果的罪过均为过失。学界对结果加重犯的共同犯罪的罪过形式还没有形成一致的观点，司法实践中对结果加重犯共同正犯的罪过形式的认定，也只能是各个司法部门根据具体情况进行具体的认定与分析。由此导致司法实践认定混乱，下文详细叙述。

（三）结果加重犯共同正犯的刑事责任

由于结果加重犯共同正犯认定标准并没有形成统一的认识，引起实践中对于结果加重犯共同正犯刑事责任认定存在争议。下文以实践中发生的三个案例进行说明。

案例8-1

甲是工程商，与丙的秘书乙比较熟悉，甲托乙向丙行贿以求承包工程，乙欣然同意并且和甲一起参谋如何向丙行贿以承包工程。果然，丙以低于承包底价批准了甲承包工程的申请，致使国家遭受了重大损失。

本案中，甲和乙故意的共同内容仅限于基本犯罪，甲和乙共同实施了行贿的行为，但是，乙是否需要和甲一起承担行贿犯罪加重结果的责任呢？本案中甲和乙构成行贿犯罪的共同犯罪，并且两人是行贿犯罪的共同正犯，但是，对于致使国家遭受重大损失，乙并不知情，相反甲是有认知的，此时，乙要不要对全案负责呢？

案例8-2

张三与王五均和赵六有隙，于是张三向王五提议一起"收拾赵六"，王五欣然同意，并与张三各持棍棒对赵六实施暴力殴打，致使赵六当场死亡。事后查明，张三具有杀人故意，王五仅有伤害故意，二者的故意内容并不相同。

本案中，张三和王五共同故意的内容有部分相同和部分不同，张三和王五实施了具有一定意思联络的"共同"行为，但张三和王五在相互联络的时候出现了瑕疵，导致司法实践中对于张三和王五的犯罪性质的认定出现问题。赵六死亡是张三追求的结果，对于王五而言是放任的结果，王五应该适用故意伤害罪致人死亡的结果加重犯处理条款。那么对于张三而言，应该适用故意杀人罪的条款还是故意伤害罪致人死亡的条款呢？

案例8-3

周某与吴某共同商议去农村偷狗。某日凌晨，周某与吴某同骑一辆两轮摩托车前往某村。出发前，周某看到吴某口袋里带了一把小刀，周某没有多问。两人骑车来到邻村贾某家，刚毒倒贾某家的狗，就被早起的贾某发现，周某、吴某两人慌张骑车就跑。贾某在后面紧紧追赶，由于村里路窄泥泞，摩托车骑得并不快，贾某就要追上来了，坐在车后面的吴某随即掏出身上带的刀子，刺向贾某，贾某立即倒下了，两人骑车离去。由于失血过多，贾某经抢救无效身亡。

本案中，周某对于加重结果的发生是一种放任的罪过心理。周某和吴某实施共同盗窃的行为是毋庸置疑的，问题在于，在逃跑的时候，吴某为了能够逃跑，杀死了贾某。对于吴某杀死贾某的行为，周某由于情形的特殊无法表示赞同或者反对，那么周某和吴某是不是结果加重犯的共同正犯？周某要不要为贾某死亡的结果负责任？

以上在司法实践中出现的案例处理结果大相径庭。对于案例8-1，司法实践中认为，工程商甲和秘书乙因为共同实施了贿赂的行为，尽管对于贿赂行为所造成的国家财产损失没有共同的故意，但是秘书放任了危害结果的发生，因此对于贿赂所造成的危害结果需要承担相应的责任。案例8-2中，司法实践处理结果是根据张三和王五各自的罪过心态进行定罪量刑以确定其分别应该承担的刑事责任。案例8-3中，周某和吴某应当如何处理，司法实践中的争议更大，有人认为周某要对吴某的行为承担责任，这种观点认为，尽管吴某的行为是临时起意，但是周某与吴某是共同犯罪，所以周某要承担责任；有人反对周某对吴某的行为承担责任，认为周某对于吴某的行为根本没有罪过，不成立共同犯罪，所以不应当承担责任。

通过以上三个案例的比较，我们发现，司法实践中对结果加重犯共同正犯刑事责任的认定和处理结果并不统一，导致不同地方相似的案例，但处理结果不同，出现这样的情形的主要原因是对于结果加重犯共同正犯的理论基础、罪过形式，理论界和实务界尚未形成共识。

二、结果加重犯共同正犯的理论解析

为了解决理论和实践中对于结果加重犯共同正犯的认识分歧，笔者对于结果加重犯共同正犯的理论基础和罪过形式以及成立条件和刑事责任进行了分析。

（一）结果加重犯共同正犯的理论基础

大陆法系将共同犯罪分为正犯和共犯。“在限制正犯概念下，所有的正犯事实上都是亲手犯。”①“正犯，又称实行犯，即实行犯罪的人。具体说是指直接实施犯罪构成客观要件的行为，或者利用他人来实施具体犯罪行为的人。”②那么，结果加重犯的共同正犯就需要考量属于结果加重犯核心要素的共同实行行为，进而考量每个共同犯罪行为人的责任非难的可能性，以确立是否能够成立结果加重犯的共同正犯。③“基本上，若基本犯罪之故意能够成立共同正犯，则对于重结果之发生通常亦存有‘共同之注意义务’（或主观预见可能性），因此，对于重结果之发生，应可成立结果加重犯之共同正犯。”④

我们国家共同犯罪的规定和大陆法系关于共同犯罪的规定是有区别的，关于共同犯罪人的分类与大陆法系的分类标准也是不一致的，是按照共同犯罪人在共同犯罪中所起的作用进行分类的，以主犯、从犯、胁从犯以及教唆犯进行区分。因与大陆法系国家关于共同犯罪人分类的标

① 陈毅坚．正犯的概念及其发展[J]．法学杂志，2010(6)：129.

② 赵秉志．外国刑法原理(大陆法系)[M]．北京：中国人民大学出版社，2000：76.

③ 大塚仁．犯罪论的基本问题[M]．冯军，译．北京：中国政法大学出版社，1993：92.

④ 陈子平．刑法总论[M]．增修版．北京：中国人民大学出版社，2009：368.

准不同，因此相互的概念中涵盖的范围就具有交叉性。除教唆犯以外（因教唆犯没有亲自实施犯罪行为，不属于正犯的研究范围），主犯、从犯、胁从犯都可以成为正犯，并且能够与其他共同犯罪人成立共同的正犯。就我国共同犯罪的基本原理推导可知，在加重结果上，如果共同正犯之间没有共同行为决意（意思联络）基础上的行为分担，所发生的加重结果完全是基础犯罪结果之后又发生的事实，就不能成立共同正犯。只有在对于基本犯罪和加重结果均有故意的基础上，形成了共同的故意，并且切实进行了意思联络，形成了默契的配合，共同完成基本犯罪的实行行为以及能够产生加重结果的行为，在此基础上成立结果加重犯的共同正犯。主犯、从犯、胁从犯只要与其他共犯人之间，主观上有着共同实施实行行为的意向，同时进行共同犯罪的意思联络，共同实施了实行行为，就能够成为共同正犯的实施者。

（二）结果加重犯共同正犯的罪过形式只能是故意

根据我国共同犯罪的规定，对于结果加重犯的共同犯罪，仅仅存在于基本犯罪的共犯人之间，通过意思联络共同故意地引起重的结果发生的情况中。①因为，如果要成立共同犯罪，刑法规定必须二人以上共同故意，这就需要共同犯罪人之间要认识到自己的行为与一起实施共同犯罪行为人的行为会发生危害社会的结果，但仍然持有希望或者放任这种结果发生的罪过心态，更是在这样的罪过心态指引下实施实行行为，行为人之间通过意思联络互相配合，形成统一的犯罪活动整体。据此，结果加重犯的共同正犯要先与正犯成立共同犯罪，符合我国成立共同犯罪的条件。笔者认为，我国结果加重犯共同正犯的罪过形式只能是故意。下文具体分析结果加重犯不同的情形，来证实结果加重犯共同正犯的罪过形式只能是故意。

① 张丽红.结果加重犯的共同犯罪问题[J].内蒙古民族大学学报(社会科学版),2006(5):107-109.

1. 过失的基本犯罪加上过失引起较重的结果情形

我国《刑法》不承认共同的过失犯罪。《刑法》第25条规定，共同过失类型的犯罪不以共同犯罪论处，即我国《刑法》承认有共同故意的犯罪。因此，对于结果加重犯来讲，仅仅存在于共同犯罪人故意参与的犯罪中，其中包括基本犯罪和加重犯罪。

2. 故意的基本犯罪加上过失引起较重的结果情形

（1）共同正犯仅存在于故意犯罪中

共同犯罪的主观方面只能是故意，这是《刑法》明文规定的。因此，结果加重犯的共同犯罪行为人的罪过形式也只能是故意，如果加重结果是由过失的罪过形态所引起的，对于加重结果而言，自然也就不存在共同犯罪的问题。基本犯罪的故意犯与加重结果的过失犯，两者的复合形式不能成立结果加重犯整体的共同犯罪。

（2）共同正犯承担过失加重结果的责任不合理

共同犯罪的行为人仅仅参与了基本的犯罪，对于加重的结果也承担刑事责任的理由，存在不同的解释根据，如行为共同学说和犯罪共同学说等。[①]笔者认为，两种解释根据都有一定的道理，但是上述两种解释根据是站在不同的角度进行的解释，都是将加重的结果建构在有着共同的犯罪行为基础之上，这是正确的。只是这两种解释都没有进行更加详细的分析，当部分行为人在实施共同的犯罪行为时，对于加重的结果是抱有故意的心态去实施基本的犯罪行为的，出现加重的结果是其所要实现的目的，与对于加重的结果没有目的，或者仅仅是拥有过失的犯罪心态的行为人承担同样的刑事责任，这显然不公平。此外，当实施加重结果的行为与基本犯罪行为是两个行为，《刑法》条文是依据基本犯罪的行为来追究行为人刑事责任的，如果实施共同犯罪的行为人仅仅实施了基本的犯罪行为，却需要承担加重的结果的责任，这同样也是不公平的。例如，甲意图实施抢劫的犯罪行为而将乙打伤，恰巧丙经过，甲将抢劫的意图告诉丙，丙同意和甲一起对乙实施抢劫的行为，本案中甲和丙属于抢劫

① 李凤梅.教唆行为：共犯行为抑或实行行为[J].法学杂志，2009(1)：85-88.

罪的共同犯罪，但是让丙也承担甲伤害乙的加重结果的刑事责任，这显然不合适。

3. 犯罪心态是故意

基于以上的分析，按照共同犯罪的理论，结果加重犯的共同犯罪仅仅存在于基本犯罪和加重结果的犯罪形成了共同故意的状态下，也只有如此，才能成立结果加重犯的共同犯罪，并且在加重处罚的范围内承担刑事责任。在基本犯罪有着共同的故意并且在此故意之下完成基本犯罪的共同行为，并不成立结果加重犯的共同犯罪，不能在加重处罚的范围内追究共同犯罪人的刑事责任。必须要强调的是，共同犯罪的故意正是共同犯罪行为人共同的故意，才能够让每一个共同犯罪的行为人实施的行为在共同故意的支配下成为一个系统的整体。对于共同故意以外内容的行为或者责任，不能由共同犯罪的人全部承担，在定罪时只能按照各自的责任分别处理。

三、结果加重犯共同正犯的成立条件及刑事责任

根据上文分析，共同正犯的成立要件包括两个方面：第一个是主观要件，即二人以上的行为者主观上存在共同实行的意向；第二个是客观要件，指二人以上的行为者客观的实行行为存在共同的事实。[①]因此，结果加重犯的共同正犯亦应该存在两个条件，即主观要件和客观要件。

（一）结果加重犯共同正犯的成立条件

1. 主观方面

根据上文分析，我们可以得出结果加重犯的共同犯罪只能存在于故意的基本犯罪加上故意引起的加重结果的形式下。共同犯罪的“故意”是共同正犯之间的罪过形态，同时也是共同犯罪人之间相互联络的枢纽。每个共同犯罪行为人之间的行为正是通过“故意”的意思联络而形成共

① 赵秉志.外国刑法原理(大陆法系)[M].北京：中国人民大学出版社，2000：83.

同的犯罪行为，并进而承担整个犯罪所应该承担的刑事责任。共同犯罪的意思联络的内容应该包括行为人对于共同行为和结果的认识，以及对于共同行为和结果的意志因素。也就是说，行为人既要相互之间有认识、有了解，同时，希望和放任同他人一起实施的犯罪行为的结果的发生。

对于结果加重犯的共同故意，不仅存在于基本犯罪的共同故意，还存在于加重结果的共同故意，不仅存在于基本犯罪的相互联系、相互配合的意思联络，也存在于加重结果的意思联络，同时还需要意识到加重结果的行为是为了实施基本犯罪，并且知道自己是和他人一起实施加重结果的行为，出现的加重结果是共同犯罪人追求的结果。共同正犯之间有相互联系、相互配合、相互利用，为了实现同一个犯罪目的，进而一起完成整个犯罪行为的意思。因此，结果加重犯共同犯罪中的每一个行为人将一起实施犯罪的其他行为人的行为视为共同的行为，意识到自己与他人行为之间是一种相互补充的关系。

2. 客观方面

从犯罪的客观方面看，结果加重犯的共同正犯之间要相互联系、相互配合，一起实施基础犯罪的实行行为，造成除基本结果以外，还有更为严重的结果。各共同实行行为人的实行行为并不一定具有独立性，可能只是共同犯罪中的实行行为的一部分。[①]在共同施行犯罪的意思支配下，每一个共同犯罪的行为人都实施了基本犯罪的实行行为，其中部分行为人的行为又引起了加重结果的发生。基本犯罪共同正犯的行为人之间，不仅主观上要有共同实行的意思，而且在客观上还要具有相互配合的实行行为事实。实施实行行为的各个犯罪人互相知道自己在和他人共同完成犯罪的实行行为，实行行为既可以只存在基本犯罪的行为情形，又可以包括两个行为的情形，即基本犯罪的行为和导致加重结果的行为。

在完成实行行为的过程中，作为结果加重犯的共同正犯，还要注意区分两种形式：一种是共同完成；一种是分工协作完成。共同完成是指共同正犯之间同时实施结果加重犯罪的行为，对此认定结果加重犯共同正

① 赵辉.论结果加重犯的共同正犯[J].武汉理工大学学报(社会科学版),2005(3):383-386.

犯就相对容易一些，实施了实行行为的人都是结果加重犯的共同正犯。分工协作是指共同正犯之间在完成结果加重犯罪的实行行为中，互相配合、分工协作，将结果加重犯罪的实行行为作为一个系统的行为，共同完成。对此共同正犯人的认定需要注意实行行为的系统性，即只要各行为人的行为能够放在结果加重犯基本犯的实行行为之中，各行为人就都是共同正犯人。

（二）结果加重犯共同正犯的刑事责任

在追究结果加重犯的共同正犯刑事责任过程中，应当注意几个原则：首先，对于共同正犯，应当作为正犯处罚；其次，对于共同正犯，使用“部分行为全部责任”的量刑原则；最后，共同正犯的全体成员，通常并非要受到同样的处罚，而是需要贯彻个人责任原则。[①]我们应该注意，不是所有的结果加重犯的共同正犯都是结果加重犯的共同犯罪的主犯，也并不一定都起到主要作用。结果加重犯的共同正犯之间也还要有所区分，区分出来结果加重犯共同正犯中起主要作用的行为人和起次要作用的行为人，并依此追究其刑事责任。当然，对于大部分结果加重犯的共同正犯，在追究其行为人在共同行为决定意思的范围内，实现共同行为而产生加重结果，并且这个加重结果又为其他行为人所能预见到，则共同正犯中的各个正犯，均应共同负担结果加重犯的刑事责任。[②]以下是对结果加重犯共同正犯在共同犯罪中的地位及应当承担的刑事责任各种情形的细化分析。

1. 按照共同正犯在整个犯罪中的作用进一步区分

结果加重犯共同正犯的刑事责任的承担问题，与行为人共同行为的参与性、共同故意成立的范围有着一定的关系。在共同犯罪中，行为人之间意思上的相互联络，行为上的相互配合，共同作用并引起客体被侵害或被威胁，共同行为与危害结果之间具有刑法意义上的因果关系，这是

① 马克昌．外国刑法学总论（大陆法系）[M]．北京：中国人民大学出版社，2009：211.

② 林山田．刑法通论：下册[M]．台北：台大法律学院图书部，2012：89.

追究共同实施犯罪的行为人需要承担刑事责任的基础。[①]结果加重犯的共同正犯也要区分主要责任和次要责任，甚至在共同正犯中也能够区分出来主犯、从犯以及胁从犯。换言之，结果加重犯共同正犯中起主要责任的正犯，一定也是结果加重犯的主犯，承担结果加重犯罪的主要责任，应该按照结果加重处罚条例从重处罚。结果加重犯共同正犯中起次要作用的正犯，却不一定不是主犯，当然也不一定就是从犯或胁从犯，应该具体案件具体分析。

2. 按照共同正犯在基本犯罪所起的作用进行划分

结果加重犯中以基本犯罪作为评价基础，因此基本犯罪中的主犯也就在整个结果加重共同犯罪中处于主犯的位置。但是我们需要考虑几种情形，如果导致加重结果的行为与基本犯罪的行为是两个独立的行为，甚至是能够成立不同犯罪的行为，在犯罪中起到的作用也不同，此时共同正犯在整个共同犯罪中的地位与刑事责任的承担应该进行更细致的区分，具体如下。

（1）基本犯罪起主要作用，加重结果的犯罪也起主要作用

基本犯罪中共同正犯人起主要作用，加重结果的犯罪中也是起主要作用，此时毫无疑问，应该作为主犯处理，即属于结果加重犯的主犯里的共同正犯，应该按照加重处罚条件实施加重处罚。

（2）基本犯罪起主要作用，加重结果的犯罪中起次要作用

此时，笔者认为，应该按照加重结果的犯罪在加重结果的犯罪中所起到的作用进行分析。例如，采取杀人的手段实施抢劫的行为的结果加重犯罪，杀害他人的行为与之后抢劫行为相比，杀害他人的行为在整个犯罪过程中所起到的作用更大，虽然抢劫的行为是此情形的基础犯罪，杀人行为是导致加重结果的犯罪，但是在此类结果加重犯罪的实行行为中，杀人行为起到的作用是主要作用，如果共同正犯人在抢劫行为中起次要作用，在杀人行为中起主要作用，那么共同正犯在整个共同犯罪中的作用就是处于主犯的地位，应该从重处罚；相反，如果共同正犯在杀人行

① 郑延谱.共同犯罪成立要件解析[J].法学杂志，2010(3)：126-128.

为中起次要作用，那么共同正犯就不需要承担从重处罚的结果。

（3）基本犯罪起次要作用，加重结果的犯罪中亦起次要作用

作为结果加重犯的共同正犯人，如果其中共同正犯人在共同犯罪中起到的是次要作用，其他的共犯人起主要作用，按照上述分析，其他共犯人就是整个结果加重犯的主犯，承担加重处罚的责任，共同正犯比较主犯减轻处罚；如果共同正犯在基本犯罪中起次要作用，在加重结果犯罪中也起次要作用，是不是就代表该共同正犯的行为人就一定是从犯？答案是否定的。即使共同正犯的行为人在结果加重犯基本犯罪和加重结果犯罪中都起次要作用，在结果加重犯罪中也不一定就是从犯，当然也不会就此确定只要是共同正犯的行为人，无论起的作用如何都可以作为主犯。对于应该承担的刑事责任，应该考察共同正犯在整个共同犯罪中所起到的作用，在结果加重犯加重处罚的刑事法律条文规定的范围内，进一步去追究共同正犯的刑事责任。

我国结果加重犯的共同正犯的研究，应当把关于结果加重犯的理论和共同犯罪的理论结合起来进行研究。我国结果加重犯的共同正犯仅存在于对于基本结果和加重结果都具有故意的罪过心态的形式中，在对共同正犯刑事责任的认定过程中，既要注意共同正犯在整个共同犯罪中的地位和作用，同时也要注意共同正犯的个人责任。

第三编

刑法分则罪行研究

第九章 故意杀人罪刑事处罚实证研究

我国对于故意杀人的犯罪行为适用刑罚比较严厉，根据《刑法》第232条[①]的规定，其刑罚设置首先考虑适用死刑，只有犯罪行为具有可以减轻处罚的情形和理由时，方可以考虑适用无期徒刑、有期徒刑等刑罚进行处罚。首选适用死刑的原因也比较明确，主因在于人的生命权利至高无上不能受侵害，对于侵犯生命权利的犯罪行为的处罚必须要严厉。

《刑法》第232条的刑罚适用还有跨度比较大的特点，可以从死刑的立即执行到有期徒刑3年以上10年以下，如果有法定减轻的情节，故意杀人的刑罚处罚甚至可以达到有期徒刑3年以下，其量刑范围比较宽泛。

“社会政策是政府对社会问题与人的需要的回应。”[②]自中华人民共和国成立以来，我国对于死刑一直都坚持谨慎适用的原则。近些年，立法上对于死刑罪名更是大幅削减。限制、减少死刑乃至废止死刑已成为当今世界性的潮流与趋势。[③]“故意杀人罪是我国刑法中最为严重的犯罪之一，在死刑适用中占有较大的比例。”[④]因此，本文拟对某些省市近五年

① 《刑法》第232条规定：“故意杀人的，处死刑、无期徒刑或者十年以上有期徒刑；情节较轻的，处三年以上十年以下有期徒刑。”

② 包先康.我国社会政策碎片化与民生困境[J].安徽师范大学学报(人文社会科学版)，2016(4)：515.

③ 赵秉志.关于分阶段逐步废止中国死刑的构想[J].郑州大学学报(哲学社会科学版)，2005(5)：107-109.

④ 陈兴良.故意杀人罪的手段残忍及其死刑裁量：以刑事指导案例为对象的研究[J].法学研究，2013(4)：160.

的故意杀人的犯罪行为进行实证分析，意图探析故意杀人犯罪行为适用死刑的最新状况。

本文选取了2012年至2016年，黑龙江省、江苏省、广东省、云南省、安徽省、北京市、上海市这7个省（市）上传到裁判文书网上的所有故意杀人犯罪1657例判决书作为分析样本，对这些省（市）2012—2016关于故意杀人案件的刑罚适用进行实证研究。

一、就本文所选取的材料所做的说明

笔者先针对主要样本选取的时间、范围，所选取的样本是否具有代表性，以及调研的方向等予以说明。

（一）选取样本的时间范围

样本选取的是2012年1月至2016年12月五年的案例，主要有三个理由：

第一，承接学者的研究时间顺序。学者尹明灿、李晓明曾对1999—2006年全国关于故意杀人犯罪案件的数据进行了实证研究。[①]上海政法学院吴鹏森教授统计了上海2002年到2012年十年间的杀人犯罪案例，并进行实证研究。[②]笔者接着上述学者的时间顺序，探究2012年至2016年故意杀人犯罪的刑罚适用情况。

第二，调研故意杀人犯罪的刑罚适用情况。根据最高人民法院每年关于死刑立即执行所做的统计，故意杀人罪截至2012年仍然是每年度死刑适用数量第一的罪行。然而，随着《刑法修正案（八）》《刑法修正案（九）》的颁行，司法实务界和理论界关于死刑适用的严格控制及逐步废

---

① 尹明灿，李晓明．故意杀人罪实证研究：以493例故意杀人罪案例为视角[J]．中国刑事法杂志，2009(6)：105-115.

② 吴鹏森．杀人犯罪的实证分析：以上海近十年来的杀人犯罪案件为例[J]．青少年犯罪问题，2013(6)：39-45.

除倾向更为突出。2011年的《刑法修正案（八）》取消了近年来较少适用或基本未适用过死刑的13种经济型非暴力犯罪的死刑，将中国的死刑罪名减至55种。2015年通过的《刑法修正案（九）》又取消了9种罪名的死刑适用。自2012年以来，因为慎用死刑大环境的影响，探寻故意杀人犯罪的刑罚适用情况，对于把握死刑未来的发展走向，探讨能否彻底废除死刑，都具有重要意义。

第三，裁判文书网上的判决书以近五年来的案件居多且较为规范。自裁判文书网开通以来，上传至裁判文书网的案件以近五年来的案例居多，且比较规范。虽然当下还无法做到全部案件的判决书都上传至裁判文书网，但是裁判文书上传至裁判文书网的比例已经越来越大，一些省份近两年的裁判文书已经全部录入。选取2012—2016五年的时间段，也是因为这个时间段的裁判文书基本上如实地反映了当前实际案件办理的情况。

（二）选取样本的地域范围

关于选取判决书的省份，笔者的考量是分别选取我国北方、南方、东部、中部、西部等地区有代表性的省（市），以其案例作为调研的范围。基于此，选取了我国的黑龙江省、江苏省、安徽省、广东省、云南省、北京市、上海市这7个省（市）作为数据采集的对象，这7个省（市）的数据相对于其他省（市）更完善一些。具体的考量原因如下：

黑龙江省作为北方的代表，既位处中国的最北部，与俄罗斯接壤，具有典型的北方特色，同时也是东北三省的典型代表；广东省是我国改革开放的先行地区，一直是我国对外开放的窗口，其经济基础、人文环境、司法理念均具有时代鲜明特征；云南作为中国的西南重镇，因其属于少数民族聚集省份，同时接壤的国家也比较多，又是旅游胜地，地势复杂，客观情况相对于内地而言复杂多变，具有一定的典型意义；中部地区选取的两个省份，一个是经济情况比较好的江苏省，一个是相对落后的安徽省，考量的理由就是选取经济情况具有一定差距的相邻的两个省份；北京是我国的首都，属于政治、经济和文化的中心，必然具有代表性；

上海是我国司法改革的首批实验地区，又是国内司法文明的典范，对外经济和文化交流的窗口，具有代表意义。

(三)裁判文书网具有代表性

《最高人民法院关于人民法院在互联网公布裁判文书的规定》是最高人民法院颁布的第一个规范全国法院在互联网上公布裁判文书的司法文件。2013年7月2日公布实施的《最高人民法院裁判文书上网公布暂行办法》是最高人民法院第一个专门规范自身裁判文书上网公布工作的制度性文件。[①]2013年11月27日，中国裁判文书网与各级人民法院裁判文书传送平台联通，标志着全国四级法院裁判文书统一发布的技术平台搭建成功。[②]2013年11月28日，最高人民法院发布裁判文书上网司法文件。2014年1月1日，《最高人民法院关于人民法院在互联网公布裁判文书的规定》正式实施。该司法文件明确，最高人民法院在互联网设立中国裁判文书网，统一公布各级人民法院的生效裁判文书。中西部地区基层人民法院在互联网公布裁判文书的时间进度由高级人民法院决定，并报最高人民法院备案。中国裁判文书网已经成为全球最大的裁判文书网，截至2015年11月1日，共公布裁判文书1165万份，总访问量达到3.4亿人次。

裁判文书上网公开，是最高人民法院贯彻落实习近平总书记关于法治建设一系列重要论述，积极回应社会关切，主动接受社会监督，与国际司法接轨的重要举措，标志着人民法院司法公开工作迈出了关键一步，是人民法院逐步走向司法自信、大力强化司法公信的重要标志。裁判文书上网公开是司法公开的重要内容和应有之义。最高人民法院在互联网上公布裁判文书，对于全国各级法院的司法公开工作具有重要指导意义。

---

① 孙智慧.优秀民商裁判文书标准研究[M].北京：中国法制出版社，2015：39-40.

② 罗书臻.裁判文书上网：阳光下见证公正[N].人民法院报，2016-03-07(06).

(四)调研的方向

本文选取的调研方向主要有三个，具体如下：

第一，实施故意杀人犯罪行为的缘由。主要分析故意杀人犯罪的社会因素，当前实施故意杀人犯罪行为的主要缘由，受到的社会影响程度，加害人与被害人之间的矛盾状态、公众的反应等。在司法裁判中深入考察引发犯罪的民间矛盾，会更好地贯彻罪责刑相适应原则以及刑罚个别化原则。①

第二，分析故意杀人犯罪进行量刑时候需要考量的因素，例如自首、坦白、谅解、赔偿等。目的是分析当前司法人员对于故意杀人犯罪行为进行量刑的时候，除了犯罪事实本身，还考量了哪些情节，尤其是故意杀人犯罪判处死刑的案件能够考量的因素主要有哪些。

第三，故意杀人犯罪的刑罚适用情况。主要分析死刑的判处比例，尤其是死刑立即执行的比例，分析当前刑法规定的最严重的暴力犯罪故意杀人罪的死刑适用情况。

二、调研分析的数据

(一)实施故意杀人犯罪行为的缘由

1. 发案缘由多为情感纠葛

被告人与被害人之间是夫妻关系的案件共有319件，因为情感纠葛的有342件，因为家庭的有335件，因为生活琐事的有315件，家庭、夫妻、（男女朋友）情感纠葛的案件合起来占58.9%，是实施故意杀人犯罪的主要原因（详见图9-1）。另外激情杀人案件23起，精神障碍杀人案件38例，邻里纠纷杀人案件62例。其他因工作争吵、医疗纠纷、交通事故、

① 陈劲阳.仇恨型故意杀人案件死刑裁量反思:贾敬龙案量刑妥当性多维分析[J].吉林大学社会科学学报,2017(3):66-73.

蓄谋报复杀人等共杀人223例。总体而言，故意杀人的犯罪案件都是与生活中的小事情息息相关，发案缘由的生活化倾向比较明显。

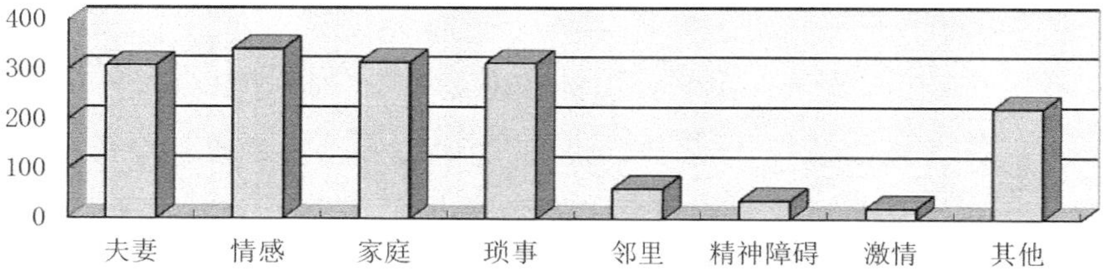

图 9-1

发案缘由的生活化倾向体现在故意杀人案件一半是发案于情杀，一半是发案于生活琐事。情杀又可以分为男女朋友杀人、家庭情感纠纷杀人，情杀多集中发生于年轻人，尤以“80后”“90后”为代表。笔者通过考察和调研“80后”“90后”的生活状况后发现，“80后”“90后”多为独生子女，受家庭和社会环境的影响，一部分人性格比较独立，不能站在对方角度思考问题，同时对于感情生活追求理想化，追求完美，不能忍受瑕疵，一旦投入真感情就会全心全意、奋不顾身，既要求自己感情的纯粹，也要求对方感情同自己一样纯粹。一旦对方的感情没有与自己的感情投入对称，就会容易冲动做出极端的事情。笔者通过调研案件的犯罪人亦印证了以上的判断。

家庭情感纠纷相对于集中发生于“70后”，他们属于当前社会的中坚力量，上有老下有小，压力比较大，对于感情的要求更多是为了家庭。“70后”更加注重生活的实在、感情的忠贞。而现实社会的多变、住房的高价、职业的升迁、孩子的就学、家人的医疗等众多原因导致一些“70后”的精神都处于紧绷的状态，稍有风吹草动就比较容易有极端的行为。在笔者调研的样本中，很多都是因为家庭生活中的小事情，例如醉酒、争吵、感情不和等原因，导致被告人没有控制好情绪，实施了杀人的行为。

2. 发案缘由琐碎化

通过调研（详见图9-1），我们发现，故意杀人的案由大多都很琐碎和简单，因为情感纠纷、邻里纠纷和琐事杀人的占了很大比重。而由于侵财杀人、蓄意报复杀人等仅有233例，占比仅为14%。因为侵财而实施杀人的很少，一方面的原因是由于我国《刑法》规定以侵财为目的而杀人的以抢劫罪论处，另一个方面也能反映出故意杀人犯罪图财的目的并不突出。

从调研的案件看，无论当事人、司法人员或者普通民众对于发生的故意杀人案件具有一种评价，认为很多故意杀人的缘由根本不能成为杀人的理由，而且均可以有更为合适的解决问题方法。实施故意杀人的被告人往往都对自己实施的杀人行为懊悔不已，一时的冲动让自己无法控制情绪而实施了杀人的行为。这说明，故意杀人罪的案由基本上是可以调和的矛盾，如果处理得当，完全可以避免故意杀人犯罪行为的发生。

(二)量刑考量的因素

根据判决书所反映的内容，故意杀人犯罪在判决书中体现出的考量因素主要有自首和谅解，这几乎是故意杀人犯罪没有判处死刑立即执行的主要考量因素。

1. 自首率

选取的1657个案例，其中能够认定自首的案例达到715例，所占比例43.15%；认定坦白的102例，所占比例6.16%；认定精神障碍或者限制行为能力的共有55例，所占比例3.32%（详见图9–2）。

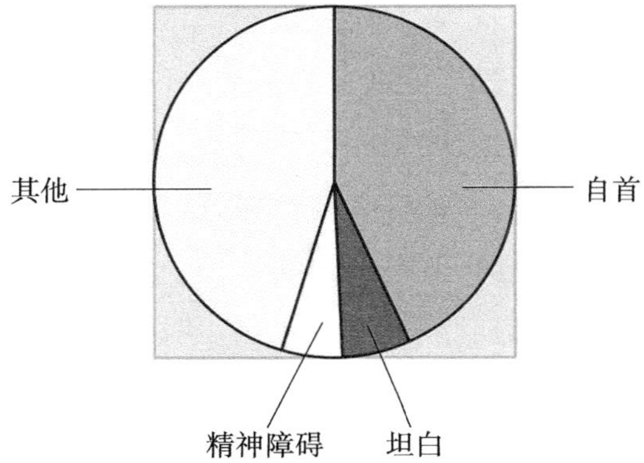

图9–2

故意杀人的犯罪案件的自首率在刑法分则全部犯罪案件的自首率中属于比较高的一类犯罪，这仅是法院最后认定自首的情况。将近七成的故意杀人案件，被告人都能够如实地供述。这表明，被告人不认罪、掩饰自己犯罪行为的情况并不是故意杀人罪主要的表现形式。尽管中国一直有“杀人偿命”的观点，在这样的观点指引下，承认杀人就意味着有可能被判处死刑立即执行，有一命换一命的危险，但是被告人大多在后悔、内疚的心理支配下，愿意承认自己实施了故意杀人的犯罪行为。故意杀人犯罪案件中被告人一旦承认实施了犯罪行为，其翻供的几率就比较低。就笔者所掌握的材料而言，被告人承认实施了故意杀人的犯罪行为，基本上不会翻供。

2. 谅解率

被告与被害人或其家属达成谅解的377例，占23%；加害人赔偿或其亲属代为赔偿的626例，占37.78%（详见图9-3）。

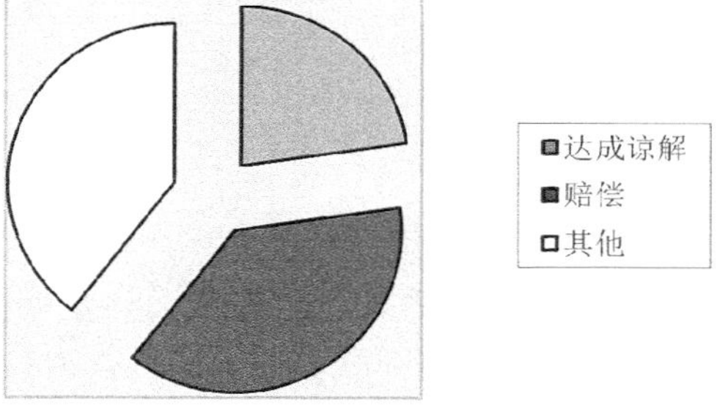

图9-3

通过分析收集的案例我们发现，故意杀人致被害人死亡的几率达到了90%。虽然故意杀人是比较严重的犯罪行为，而且故意杀人罪的后果无法挽回。按照传统的理念，被告人与被害人家属之间属于不共戴天的仇人，根本没有缓和的余地，但是司法实践中，我们却发现被告人与被害人家属之间能够缓和的情形还是比较多的。故意杀人案件民事赔偿的程序和通过刑事附带民事赔偿程序要求赔偿的比重也比较大，几乎所有的案件都有赔偿的要求。这有一个理由就是随着现代社会维权意识的逐渐增强，当下民众更为理性，通过法律来解决问题的意识已经深入民众的内心和贯彻到民众的行为上，因此追求法律保护权利所带来的利益，是民众的理性反应，减少了盲目的冲动心理和简单的报复心理。

(三)故意杀人犯罪的刑罚适用情况

1. 各省份判处死刑立即执行率

笔者收集的1657起案例，判处死刑立即执行的仅有53起，所占比例3%。死刑立即执行的案例：上海1起、北京2起、广东省3起、江苏省5起、黑龙江省13起、安徽省20起、云南省9起。死刑立即执行的判例主要集中在黑龙江省、安徽省和云南省，三省加在一起共42起，占了调研案件中判处死刑立即执行案件总数的80%（详见图9-4）。

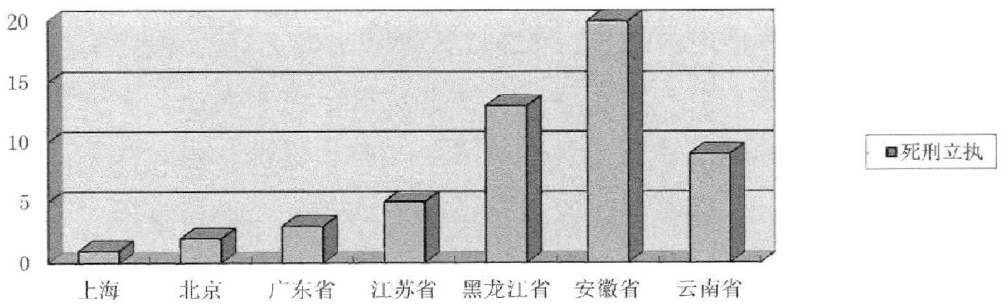

图9-4

故意杀人犯罪死刑立即执行主要集中在黑龙江省、安徽省和云南省。这三省的相同之处及其与广东省、江苏省之间的不同之处，表现为两个突出特点，即地理位置不同和经济上差距较大。根据国家经济数据分析，江苏省与广东省的经济发展水平明显比黑龙江、云南省、安徽省三省高。黑龙江省和云南省地处我国的最北方和最南方，黑龙江省与云南省又与多国接壤，人员往来比较复杂，流动性比较大，管理起来会比较复杂。

2. 故意杀人犯罪适用的刑罚

在1657全部故意杀人犯罪的判决书中，判处死缓241例，判处死刑立即执行53例，判处无期419例，判处有期徒刑943例，免除处罚2例。其中有期徒刑所占比例最高为56.9%；无期徒刑占了25.3%；死刑判决所在比例为17.74%。其中死缓占判处死刑比例的81.97%；死刑立即执行占判处死刑比例的18.03%，占全部案例的3%（详见图9-5）。

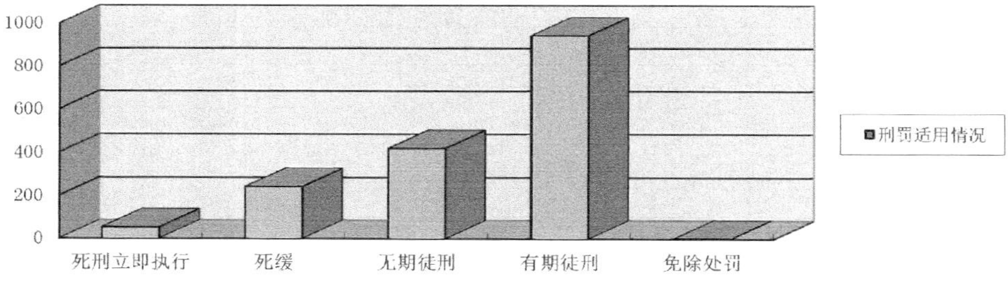

图9-5

对于故意杀人案件的处理方面，虽然故意杀人犯罪首先考虑适用死刑，但是司法实践中，死刑适用率相比无期徒刑和有期徒刑的适用率反而是最低，而且死刑立即执行率更是只有3%。有期徒刑虽然是排位第三考虑的刑罚，但是适用率却是56.9%，占了一半以上。这和我国“少杀、慎杀”的刑事政策有着一定的联系，更和我国近年来司法实践中大力限制死刑的适用、死刑复核权回收最高人民法院、宣传与倡导限制和逐步废除死刑具有重大的联系。一直以来，我们认为民众所坚守的“杀人偿命”理念无可动摇，但是实际情况却并非如此。民众的认识已具有很大的进步和发展，一些传统观念已经悄然发生了变化。

3. 一审结案率

一审结案1618件，占全部案件的97.65%。笔者通过走访部分被判刑的故意杀人案件的服刑的犯罪分子，询问其没有上诉的原因，归纳起来看主要有以下几个方面。

第一，故意杀人犯罪的案件证据确实、充分。因为故意杀人案件事关人命，所以对于证据的收集细上加细。而且对于收集证据而言，故意杀人案件的证据比较容易固定，一旦固定，不容易被轻易推翻。

第二，犯罪分子的悔罪心态。因为故意杀人犯罪案件的特殊性，被告人一般会认为杀人抵命是正常的判决，上诉在被告人内心之中会有两个考量，一方面认为没有被判处死刑立即执行已经是很好的结果；另一方面也会认为上诉是认罪态度不好的表现，所以没有把上诉作为维护权益的诉讼阶段。

第三，故意杀人案件的自首率和坦白率比较高。故意杀人案件大部分都是犯罪嫌疑人自己承认的案件，或者自首，或者坦白，或者案件事实很清楚，案情有争议的地方不多，而且对于犯罪嫌疑人自己承认的犯罪案件，如果一审判决符合自己的预期，也就没有上诉的必要性。

第四，上诉的律师费用比较昂贵。对于可能判处死刑的案件，虽然国家能够提供免费辩护律师的帮助，但是对于自己请律师的被告人而言，案件事实本身不存在争议，判决的结果也比较符合自己的预期，再进行上诉程序会多花钱，被告人经过比较，认为不上诉应该是比较合适的选择。另外，监狱的管理比看守所的管理更规范一些，早日服刑对于被告人而言是有利的。

三、实证调研的结论

（一）实施故意杀人犯罪行为的缘由生活化

经过笔者研究得出，近五年七省（市）的故意杀人案件大约有四成是由家庭矛盾引起的，这四成多是因为男女朋友或者夫妻之间的感情问题。如果把感情问题和家庭问题放在一起，我们会发现故意杀人案件生活化的原因占到了九成。生活化的原因归纳起来主要有男女感情问题、生活压力、琐事争吵、通奸、债务等。

上海政法学院吴鹏森教授以上海2002年到2012年十年间杀人犯罪的300余件案件为样本，进行实证分析，得出上海在2002年至2012年所发生的凶杀案件的特征：案件主要发生在熟人之间，家庭内部矛盾、恋情矛盾以及邻里、同事、合租等传统社会关系或其他初级社会关系所产生的矛盾是引发凶杀案件的主要社会原因，大部分案件发生在家中，也说明杀人案件由生活矛盾引起的居多。[①]

吴鹏森教授研究得出的结论与笔者得出的结论基本相同，即近年来故意杀人案件还是多因为感情和琐事而采取的极端犯罪行为。据笔者调研统计，因情感问题而采取故意杀人犯罪的数量明显呈现上升趋势，加害人集中为“80后”和“90后”的青年人。

（二）实施故意杀人行为的被告人多数均悔罪

实施故意杀人行为的被告人，绝大多数对于自己实施的故意杀人的犯罪行为有不同程度的后悔。笔者曾走访多位故意杀人的犯罪行为人，几乎所有的犯罪行为人对自己实施的犯罪行为都有深深的悔意，如果一切可以重来的话，一定会选择其他的解决办法。近七成的人都愿意接受刑罚的处罚，甚至有愿意接受死刑立即执行的处罚，认为这是一种自我赎罪。例如于英生妻子被杀一案，杀人犯武钦元被抓到之后，一直都是认罪伏法的，其在庭上的供述也是愿意接受刑法的处罚。武钦元曾供述，认为可能自己犯了罪而未及时受到处罚，这些年他和他的家人都在接受一种报应，其内心是受到煎熬的，当将其捉拿归案以后，他认为所有的惩罚都是在赎罪。

（三）被害人与加害人之间的矛盾并非不可调和

数据显示，被害人或其家属与加害人之间达成谅解的比例是比较高的，被告人与被害人或其家属达成谅解的377例，占22.75%；加害人赔偿或其亲属代为赔偿的626例，占37.78%。积极赔偿的意义在于，在客观方面减轻了犯罪对被害一方的损失，在主观方面可以表明被告人主观上具有认罪、悔罪的表现。[②]虽然被害人要求加害人赔偿自己损失，有加

① 吴鹏森.杀人犯罪的实证分析：以上海近十年来的杀人犯罪案件为例[J].青少年犯罪问题，2013(6)：39-45.

② 陈劲阳.仇恨型故意杀人案件死刑裁量反思：贾敬龙案量刑妥当性多维分析[J].吉林大学社会科学学报，2017(3)：66-73.

重惩罚的成分在里面，但是也表明被害人与加害人之间并非是不可调和的关系，还有可以沟通的渠道。而且根据犯罪的原因，双方往往有着千丝万缕的社会联系，根本不可能依靠一纸刑事判决书就能解决所有的问题。

通过统计我们了解，当前的故意杀人案件80%以上都是由于生活中的琐事。如果社会的保障体系更加完善，普通民众生活中所遇见困难解决的途径更多一些，可能故意杀人案件就会减少很多，而试图通过严惩故意杀人的罪犯而起到预防故意杀人犯罪行为的发生是无法实现的。

（四）死刑立即执行率大幅降低

故意杀人罪所判刑罚的死刑立即执行率很低，仅占3%。而且在死刑立即执行中，以黑龙江和安徽省死刑立即执行率较高，江苏省、云南省、广东省相对于黑龙江省和安徽省低一些，上海市甚至没有一起判处死刑立即执行的案件。

据学者尹明灿、李晓明统计的1999—2006年全国故意杀人犯罪案件的数据，全国各地人民法院一审、二审或再审的故意杀人犯罪案件刑事判决、裁定486件，1999年以前7件；从493个全样本来看，判处死刑立即执行的比率为46%；从造成1人以上死亡的458个大样本来看，死刑判处立即执行率仅有49.3%，不足一半。[①]

然而在2012—2016年，笔者选取的7个省（市）的1657例判决书，死刑立即执行率已经降到了3%，这充分说明，死刑立即执行率大幅降低。

（五）司法人员、民众的观念发生了巨大的变化

内蒙古呼格吉勒图奸杀案、念斌投毒案、佘祥林杀妻案、赵作海杀人案、于英生杀妻案、药加鑫案件、林森浩案件等，引起了全社会对于故意杀人罪的关注，尤其是关注故意杀人罪案件的处罚情况。内蒙古的呼

① 尹明灿，李晓明．故意杀人罪实证研究：以493例故意杀人罪案例为视角[J]．中国刑事法杂志，2009(6)：105-115.

格吉勒图四十几天就被执行了死刑，让人们感受到了死刑的无情和残酷，冤案、错案使民众警醒。于英生捡回了一条命，但是也是几经生死，同时亦被冤枉坐牢十几年。药加鑫、林森浩是否应该被杀，全民都进行了关注。尽管赞成应该判处林森浩死刑立即执行和不赞成其判处死刑立即执行的比例各占一半，但是民众更多开始关注林森浩对于自己的犯罪行为是不是真正认罪，其认罪态度决定了民众对于应否判处林森浩死刑立即执行的判断。不可否认，被告人认罪的态度是影响定罪量刑的重要因素，但是我们看到，民众能够理性思考一个故意杀人的案件，同时能够理性地考虑应否决定一个人的生死问题，说明民众的思想观念发生了转变。

司法人员的观念已经悄然发生变化，正确认识和处理法律效果、社会效果与政治效果的关系，是政法工作中一个十分重要的理论问题。[①]“在死刑与公众舆论的问题上，法院既没有必要屈从于公众舆论而随意改判，也不能凌驾于公众舆论来强行推进所谓的现代文明。”[②]通过总结，我们发现司法人员在认定加害人应否判处刑罚的时候，更加重视加害人的减轻情节，无论是酌定情节还是法定情节，都在法官考虑的范围之内。例如在20世纪80年代“严打”时期的公审大会上，要被执行枪决的几个犯人被押解在一辆汽车上，宣读他们的罪状之后，由武警押解到行刑的地方执行枪决。当时无论是司法人员还是民众对罪犯有一种内心的痛恨，尤其对实施了严重的犯罪行为的犯罪分子更是唾弃。而现在的司法人员和公众对罪犯的态度有了一定的转变，罪犯与民众之间的矛盾不再激烈到上升为敌我矛盾，实施了犯罪行为的犯罪分子也被认为是公民中的一员，也应当拥有基本的人权。而且我国《刑法》的目的也是用刑罚同一切犯罪行为作斗争，预防和打击犯罪行为。我们看到，当下的司法程序的设计、刑罚执行的规范都在逐步地完善，这体现了人们对于人权的重

① 邱水平.论执法实践中坚持法律效果、社会效果与政治效果的统一[J].法学杂志，2016(10)：65-72.

② 王勇.不杀止于杀——死刑司法控制中的公众舆论引导研究[J].法学杂志，2017(3)：73.

视，也体现了人们对于社会管理的信任。

（六）故意杀人犯罪的刑罚设置不尽合理

1. 刑罚的种类

故意杀人犯罪案件的刑罚更多带有惩罚性质，预防犯罪的功能并不明显。原因在于，当下实施故意杀人行为的案件都是起因于生活琐事，而解决生活琐事问题的方法有很多，以刑罚作为解决由生活琐事所引发的杀人犯罪的方法，应该是最没有办法的办法。刑法作为保障合法权益最后的一道防线，如果因为生活的琐事就冲到了最前面，这明显有浪费司法资源和滥用司法程序之嫌。因此，故意杀人案件的首选刑罚是死刑，与故意杀人案件实际情况并不相符，与我国刑罚设置的总体思路也是相悖的。我国刑罚设置的基本思路是由轻至重，而故意杀人的刑罚设置却是由重至轻，当初立法的宗旨是为体现对于人身权利的重视和尊重，但当下的形势已经有了很大的改变，对人身权利我们有了更多的保障途径，刑法已经不再是最佳保障方式。另外，当下人们对于逐步废除死刑已经形成了共识，如果故意杀人罪的刑罚设置思路有所改变的话，对于推进死刑的废除具有重要的意义。

2. 故意杀人犯罪定罪量刑需要考量的范围太窄

《刑法》对故意杀人罪量刑幅度设置太过宽泛、罪状太过简单。[①]若不能合理地界定死刑适用的标准，司法机关就不可能正确地对犯罪人裁量死刑，进而可能损害犯罪人的合法权益，不利于人权保障之刑事原则的贯彻。[②]我国故意杀人定罪量刑需要和可能考量的因素主要有：社会危害性的大小、危害行为的严重性、主观恶性、人身危险性、加重处罚的情节、减轻处罚的情节等。首先考量减轻处罚的情节，主要有：是否自首、有无坦白认罪，有无赔偿、是否达成了谅解等，如果有一项可以落实，就可以作为不判处死刑立即执行的依据。而后再考量危害结果、作案手

① 赵秉志.论暴力犯罪死刑适用标准的合理确定[J].人民检察，2013(23)：10-15.

② 王勇.不杀止于杀：死刑司法控制中的公众舆论引导研究[J].法学杂志，2017(3)：69-78.

段、主观恶性等因素。我国定罪量刑考量的因素主要集中在案件事实，而故意杀人案件需要考量的因素就像故意杀人行为的原因一样，既琐碎又复杂。

故意杀人犯罪的刑事处罚受到很多因素的影响，例如，前科作为实践中广泛存在的典型酌定量刑情节，其对于死刑的限制适用具有重要意义，并现实地影响着实践中的死刑裁量。[①]本文仅仅是根据裁判文书网的判决书所做的调查研究，是把判决书中的现实情形进行分析，进一步对于故意杀人罪的刑事处罚的研究做一些基础的实证调研分析。

① 彭新林.论前科与死刑的限制适用[J].华东政法大学学报,2017(2):117-129.

第十章　网络钓鱼行为的刑法规制探析

2017年5月12日，一款名为WannaCry的蠕虫勒索软件袭击全球网络，这被认为是迄今为止最巨大的勒索交费活动，影响到近百个国家和上千家企业及公共组织。2015年腾讯网址安全云共检测出恶意网址3.87亿条，其中钓鱼欺诈网址1.86亿条[①]。2016年阿里云誉反欺诈发布《2016第一季度钓鱼网站报告》，在2016年1月至2016年3月阿里云誉反欺诈系统共检出拦截钓鱼网站59 567个，涉及钓鱼url总计81 089个[②]。威瑞森最新的《数据泄露调查报告》指出，社会工程对目标用户的有效程度依然令人心惊，2016年超过30%的网络钓鱼消息都被打开了，而2014年钓鱼消息打开比例为24%。可见当前网络钓鱼现象已经具有很大的危害性，甚至有人断言，没有任何一个地区、行业或公司可以躲过网络钓鱼。网络钓鱼犯罪行为随着网络的普及和发展，已经成为我们每天不得不面对的威胁。

一、网络钓鱼行为的概述

网络钓鱼行为可以归类于诈骗犯罪的一种，本质上也是一种以非法占有为目的，虚构事实或者隐瞒真相，通过欺骗的方法占有他人数额较大

---

① 数据来自2015年中国互联网安全报告。

② 数据来自阿里云誉反欺诈2016年第一季度钓鱼网站报告。

的公私财产的行为。[①]国际反网站钓鱼工作组APWG（Anti-Phishing Working Group）给出的定义：一种利用社会工程和技术欺骗，针对个人身份数据和金融账号进行盗窃的犯罪机制。社会工程就是利用人的心理弱点（如人的本能反应、好奇心、信任、贪婪）、规章与制度的漏洞等实施欺骗、伤害，以期获得所需的信息（如计算机口令、银行账号信息）。笔者认为，网络钓鱼行为属于充分利用现实社会人际交往方式进行诈骗的行为，是随着计算机、网络的发展而产生的新型犯罪方式，其成长的特点与不同时期网络的发展有着密切的关系。截至目前，网络世界的发展大体可以分为三个阶段，即网络1.0阶段、网络2.0阶段、网络3.0阶段。网络钓鱼行为在这三个不同的阶段有不同的表现。

（一）网络1.0阶段

网络1.0阶段属于计算机、网络包括软件初始发展阶段，时间大体可以定位在1990年前后。初始阶段的网络基本上是公司、企业内部的局域网，数据的传送功能比较弱，而且计算机硬件的配置普遍不高，运行速度慢。计算机与软件的发展也处于探索阶段，能够进行的操作有很大的局限性。因此，网络1.0阶段主要还是对计算机机器本身及其存储资料的保护，基本上不存在网络钓鱼的行为。

（二）网络2.0阶段

网络2.0阶段的时间定位在2000年前后，全世界各种网站如雨后春笋般涌现出来。这一阶段是计算机和网络飞速发展的阶段，尤其是全世界的互联网连接在一起。无论是计算机机器本身的运行能力，还是计算机软件的应用和开发，其所展现的空间与领域，都给网络钓鱼提供了可能。网络2.0阶段为人们开启了一个虚拟世界，相关的法律规范却远远没有跟上网络世界的发展，网络钓鱼犯罪行为从无到有，再到泛滥成灾。这个

① 李玉琼.论网络钓鱼诈骗犯罪的原因及对策[J].广西政法管理干部学院学报,2015(5):111-116.

阶段典型的网络钓鱼方式是通过发送大量声称来自银行或其他知名机构的欺骗性垃圾邮件，意图引诱收信人给出敏感信息（如用户名、口令、账号ID、ATM PIN码或信用卡详细信息）。利用掌握的受害人信息，钓鱼者可以假冒受害者进行欺诈性金融交易，从而获得经济利益。

（三）网络3.0阶段

网络3.0阶段可以定位在从2010年至现在，这一时期网上公民不再受到现有资源积累的限制，具有更加平等获得财富和声誉的机会。[①]网络与生产、生活更有效、深入融合，引发人们生活习惯和思维的转变，网络钓鱼的行为随着社会的发展有了新的方式和内容，除了传统的虚假网购、中奖诈骗外，仿冒手机银行、运营商等钓鱼手段层出不穷，并且数量呈爆发式增长，手法上由简单的钓鱼欺诈转变为结合虚假短信、诈骗电话、植入木马等新型欺诈模式，钓鱼软件更加科技化、现代化，网络钓鱼趋势向职业化、专业化、集团化迅速发展，更加难以识别和防范。[②]

二、网络钓鱼行为的现状

当前，中国网络的发展已经处于世界先进行列。无线网络基本上遍布城市各个角落，网络速度更迅捷，移动终端更便利，支付宝、微信、网约车、美团等网络平台的频繁使用，使得每一位民众的日常生活离不开网络，因此，网络钓鱼犯罪现象也层出不穷。

（一）网络钓鱼行为的新形势

随着社会进步和人们生活习惯的变化，网络钓鱼行为又具有了新的形式，从原先的单兵作战、漫天撒网型的钓鱼方式，转向团伙作战、针对性更强的钓鱼方式。各种网络钓鱼方法层出不穷，网络钓鱼程序愈新，

① 夏燕. 网络空间的法理研究[M]. 北京：法律出版社，2016：23.

② 邓天鹏，李伟清. 互联网灰色产业治安风险及防范[J]. 广西警察学院学报，2017(1)：56-61.

工具愈多。以下列举一些当前有代表性的钓鱼方式和方法。

1. 鱼叉式钓鱼、鲸钓

鱼叉式网络钓鱼指一种源于亚洲与东欧只针对特定目标进行攻击的钓鱼方法。传统意义上的网络钓鱼是以几个（通常是很多）随机独立主机为目标，并以某种方法使他们中的一些能够执行包含其能被钓鱼者获得私有信息的特定动作。鱼叉式网络钓鱼不同之处在于，它并不以随机目标为对象，而是以特定的对象（主要是大型企业）为标靶，因为早已经锁定目标，并且有针对性地对其进行研究和部署，往往成功率比较高。鲸钓主要针对的是企业高管、政界精英、影视明星或者其他的一些名人，据FBI统计显示，自2015年1月以来，鲸钓的受害者已经增加了270%，而此类骗局在过去3年已经让某些公司损失了至少23亿美元，受影响的国家超过80个。

2. 社交媒体钓鱼

近几年，出现一种名叫“安康鱼”的网络钓鱼新攻击方法。与传统的钓鱼方式不同，实施“安康鱼”网络钓鱼者是通过虚拟的社交媒体进行钓鱼。《2016社交媒体品牌欺诈报告》中揭示与10家全球品牌有关的社交媒体账号中，近20%都是虚假的。网络钓鱼犯罪分子会先掌握要模仿的部门资料，通常这种部门资料比较容易掌握，可以通过很多的途径了解，甚至被模仿的部门本身也会将自己的一些资料公开来进行宣传。利用被模仿部门的工作方式、习惯等，创建极具可信度的虚拟客户服务账号，并通过虚拟客户服务账号与被模仿部门的真实客户进行联络之后，等待客户向虚拟账号求助。当客户主动向虚拟客户服务账号寻求帮助的时候，也就降低了防范心理，从而使得网络钓鱼的犯罪行为更容易得逞。

3. 勒索软件和软定位

勒索软件是一种网络犯罪的手段，从2005年以来，勒索软件一直没有停止过破坏的脚步。事实上，2016年新出现的勒索病毒种类暴涨了近8倍，收取的赎金接近10亿美元。Phish Me在2016第一季度《恶意软件综述》表明，所有有记录的网络钓鱼邮件中，92%都含有某种加密勒索软件。到了2016年第三季度，该数字增长到了97%。Phish Me研究人员指出，犯罪团伙还在不断精炼勒索软件构造和投放方式。

“软定位”的功能在时下适用比较普遍，然而“软定位”功能也为网络钓鱼犯罪人实施钓鱼犯罪所利用，成为另一种新型犯罪手段。“软定位”部署的网络钓鱼介于钓鲸攻击和大规模网络钓鱼邮件之间，其分布广的攻击使用也是关键。智能手机有一种功能就是定位，软定位一般是利用被害人的手机或者其他电子设备，对被害人进行远程监控和定位。例如有些犯罪行为将传统犯罪行为与软定位结合起来，欺骗被害人，通过软定位的寻找附近人功能，只要能够与定位所指定的被害人联络上，就比较容易进一步去诈骗被害人，使得被害人不经意间就被欺骗。

4. 鬼钩

安全公司CyberArk的安全专家发现一种钓鱼方法，通过英特尔CPU的新功能Processor Trace （PT）绕过Windows系统中的PatchGuard内核保护。借助这种方法，攻击者可以在此前被认为坚不可摧的系统上植入Rootkit。研究人员表示，“鬼钩”目前仅针对运行英特尔PT系统。PT是使用专用硬件捕获当前软件执行相关信息的英特尔CPU功能，以帮助调试操作，并检测恶意代码。正常情况下，进入英特尔PT操作需要攻击者将恶意功能置入内核级代码，而PatchGuard一般会立即发现并阻止这种操作。CyberArk的研究人员称，分配非常小的缓冲区处理英特尔PT数据包会导致CPU耗尽缓冲空间，并打开PMI处理器（PMI Handler）来管理溢出代码。而PatchGuard不会监控PMI处理器，攻击者可能会趁机通过PMI处理器利用恶意代码修改内核操作。攻击者通过这种方法神不知鬼不觉地修改Windows内核，并在64位Windows上嵌入Rootkit。

5. 利用 CIA 工具

美国时间2017年6月22日，维基解密披露发布了CIA Vault7系列的第十二批文件，披露的文件详细描述了美国情报机构如何远程隐蔽地入侵访问封闭的计算机网络或独立的安全隔离网闸（Air-Gapped Devices，从未连接过互联网的设备）。目前，这两个项目的工具只针对微软Windows

操作系统。实际上，自2016年3月到目前，维基解密已经披露发布了11种CIA工具[①]。美国中央情报局近年来利用研制的这些工具，能够无视相关人员的权利保护和法律规定，肆意收集所需要的情报和信息。时下许多CIA工具已经沦为钓鱼工具，因其专业性和技术性属于国家设计级别，所以其破坏性远非一般的钓鱼工具和方法能够相比，而且在技术层面上，民间技术很难进行有效防御。

另外，维基解密称智能手机也是CIA关注的重点，截至2016年底，CIA“军火库”已经有24款针对Android系统的漏洞代码，这些程序或者软件部分是CIA独自研发，有些来自英国情报机构政府通信总部、美国国土安全局和第三方。三星、HTC、索尼等品牌的部分智能手机据称已经“沦陷”，CIA可以利用漏洞读取用户在Whatsapp、Signal、Telegram和微博等社交平台上的数据，苹果IPhone和IPad也未能幸免。通过从英国情报机构政府通信总部、美国国土安全部和FBI获取的IOS漏洞代码，技术人员已经可以实现定位，激活设备照相功能和麦克风，并读取短信记录。

(二)网络钓鱼行为的犯罪特性

在过去，网络钓鱼仅仅只是简单的攻击，例如攻击者发送一条带有跳转信息的链接，然后引诱用户在自己的电脑上运行恶意代码。但现在，网络钓鱼的攻击已经大大超出了以前的范畴，尽管概念没有变，但手法却变得异常复杂，有的网络钓鱼甚至是好几种技术结合在一起的，层出不穷的钓鱼手法已经开始颠覆我们对网络钓鱼的传统看法。

1. 钓鱼行为与传统犯罪相结合

钓鱼的方式、方法不断推陈出新，有的钓鱼犯罪与传统的犯罪方式、犯罪工具相结合，从而衍生出来更多的钓鱼犯罪行为。例如，钓鱼软件

① Brutal Kangaroo(野蛮袋鼠)、Emotional Simian(情感猿猴)、Cherry Blossom(樱花)、Pandemic(流行病)、Athena(雅典娜)、After Midnight (午夜之后)、Archimedes(阿基米德)、Scribbles(CIA追踪涉嫌告密者的程序)、Weeping Angel (哭泣天使)、Hive (蜂巢)、Grasshopper(蝗虫)、Marble Framework (大理石框架)、Dark Matter(暗物质)。

与勒索软件的结合，现在90%以上的钓鱼软件都会包含勒索软件，传统的敲诈勒索犯罪具有一定的局限性，而钓鱼软件恰巧能够克服传统敲诈勒索犯罪的局限，犯罪成本小，成功几率高。而且钓鱼勒索软件还有一个与传统敲诈勒索型犯罪显著的区别，其勒索的赎金价格较低，被勒索的受害人往往以“花钱买教训”的心态接受钓鱼者的勒索。许多犯罪分子也是看中这一可乘之机而加入钓鱼犯罪的行列之中，由于钓鱼软件的泛滥，甚至部分钓鱼勒索的受害人也转化成为其他钓鱼勒索犯罪的加害人。

2. 犯罪对象的针对性更具体

网络钓鱼开始锁定特定的目标或者群体，有针对性地研究钓鱼对象。针对的对象有大型的企业、机关单位、事业单位等，还有企业内的管理人员以及影视名人等。比较典型的代表有鱼叉式钓鱼、鲸钓等。犯罪对象具体化的变化反映了网络钓鱼方式、方法的发展和网络钓鱼犯罪分子主观心态的变化，过去“漫天撒网”式的钓鱼方式，偶然因素占了较大的比重，攻击者对于钓鱼进程的把控相对较弱。而通过锁定具体的目标，攻击者能够更好地掌控攻击方向和进程，成功率得到大幅提升，破坏性更加显著。

3. 钓鱼行为的掩饰性更强

传统钓鱼方式是需要攻破被害人的防御，许多民众也认为只要保护好账号的密码或者身份信息就能够有效地避免信息或者财物被侵犯。新的网络钓鱼犯罪转换了方式，几乎不需要账号或者密码，只需要被害人“授权”就可以将被害人的身份信息或者财物有效掌控，而且被授权的行为或者授权以后的行为都被“掩饰”成为“正当”行为无法防御。例如，网络钓鱼攻破一些公共服务网站，在服务网站链接一个后台，“钓鱼者”的指令和行为都成为“正当”行为。被害人误认为网址正确不会出现钓鱼犯罪，对于网站的指令会放松警惕，从而导致自己的财物受到损失。

4. 钓鱼手段凸显科技化、专业化、智能化

随着网络与科技的发展，钓鱼的手段也越来越科技化、专业化、智能

化。钓鱼的手段往往与最新的科技相联系，利用最新的科技产品。而此时因为产品的前沿化、高端性，民众关注的重点多在产品的适用性上，相对就弱化了防范意识，这使得钓鱼犯罪者有了可乘之机。例如WiFi钓鱼，除了能盗取用户的银行账户、网络支付密码外，还能利用相应软件截获数据包，并用分析软件破译出用户使用过的WiFi密码等。再有键盘记录器钓鱼，这是一种专门用来记录键盘数据以及屏幕数据的记录器，受害人几乎不会注意到键盘会成为钓鱼工具。还有一些钓鱼手段，如域名解析攻击、XSS攻击等，充分显示了钓鱼手段的科技化、智能化特点。

5. 网络钓鱼犯罪朝着产业化、职业化发展

网络钓鱼正向着产业化的方向发展，通过与商业资本的紧密结合，黑客与网络犯罪团伙获取了高额利润。由于利益的驱使，不少商业公司或多或少介入黑色产业链中。网络钓鱼甚至已经出现了一条龙的犯罪产业链，从钓鱼软件的开发到购买钓鱼所需要获得的各种信息、钓鱼犯罪的后续服务等，都有专门的人员负责。另外，钓鱼犯罪也出现了分地域、分时间、分环境等不同的划分，具有分工明确、相互支持的产业化特点。

钓鱼犯罪亦呈现职业化发展趋势，一些犯罪分子以网络钓鱼作为职业，有专门研究钓鱼工具、软件的人，有对钓鱼所获信息专门进行处理的人等。例如实时交互式网络钓鱼，这种类型的攻击能够模拟目标网站的外观和感觉，而不仅仅是一般的钓鱼页面，如果没有职业化、专业化的训练，这种钓鱼犯罪行为很难获得成功。与网络钓鱼行为配套的行业也在发展，例如复制银行卡片、倒卖个人信息、散发网络信息、勒索被害人等，这也使得网络钓鱼不再只是一个孤立的犯罪行为，而是产业链犯罪中一个重要环节。

三、网络钓鱼行为相关刑事法规定及完善建议

2014年10月党的十八届四中全会通过的《中共中央关于全面推进依法治国若干重大问题的决定》提出，要加强互联网领域立法，完善网络

信息服务、网络安全保护、网络社会管理等方面的法律法规，依法规范网络行为。规范网络行为的刑事法律亦在不断完善中，《刑法修正案（五）》《刑法修正案（七）》《刑法修正案（九）》就增加了关于网络犯罪的立法。

(一)现有规范网络钓鱼行为的相关法律规定

截至2016年8月，中国已经初步形成了网络法律法规体系。2015年颁布的《国家安全法》以及2016年颁布的《网络安全法》《电子商务法》等一系列最新立法实践表明，我国网络立法工作正处于发展和完善阶段。

1. 网络 1.0 时代的法律规定

在网络1.0时代，中国计算机、网络立法处于落后阶段，直到1994年国际互联网进入中国，中国才陆续出台关于计算机及网络的立法。第一部立法是1994年2月18日国务院发布的《计算机信息系统安全保护条例》，之后在计算机系统和互联网安全管理方面又发布了《计算机信息网络国际互联网管理暂行规定》《计算机信息网络国际联网安全保护管理办法》等。

2. 网络 2.0 时代的法律规定

随着互联网的广泛应用，计算机犯罪发展到了网络犯罪阶段。为了打击日益严重和不断变化的网络犯罪，1997年中国修订刑法的时候，规定了非法侵入计算机信息系统罪和破坏计算机信息系统罪两种犯罪。到了2000年左右，网络钓鱼行为开始呈现爆发式的增长，网络钓鱼行为最主要的表现就是侵犯个人信息。2000年12月28日，全国人大常委会通过了《全国人民代表大会常务委员会关于维护互联网安全的决定》，明确规定依照《刑法》有关规定处罚15种利用互联网实施的犯罪；对于以网络为犯罪工具实施的传统型犯罪进行了体系性的阐述。针对网络犯罪的犯罪手法越来越多的现状，2008年中国重启网络犯罪立法，2009年3月生效的《刑法修正案（七）》增设了三种新的网络犯罪，以打击新形式的经济领域的网络犯罪，中国最高司法机关还为审理新型网络犯罪颁布了若干司法解释。

3. 网络3.0时代的法律规定

2012年12月制定了《全国人民代表大会常务委员会关于加强网络信息保护的决定》，规定了互联网环境下公民个人电子信息保护的相关制度。《刑法修正案（九）》第16条、第17条、第26条、第27条、第28条、第29条、第32条共7个条文与信息网络安全犯罪有关，通过信息网络实施侮辱、诽谤行为，通过网络出售、非法提供公民个人信息，网络服务提供者拒绝履行信息网络安全管理义务，利用信息网络设立用于实施诈骗、传授犯罪方法、制作销售违禁物品、管制物品等违法犯罪活动的网站、通讯群组，利用信息网络发布制作、销售毒品，拒不履行信息网络安全管理义务罪，非法利用信息网络罪，帮助信息网络犯罪活动罪，加大了对信息网络犯罪的惩罚力度，进一步加强了对公民个人信息的保护，对编造和传播虚假信息的犯罪[①]设立了明确条文。

2016年11月7日，中华人民共和国第十二届全国人民代表大会常务委员会第二十四次会议通过了《中华人民共和国网络安全法》。2016年7月《国家信息化发展战略纲要》进一步强调要完善信息化法律框架，要以网络立法为重点，加快建立以促进信息化发展和强化网络安全管理为目标的法律、行政法规框架。

（二）完善刑事法律的建议

习近平总书记强调，网络安全和信息化是相辅相成的。网络钓鱼犯罪行为尽管表现为多个行为的集合体，有可能侵犯到个人信息，但是其侵犯个人信息的客观行为与钓鱼行为所要求的最终目的具有明显的区分，网络钓鱼行为具有自己的特点和内涵。现有的刑事法律罪名和刑事责任的规定对于规范网络钓鱼的行为有一定的滞后性与不适性，因此需要完

① 2009年2月28日起施行的《刑法修正案（七）》增设了“出售、非法提供公民个人信息罪”和“非法获取公民个人信息罪”。2015年11月1日起施行的《刑法修正案（九）》对相关条款作出修改完善，将“出售、非法提供公民个人信息罪”和“非法获取公民个人信息罪”整合为“侵犯公民个人信息罪”。

善相应的刑事法律规定，笔者建议如下：

1. 严密法网，增设相关罪名

网络钓鱼的行为虽然可以归类于诈骗犯罪，然而网络钓鱼行为的表现形式多种多样，已经形成了自己独特的类型和特点，而且网络本身的发展亦冲击传统犯罪的行为模式与处罚模式。通过上文的研究与总结，网络钓鱼行为涉及的新的犯罪行为类型和新的行业种类，呈现出范围广、行业密、侵犯客体多的特点。已有的法律规定和罪名明显表现出滞后性，并且不能完全规制相应的犯罪行为。例如2017年初的WannaCry蠕虫勒索软件，这是钓鱼手法与勒索软件结合的典型案例，本案的行为如果以敲诈勒索罪来定性的话，就有与实际情形不相符合的地方①。再有，鱼叉式钓鱼、鲸钓、使用钓鱼软件的行为是否需要处罚，如何处罚？现有的刑事法律条文也具有不适性。笔者建议应该严密网络钓鱼行为相关的刑事法网，以求预防和打击相关的犯罪行为。对于核心的网络钓鱼行为，建议增设网络钓鱼罪，具体论证详见下文。

2. 完善刑事责任，增设职业禁止

《网络安全法》第63条②规定，凡是违反网络安全的犯罪人员，终身不得从事网络安全管理和网络运营关键岗位的工作，这是关于实施网络安全犯罪行为会受到职业禁止的法律规定。笔者建议，网络钓鱼的犯罪行为也应该有职业禁止的法律规定③，原因如下：

（1）由实施网络钓鱼的主体特点所决定

网络3.0时代，实施网络钓鱼犯罪的行为人表现出越来越专业化、职业化的特征。此类行为人对于网络知识的掌握、网络软件的运用都比较熟练，甚至对于网络的漏洞、网络法律的不健全都有一定的了解。实施

---

① 笔者认为，本案无论是加害人还是受害人都具有不确定性，勒索的内容是无法打开文件，索要财物是通过付费来实现，这些因素会影响敲诈勒索罪的定性。

② 违反网络安全法第27条规定，受到治安管理处罚的人员，五年内不得从事网络安全管理和网络运营关键岗位的工作；受到刑事处罚的人员，终身不得从事网络安全管理和网络运营关键岗位的工作。

③ 笔者建议职业禁止所禁止的从业内容和范围扩大，另有文章详细论证。

过网络钓鱼犯罪行为后，继续从事与网络相关的工作，在巨大的利益诱惑面前，其自控的难度就会比较大，社会所承担的风险就会增加。因此，有必要对于这种类型的犯罪行为人实施职业禁止的处罚。

（2）保护相关网络行业的需要

网络已经成为人们生活、工作中必不可少的工具，是无法与人隔离开的空间。未来的发展，网络更是具有举足轻重的地位和作用。网络已经成为人们生活最重要的工具和手段，保护好相关的网络行业发展也就成为当前工作的重点。网络钓鱼犯罪涉及的范围比较广，涉及的行业也比较复杂，牵连的人也比较多。鉴于网络钓鱼犯罪的特点和原因，实施网络钓鱼的犯罪行为人，如果未来仍然从事网络行业的相关工作，很难改变其思维和习惯，笔者认为这对于网络行业的发展有较大威胁。通过实施职业禁止，能够有效控制行业风险，从而保护好相关网络行业的发展。

四、增设网络钓鱼诈骗罪

通过上文的分析，网络钓鱼行为的危害显而易见，应该严密规制网络钓鱼行为的刑事法网。时下，笔者建议可优先考虑增设网络钓鱼诈骗罪，具体论证如下。

（一）增设网络钓鱼诈骗罪的必要性

网络钓鱼行为具有相当严重的社会危害性，与其他类型的诈骗罪相比亦具有显著的独立性特点。

1. 网络钓鱼行为社会危害性较大

据全球反钓鱼组织APWG的统计，2016年前三季度，整个网络钓鱼的数量达到前所未有的高度，检测到的钓鱼攻击就多达上百亿次，相当于每30秒钓鱼者就会发起一次新的攻击。网络钓鱼行为已经造成了严重的社会危害。网络钓鱼攻击一般仅利用一些简单的工具和技术来欺骗缺乏警惕性的用户，本身网络钓鱼的行为就具有很大的欺骗性，难以认定相应的行为。支撑一次网络钓鱼攻击的底层基础设施可以是最基本的简单地拷贝一个HTML页面，上传到一个刚刚攻陷的网站服务器，以及一个服务器端的用来处理用户输入数据的脚本，也可能涉及更为复杂的网站及内容重定向。①正是这样看似简单的行为，既麻痹了实施犯罪的行为人，也迷惑了被侵犯的潜在被害人。中国互联网络信息中心发布的第39次《中国互联网络发展状况统计报告》显示，仅仅三成以上网民对网络安全环境持信任态度，认为上网环境“不太安全”和“很不安全”的用户占比为20.3%，认为网络安全一般状态占40.8%，网络安全事件仍然对大部分网民影响很大。数据显示，2016年遭遇过网络安全事件的用户占比达到整体网民的70.5%，其中网上诈骗是网民遇到的首要网络安全问题，39.1%的网民曾遇到过这类网络安全事件。②网络钓鱼犯罪行为不再是件小事情，它已经严重扰乱了社会正常的管理秩序，对网络钓鱼犯罪必须要重视起来，不能因为网络钓鱼行为实施的方式看似简单，就放松对网络钓鱼行为的预防和打击。

2. 有助于打击网络钓鱼犯罪

“钓鱼者通常都具有相对较高的理性，所以他们在实施钓鱼行为之前，通常会对自己的钓鱼行为可能付出的法律惩罚代价和预期的经济收益进行一些理性的比较分析。”③网络钓鱼行为明确入刑，才能够有效打击相关的犯罪行为。网络钓鱼行为中的多数极端行为有相关的刑事法律进行规制，但是这些能够适用的法律条文仅仅是对相关的行为进行规范，并没有涉及网络钓鱼行为的根本问题。只有将网络钓鱼行为以刑法规制，才能使得规范网络钓鱼行为有理有据，才能够有效打击网络钓鱼犯罪。

3. 有助于维护网络安全和发展

网络技术非常发达，网络信息更是丰富，这是科技飞速发展，全球经

---

① 陈达．网络钓鱼的现状、方式及防范初探[J]．网络安全技术与应用，2006(7)：35-37.

② 中国互联网络信息中心．第39次中国互联网络发展状况统计报告[R/OL]．(2017-01-22)[2017-09-27]http://www.cnnic.net.cn/hlwfzyi/hlwx2by/hlwtibg/201701/t20170122-66437.htm.

③ 王龙国．网络钓鱼与刑法规制的完善[D]．上海：上海社会科学院，2010：36.

济一体化的必然结果。我们日常所需要的信息和知识都可以在网络上搜寻，人们越来越习惯于在网络上交流信息和资料，这一方面能够方便民众迅捷地找到自己想要的信息，另一方面也使得有意获得犯罪信息的人比较便捷地获得自己想要的信息。另外，网络钓鱼软件在网络上可以轻松获得，而且使用方法都有专门的人来教，入门的门槛很低，甚至没有系统学过网络知识的人也能够很快掌握使用网络钓鱼软件的技巧。这些都是网络钓鱼行为产生的原因。将网络钓鱼诈骗行为定罪，使实施网络钓鱼行为的人能够得到应有的处罚，有益于净化网络空间，更好地维护网络空间的秩序与安全。

（二）网络钓鱼诈骗罪的特征

网络钓鱼诈骗罪具有自己的特征，其侵犯的客体具有复杂性，属于复杂客体。犯罪的客观方面也具有显著的特点。

1. 网络钓鱼诈骗罪侵犯的客体

网络钓鱼诈骗罪侵犯的是复杂客体，即网络用户的身份识别信息安全和互联网的信用体系。网络钓鱼者欺诈性地获取网络用户敏感的身份识别信息，对网络用户的信息安全产生了巨大的破坏，同时破坏了网络用户对互联网的信任，损害了整个互联网的信用体系。

随着互联网应用的深入，网络已经从虚拟空间变成了现实社会不可或缺的组成部分，开启了网络全面社会化阶段。在网络3.0时代，网络空间虽然仍旧无法触及，但是网络空间已经实实在在存在于每个人的生活中，与现实空间遥相呼应。网络主权、网络关键基础设施、网络运行安全、网络信息安全、网络空间各行为主体权益等，已经成为新型的权利内容，而且这些权利内容不容侵犯。网络钓鱼行为是复杂行为，往往是通过几个单独的行为完成的，每个单独行为都不可避免地侵犯不同权益客体。网络钓鱼的犯罪目的由传统诈骗财物发展演化成侵犯网络空间的本身权益。综上所述，网络钓鱼犯罪行为侵犯的犯罪客体由复杂客体组成，其中侵害的对象包含了个人信息、网络安全、社会秩序、计算机信息网络安全、公私财物等。

2. 网络钓鱼诈骗罪的客观方面

网络钓鱼的犯罪行为一般分为三个阶段，第一个阶段布置“钓饵”；第二阶段被害人上钩，实施网络钓鱼行为的犯罪分子获得被害人的个人信息；第三阶段实施钓鱼行为的犯罪分子获得利益，一般是获得被害人的财物。

（1）三个阶段间隔的时间具有一定的概率

网络钓鱼行为所期待的犯罪目标具有一定的概率，司法实践中需要注意的关键在于，尽管三个阶段的具体时间不确定，但是三个阶段间隔的时间具有一定的范围，具体的时间间隔可以根据网络钓鱼的工具、攻击的对象以及实施钓鱼的频率等相关因素进行确认。

（2）三个阶段行为本身会涉及相关刑事法律规范规制

第一阶段布置“钓饵”，这一阶段的行为会涉及侵犯计算机网络等相关犯罪。第二阶段加害人获取个人信息，这一阶段行为也可能涉嫌个人信息犯罪。第三阶段加害人获得财物，行为可能又涉嫌盗窃罪、诈骗罪等。所以司法实践中，需要注意与相关犯罪的竞合关系。

（3）三个阶段行为之间的因果关系

实施钓鱼行为的犯罪分子，其第一阶段的行为与最后加害人获取财务之间的因果关系需要着重关注，这是认定网络钓鱼犯罪行为的关键所在，只有将三个阶段的行为联系在一起，才可以算是网络钓鱼的完整行为。

3. 网络钓鱼诈骗罪的主观方面

（1）网络钓鱼的犯罪目的具有欺骗性

网络钓鱼的犯罪行为已经由传统的钓鱼犯罪，仅仅侵犯个人或者单位财务，转化为具有多种目的性的犯罪。例如在2017年5月发生的勒索型犯罪，其实质就是属于网络钓鱼犯罪，通过实施钓鱼行为，引诱被害人点击木马软件，从而导致利益受到损害。在司法实践中，网络钓鱼的行为往往被多种形式所掩盖，通过不同的表现形式掩饰网络钓鱼的真正目的。

（2）网络钓鱼的心理成本低廉

网络钓鱼与传统的普通诈骗犯罪不同。在网络钓鱼诈骗中，行为人无需与被害人直接接触，他们只需要借助计算机和网络即可实施诈骗，这种间接性的特点导致行为人常常存在侥幸心理，他们认为被害人不知道自己的真实身份，也不会知道加害者身在何处。即使有一天受害人发现上当受骗，也只能自认倒霉，不能拿加害者怎么样。因此，如所有网络犯罪的行为人一样，实施网络钓鱼的人亦常常有恃无恐，自认为技高一筹。并且在这种侥幸心理的驱使下，行为人往往会反复实施钓鱼行为。[①]网络钓鱼犯罪心理成本低廉，其犯罪目的具有一定的欺骗性，仿佛其实施网络钓鱼的行为目的仅仅就是使用钓鱼软件而已。但正是这种看似与侵犯被害人权益无关的心态，掩饰了其最终的犯罪目的。

（3）网络钓鱼诈骗罪的罪过形式与传统网络犯罪的故意并不相同

网络钓鱼犯罪行为的故意内容与普通犯罪的故意标准并不能完全吻合，刑法规定普通犯罪的故意是明知道自己的行为会发生危害社会的结果，希望或者放任这种结果的发生。而网络钓鱼的“明知”在于行为人知道自己的行为“大概”能发生危害社会的结果，“大概”与“会”有一定的距离，这种“大概”的概率有很多条件的限制，例如，钓鱼软件的性质、被害人的防范意识、网络服务商的服务、监管机构的监管，甚至被害人的杀毒软件等，都能够影响到概率，甚至网络钓鱼对象的范围也会对其有所影响。另外，使用钓鱼软件的意图也因为使用者的不同而不同，某些软件本身属于正常的软件，却被钓鱼者利用实施犯罪行为。

网络钓鱼是一个复杂的犯罪行为，其中还涉及网络帮助行为、共同犯罪行为。笔者认为，网络钓鱼的帮助行为、共同犯罪行为，对于传统的共同犯罪理论具有一定的冲击，应该在传统的共同犯罪理论框架下，按照我国的刑法理论的核心原理进行完善，未来要对网络共同犯罪问题进行更加深入的研究，本文限于篇幅不涉及相关内容。但是对于网络钓鱼行为的复杂性、现实性等特点，我们需要给予更多的关注，有效预防和打击网络钓鱼行为，维护网络安全。

---

① 李玉琼.论网络钓鱼诈骗犯罪的原因及对策[J].广西政法管理干部学院学报，2015(5)：111-116.

第十一章　盗窃行为的认定及对认罪标准统一的思索

2006年4月21日晚21时许，许霆到广州市天河区黄埔大道西平云路163号的广州市商业银行自动柜员机（ATM）取款，同行的郭安山在附近等候。许霆持自己不具备透支功能、余额为176.97元的银行卡（电子支付卡）准备取款100元。当晚21时56分，许霆在自动柜员机上无意中输入取款1000元的指令，柜员机随即出钞1000元。经查询，许霆发现其银行卡中仍有170余元。当意识到银行自动柜员机出现异常，能够超出账自余额取款且不能如实扣账时，许霆于是在21时57分至22时19分、23时13分至19分、次日零时26分至1时06分三个时间段内，持银行卡在该自动柜员机指令取款170余次，共计取款174 000元。许霆告知郭安山该台自动柜员机出现异常后，郭安山亦采用同样手段取款19 000元。同月24日下午，许霆携款逃匿。

广州市商业银行发现被告人许霆账户交易异常后，经多方联系许霆及其亲属，要求退还款项未果，于2006年4月30日向公安机关报案。公安机关立案后，将许霆列为犯罪嫌疑人上网追逃。2007年5月22日，许霆在陕西省宝鸡市被抓获归案。2007年年底，经过一审，广州市中级人民法院将许霆案定性为“盗窃金融机构，数额特别巨大”，判处许霆“无期徒刑，剥夺政治权利终身，并处没收全部个人财产”。

许霆不服一审判决上诉至广州市高级人民法院，二审认为许霆案件事实不清，证据不足发回广州中级人民法院重审，2008年3月31日广州市中级人民法院在广州公开宣判，仍认定被告人许霆犯盗窃罪，但将一审的无期徒刑改为判处有期徒刑5年，并处罚金2万元。

本案一经报道，对于许霆行为的定性，引起民众和学者的争议。本文从理论和法律应用的角度着重分析了各方观点，认为许霆的行为应该定性为盗窃罪，并对如何统一我国的认罪标准提出自己的建议。

一、许霆行为的定性争议

许霆因在银行故障ATM机上恶意取款170余次，一审认定成立盗窃罪判处无期徒刑，二审仍然判处盗窃罪，无期徒刑改为有期徒刑5年。学者对于许霆行为的定性有如下不同观点。

（一）认为许霆的行为不构成犯罪

此案属于银行计算机系统的错误，不应当适用刑法规制许霆的行为。

1. 许霆的行为属于特殊情形

许霆案件属于极其个别的现象，是因为银行ATM机器罕见出现故障，许霆发现并利用了漏洞才出现这样的行为。刑法的主要作用是规范人的行为，维护社会秩序。在本案中完全可以通过维护好计算机程序，规范管理上的漏洞，避免类似现象发生。许霆的行为属于特殊情形，既然属于极其个别现象，不具有普遍性，根据刑法谦抑主义原则精神，不需要也不应当适用刑法来进行规范。

2. 许霆的行为应定性为民事“无效交易”行为

许霆的交易行为是由于广州商业银行的计算机系统错误而导致的，并不是广州商业银行的真实意思表示，这符合民法理论上意思表示不真实而导致的无效行为。因此，许霆的行为应定性为“无效交易”行为。许霆占有多余部分钱款，应当承担相应的民事责任。

(二)认为许霆的行为是犯罪

许霆的行为根据其表现的情形应该以犯罪论处，只是对于触犯的罪名有争议。

1. 许霆的行为触犯侵占罪

许霆在拒不返还所得利益前，成立不当得利；在其拒不返还所得利益而且携款潜逃时，便构成侵占罪。理由有两个。理由一，许霆所获得利益解释为"代为保管的他人财物"更为合理。根据《刑法》第270条①规定，在刑法理论及实践中，侵占罪对象分为三种：一是代为保管的他人财物；二是遗忘物；三是埋藏物。许霆与银行之间没有保管合同，谈不上代为保管银行财物。许霆所得利益也不是遗失物，更非埋藏物。比较盗窃罪与侵占罪的法律规定，将许霆所得利益解释成"代为保管的他人财物"远比将许霆的行为解释成"盗窃"更具科学性、合理性。理由二，侵占罪为亲告罪，主要是当事人之间往往有特殊的关系，而银行客户与银行之间的关系更需要用温和的制度来维系，不到万不得已，不宜用承担刑事责任的方式来解决。

因此，许霆首先成立不当得利，应对银行负返还义务，在拒不返还后，对其应适用《刑法》第270条，认定许霆的行为构成侵占罪。

2. 许霆的行为触犯诈骗罪

ATM机是表达银行意志的智能机器，也应当属于银行意思表示的载体。银行卡用户利用ATM机正常取款，虽然没有与银行工作人员直接进行意思交流，但ATM机付款行为就是银行对客户取款意愿作出相应的意思表示行为。许霆在取款过程中，他清楚地知道，自己的银行卡上只有170多元钱，但是由于他知道ATM机出现故障，给一个取款1000元指令，

①《刑法》第270条规定："将代为保管的他人财物非法占为己有，数额较大，拒不退还的，处二年以下有期徒刑、拘役或者罚金；数额巨大或者有其他严重情节的，处二年以上五年以下有期徒刑，并处罚金。将他人的遗忘物或者埋藏物非法占为己有，数额较大，拒不交出的，依照前款的规定处罚。"

就能取得现金1000元且仅从卡里扣除1元，所以他就反复给ATM机取款1000元的指令。很显然，许霆给ATM机的指令是虚构出来的没有事实基础的欺诈性的指令，其目的就是为了利用ATM机程序漏洞，诱使ATM机作出错误的“疯狂吐钱”处分行为：取款1000元现金仅从卡里扣除1元。本案中许霆用虚构ATM机取款指令的方法，诱使执行银行意志的ATM机产生错误认识、判断，并作出行为人所希望的“取款1000元且仅从卡里扣1元”的财产处分结果，从而骗取数额较大的公私财物。这完全符合诈骗罪的犯罪客观构成要件，构成诈骗罪。

3. 许霆的行为触犯信用卡诈骗罪

许霆案侵犯的客体是国家的金融管理制度和公私财产的所有权。根据2004年12月29日全国人民代表大会常务委员会通过的《关于〈中华人民共和国刑法〉有关信用卡规定的解释》的规定，《刑法》规定的“信用卡”，是指由商业银行或者其他金融机构发行的具有消费支付、信用贷款、转账结算、存取现金等全部功能或者部分功能的电子支付卡。许霆持有的工资卡是电子支付卡，属于信用卡的一种，本来没有透支功能，但是他取款的这台ATM机（称它为“虚拟银行”）因程序上的故障，授予了许霆持有的没有透支功能的信用卡透支功能和透支数额。因此，许霆持有的借记卡成为信用卡的一种。许霆在“虚拟银行”的错误授权下，连续不断地以非法占有为目的，在“虚拟银行”内取款，且逃离广州，在银行的催促下许霆仍不予归还，其行为主观方面和客观方面完全符合恶意透支行为，根据我国《刑法》第196条规定，其行为构成信用卡诈骗罪。

4. 许霆的行为触犯盗窃罪

许霆的行为符合盗窃罪的构成要件，应当判处盗窃罪。[①]许霆主观上以非法占有为目的，客观上许霆实施了秘密窃取银行钱款的行为，且数额特别巨大，已构成盗窃罪。许霆案发当晚21时56分第一次取款1000元，是在正常取款时因ATM机出现异常无意中提取的，不应视为盗窃，

① 赵秉志，彭新林．关于许霆案件的法理问题思考[J]．刑法论丛，2008(2)：236-289.

其余170次取款，其银行账户被扣账的174元，不应视为盗窃，许霆盗窃金额共计173 826元。有学者认为，从ATM机的法律性质来看，其在法律地位上相当于一个电子营业员，它和一个自然人银行营业员在经营业务上并没有本质的区别。因此，许霆的行为不应当定性为盗窃金融机构。

二、许霆行为的定性分析

许霆案件之所以引起如此巨大的争议，其中一个主要原因在于银行先有过错，仿佛银行布下一个诱饵，来考验普通市民的品德和操行。而当这个诱饵成功地起到了作用，所有的责任又都要许霆来承担，并且承担的是极其严重的处罚（一审判处无期徒刑）。无论是学者还是普通的市民都觉得这样的判决过于严厉，大家认为我国《刑法》适用罪刑法定原则，而这样的行为和一审判处许霆需要承担的刑事责任不相当，学者专家也在讨论许霆的行为以盗窃罪进行论处是否相当。因此，有必要正确分析许霆的行为性质，这对于维护法律的公正性和严肃性，维护法律的稳定和认罪标准的统一有着重要的意义。许霆的行为应该如何定性，我们首先要解决以下几个问题。

（一）ATM机的法律性质

目前对于ATM机的性质有几种不同的观点。第一种观点认为，ATM机做出的指令可以视为银行做出的指令。ATM机是机器，其本身不具有意志，它只是银行用以传达意志的工具，银行是通过ATM机表达其愿意交易的意思表示，客户按程序交互认可后，双方即进行交易。第二种观点认为，ATM机做出的指示不能视为银行做出的指示，原因在于ATM机是金属做的机器，机器没有意志，因此不能把ATM机的指示视为银行做出的指示。第三种观点认为，从ATM机的法律性质来看，其法律地位上相当于一个电子营业员，它和一个自然人银行营业员在经营业务上并没有本质的区别。

笔者认为，ATM机做出的指示可以视为银行做出的指令，在法律地位上相当于一个电子营业员。银行设定程序时将其意志以序列化的指令形式固定在了ATM机里，在交易时，只要用户按设定步骤正常操作就符合银行的意志。如果用户破坏设备或篡改程序则违背银行的意志，这正是ATM机交易能产生法律约束力的前提，否则ATM机交易就都属于客户单方意思表示的行为，由此发生的储蓄合同关系都是无效的。

（二）罪与非罪的问题

许多民法方面的学者和一些刑法方面的学者认为，许霆的行为属于民事行为，不应该由刑法来规范。其所持的理由是，许霆取款的行为是民事行为，即许霆将钱存进银行时，与银行之间签订了存储合同，许霆从银行取钱，是双方在履行所签订的合同内容，许霆多取钱款，是属于双方在履行合同过程中由于ATM机的错误出现合同内容的变更，因此本案中许霆的行为应属于民事行为，不需要由刑法来规范。

实际上，判断行为人的行为究竟属于刑事犯罪还是属于民事侵权，关键在于对于案件的社会危害性及刑事违法性的判断。民事侵权行为与刑事违法行为是相似的，二者的根本区别在于两者的社会危害性的程度不同，由此产生的可罚性的差别，即行为人所实施的行为及其所造成的结果是否到了必须使用刑法这一国家最严厉的制裁手段进行处罚的程度。

本案中，许霆的行为社会危害性程度比较严重，已经达到必须使用刑法来进行规范的程度。有学者认为，首先，许霆在意识到ATM机出现故障后，在贪欲的刺激下，仍一而再，再而三地操作170余次，累计取款17万余元，在取款后又携款潜逃一年多，这足以证明其有相当程度的主观恶性。其次，许霆行为造成的客观危害严重。许霆恶意取款达17万余元，数额巨大，而且事后都被其挥霍一空，严重侵犯了银行的合法财产权益和资金安全。许霆的行为已经跨出了民事行为的界限，必须由刑法对其行为进行处罚。

(三)罪名的确定问题

1. 不构成侵占罪

根据我国《刑法》第270条的规定，侵占罪是指："将代为保管的他人财物非法占为己有，数额较大，拒不退还的；将他人的遗忘物或者埋藏物非法占为己有，数额较大，拒不交出的。"一般认为，由于侵占罪是对已经由自己本人占有的物产生所有的意图，通过不返还或者不交出而达到占为己有的目的的行为，所以侵占罪的特征是合法占有，非法所有。

侵占罪成立的一个关键点在于，对于他人财物是否是合法占有。我国《刑法》对于侵占罪的占有来源规定了三种形式：代为保管、遗忘物和埋藏物。一些学者认为许霆是代银行保管钱款，即许霆对17万余元的占有是具有合法的依据，构成侵占罪，其理由如下：

理由之一，这是由于机器出现了错误，从而不断地往许霆的合法账户上注入资金（需要注意的是，这些资金自始至终都是在许霆的账户上，而且这个账户是合法的账户，而不是许霆冒用他人的账户），这对许霆而言显然属于民法上的不当得利，许霆从而得以自由支配和处分进入他账户的资金。在许霆将这些资金还给银行之前，许霆扮演的是民法中善意占有者和管理者的角色，此时，他就负有将账户上的资金返还给银行的法律义务。而且许霆在二审的审理过程中也曾在法庭上做出是为银行保管财物的辩解。

笔者质疑许霆是为银行保管财物的理由。银行并没有委托许霆保管财物，财物本来放在ATM机里又何来保管的说法。许霆既然已经能够自由支配其合法账户里面的钱物，就说明许霆对其账户的钱拥有所有权，又何来所有权归银行所有？实际上，上述理由的一个重要的理解错误在于，不是银行不断往许霆的合法账户"注入"资金，而是许霆不断利用其合法账户从银行"窃取"资金。

理由之二，因为定盗窃罪不好解释，相对于盗窃罪争议如此之大，还不如定侵占罪比较合适。笔者认为，在决定犯罪行为是此罪还是彼罪时，不能因为定彼罪比较困难就定此罪，这违反罪刑法定原则和疑罪从无原则。

理由之三，因为侵占罪是告诉才处理，这样能够很好地维系银行和储户之间的关系。笔者认为，银行和储户之间的关系是通过银行提供更好的服务来维系的，银行是服务行业，服务好自然和储户之间的关系就密切，而不是通过是否起诉储户来体现二者之间的密切关系。

2. 不构成诈骗罪

根据《刑法》第266条的规定，“诈骗罪，是指以非法占有为目的，用虚构事实或者隐瞒真相的方法，骗取公私财物，数额较大或者多次抢夺的行为”①。“诈骗罪的基本构造为：行为人以不法所有为目的实施欺诈行为——对方（受骗者）产生错误认识——对方基于错误认识处分财产——行为人取得财产——被害人受到财产上的损害”②。“从形式上说欺骗行为包括两类，一是虚构事实，二是隐瞒真相；从实质上说是使对方陷入处分财产的认识错误的行为”③。

赞成成立诈骗罪的理由是，许霆向ATM机输入指令的行为是虚构出来的没有事实基础的欺诈性指令，诱使执行银行意志的ATM机产生错误认识、判断，并作出行为人所希望的“取款1000元且仅从卡里扣1元”的财产处分结果，从而骗取数额较大的公私财物。按照这个理由来分析，如果ATM机是执行银行操作人员输入的指令来完成相应的操作，那么就不存在ATM机产生错误的认识和判断。如果ATM机不是执行银行操作人员的指令，就说明ATM机有自己独立的意志和分析能力，而事实上ATM机只能按照银行操作人员输入的程序来运行，本身是没有独立的意志和分析能力。

笔者认为，许霆能够从ATM机取出来不属于自己的钱，完全是因为ATM机本身的程序出现了错误，而这种错误并不是因为许霆是否向ATM

① 高铭暄，马克昌．刑法学［M］.7版．北京：北京大学出版社，高等教育出版社，2016：503.

② 张明楷．刑法学［M］.3版．北京：法律出版社，2007：735.

③ 张明楷．刑法学［M］.3版．北京：法律出版社，2007：735.

机输入“欺诈性的指令”而改变。自动柜员机本身是无法针对行为人是否具有取款权限进行核实的，也无所谓被欺骗。许霆向ATM机输入的指令既没有虚构事实，也没有隐瞒真相，因此许霆的行为不构成诈骗罪。

3. 不构成信用卡诈骗罪

依据《刑法》第196条的规定，“信用卡诈骗罪，是指以非法占有为目的，利用信用卡进行诈骗活动，骗取他人数额较大财物的行为”①。信用卡诈骗犯罪客观表现为使用伪造的信用卡，使用作废的信用卡，冒用他人的信用卡和恶意透支的行为。许霆的行为不符合使用伪造的信用卡，也不属于使用作废的信用卡和冒用他人的信用卡。认为许霆触犯的是信用卡诈骗罪的学者的意见认为，许霆的行为属于恶意透支的行为。所谓恶意透支，是指持卡人以非法占有为目的，超过规定限额与期限透支，经发卡机关催还后仍不归还的行为。信用卡的透支是指持卡人在其发卡银行信用卡账户上资金不足或已无资金的情况下，按信用卡章程、协议约定，持卡人可以在一定额度内使用信用卡进行消费，但须在约定时间补充资金并支付一定利息，这种透支叫善意透支。

笔者认为，本案中，许霆所持有的卡属于司法解释信用卡的一种，但是许霆所持有的储蓄卡没有透支功能，事实上他根本就没有办法进行透支，储蓄卡在开卡的时候，银行就规定此类卡不允许透支。而认为许霆触犯的是信用卡诈骗犯罪的学者持有的理由认为，许霆得到了“虚拟银行”错误的授权。我们不禁要怀疑，难道银行和储户之间的协议会因为储户的操作行为而随时改变？难道所持有卡的功能也会因为储户操作行为的不同其所拥有的功能就开始变化？答案当然是否定的。因此，许霆的行为不属于恶意透支的行为，所以不可能构成信用卡诈骗罪。

三、许霆行为定盗窃罪的定罪和量刑分析

笔者认为，许霆行为认定为盗窃罪既符合法律的规定，同时也符合法

① 高铭暄，马克昌．刑法学［M］.7版．北京：北京大学出版社，高等教育出版社，2016：418.

理的解释。但是根据许霆案件的特殊性，判处无期徒刑明显与犯罪行为的社会危害性不相符合。这也是本案引起民众关注的缘由之一。下文对许霆行为定罪和量刑进行分析。

（一）定罪

1. 否认许霆犯盗窃罪的理由

质疑许霆的行为是盗窃行为的理由如下：

首先，许霆并未进入金融机构内部。许霆的辩护律师杨振平说，要形成盗窃金融机构罪，就必须先进入金融机构内部，而许霆无论是在物理空间的意义上，还是虚拟空间的意义上，都未曾进入金融机构内部，许霆的一切行为都是普通储户的取款行为。

其次，许霆的行为不具有秘密性。杨振平认为，许霆以真实的身份在公开场所取钱，没有盗窃罪的“秘密窃取”特征。他指出，许霆以自己的电子身份对ATM机发出指令，是一种要约，ATM机随后对要约做出回应，属于正常合法的交易过程。

最后，刑法保护的对象是财产本身，而不是“无效交易”的后果，因此许霆的行为不应在刑法调整范围内，仅可算为民法上的不当得利。

2. 赞成许霆犯盗窃罪的理由

笔者认为否认盗窃罪的理由不成立，理由如下：

（1）许霆是否进入金融机构内部不影响盗窃罪的成立

根据《刑法》第264条的规定来看，这里的金融机构是作为盗窃对象出现的。但金融机构作为一个单位，其本身并不能成为盗窃的对象，可以成为盗窃对象的只能是金融机构的财物。金融机构的财物，并非指金融机构的所有财物，而应当是指金融机构的特定财物，即金库中的现金或者有价证券等。①许霆犯罪针对的对象既不是针对银行也不是针对ATM机，而是ATM机里面的钱。因此，许霆是否进入金融机构内部并不是成立盗窃金融机构的前提条件，而且许多犯罪行为都是披着合法的外衣，

① 陈兴良.当代中国刑法新境域[M].北京：中国政法大学出版社，2002：651.

不能因为表象合法就推论其行为的实质也合法。

（2）许霆的行为具有秘密性

在理解盗窃罪的秘密性这一特征的时候，要注意以下三个问题：其一是秘密的特定性，即此秘密是针对保管人、所有人来说的；其二是秘密的主观性，即行为人自以为采取了一种背着财物所有人或者保管人的行为，在某种情况下，行为人在众目睽睽之下扒窃，以为别人没有发现，但实际上已在别人的注视或监视下，仍可视为秘密；其三是秘密的相对性，秘密和公开是相对的，不排除盗窃罪会在光天化日之下实施。[①]在发现能够用1元钱取出1000元钱的时候，尽管有监控器监视，尽管有账目可以查询，许霆取款的时候仍然心存侥幸。在庭审的时候，许霆也表示，他认为银行的系统出错了，不会知道是谁拿了钱，可能白拿钱却查不到自己。而且银行是经历了发现账单有异、开机查验、调取ATM机流水记录、调取监控录像等一系列复杂过程才发现了许霆的取款行为。盗窃的对象，只能是他人事实上占有的财物，行为人不可能盗窃自己事实上占有的财物。但是只要行为人事实上没有占有某财物，即使其法律上占有了该财物，该财物也能成为行为人盗窃的对象。ATM机内的现金由银行占有，一方面，存款人将现金存入了银行后，该现金就由银行事实上占有，而不是继续由存款人占有，超出存款人存款额的现金，更是由银行占有；另一方面，银行占有ATM机内的现金这一事实，并不因ATM机出现故障或者ATM机本身受毁损而改变。因此，许霆取款的行为具有秘密性。

（3）许霆的行为侵犯了银行对其财产的所有权

刑法不仅保护财产本身，更重要的是保护犯罪行为所侵犯的财物所体现的社会关系，因此刑法不仅要注重犯罪行为，也要注重犯罪行为所带来的危害后果，认为刑法所保护的仅仅是财产本身，是理解上的错误。许霆第一次多取了钱可以算为不当得利，而后当许霆170余次反复从ATM机取钱，其行为的性质就发生了变化，已经不能算作是不当得利，且其

① 陈兴良. 口授刑法学[M]. 北京：中国人民大学出版社，2007：610.

行为所带来的后果也发生了质的变化，前文已有论述，此处不赘述。

3. 盗窃罪成立的犯罪构成

“盗窃罪，是指以非法占有为目的，秘密窃取公私财物，数额较大，或者多次盗窃、入户盗窃、携带凶器盗窃、扒窃公私财物的行为。”[①]许霆恶意取款的行为完全具备了刑法规定的盗窃罪的全部构成要件。首先，从客体上来看，许霆的行为侵犯银行对其财产的所有权，ATM机里面的钱款是银行保管的财产，归银行所有，许霆取出不属于自己的钱款就是侵犯了银行财产的所有权。其次，从客观方面来看，许霆实施了秘密窃取银行钱款的行为，且数额特别巨大，许霆的行为符合盗窃罪中“秘密”窃取的特征，实施了“窃取”银行钱款的行为，窃取的17万余元钱款，数额特别巨大。再次，从主观方面来说，许霆具有非法占有的目的，许霆在意识到ATM机存在故障进而反复操作170余次，累计取款达17万余元，而后携带巨款潜逃，其主观恶性暴露无遗。最后，从主体上来说，许霆是完全的刑事责任能力人，有能力对自己的行为负刑事责任。因此，许霆犯盗窃罪。

（二）量刑

1. 许霆的行为是否是盗窃金融机构

对于这一点，目前学者争议比较大，而且没有专门的司法解释。有学者认为，自动柜员机是银行对外提供客户自助金融服务的专有设备，机内储存的资金是金融机构的经营资金，根据最高人民法院《关于审理盗窃案件具体应用法律若干问题的解释》第8条，《刑法》第264条的规定，盗窃金融机构是指“盗窃金融机构的经营资金、有价证券和客户的资金等，如储户的存款、债券、其他款物，企业的结算资金、股票，不包括盗窃金融机构的办公用品，交通工具等财物的行为”，许霆的行为属于盗窃金融机构。有学者认为，ATM机不易认定为金融机构，理由有三：其一，认定金融机构应该做从严的限制解释，因为盗窃金融机构的刑罚是

① 高铭暄，马克昌．刑法学[M].7版．北京：北京大学出版社，高等教育出版社，2016：499.

严厉的，鉴于现在轻刑化的趋势，应该对金融机构做从严解释，不可以随意扩大金融机构的范围。其二，从立法精神来看，1997年《刑法》第264条规定的“盗窃金融机构”，通常是指破门而入盗窃金融机构的资金或者通过篡改金融机构的系统程序或破坏其设备等进入金融机构内部（包括物理空间和虚拟空间）进行盗窃的情形，因为只有这些有预谋或者破坏性的进入金融机构内部盗窃金融机构资金的行为，才有着特别严重的社会危害性，故而也才需要运用较高的刑罚甚至不惜动用死刑进行抗制。其三，从ATM机的法律性质来看，其在法律地位上相当于一个电子营业员，它和一个作为自然人的银行营业员在经营业务上并没有本质的区别。

笔者赞成不把ATM机认定为金融机构的观点，理由如上所述。

2. 银行的过错是否成为减轻许霆的刑事责任的理由

有学者认为，银行应该在此案件中承担主要责任，如果银行没有系统的错误，许霆不会产生犯意，就不会发生许霆盗窃银行钱款的行为。笔者认为，银行的过错不能成为减轻许霆刑事责任的理由，但是可以成为考察许霆主观恶性的一个参考。ATM机系统出错了，但是这种出错会不会使许霆陷入错误认识？这个不会，因为许霆很明确自己的银行卡里就只有170元，理性人的最基本要求是不拿不属于自己的东西，但是他一取再取，直至取了17.5万，而且还是中间跑回去拿了袋子又来取。真正决定实施犯罪行为是因为许霆自己做出的判断，而不能说实施犯罪行为是因为这个犯罪机会太容易，并且又用这个理由作为减轻处罚的理由。例如，抢劫犯罪行为选择的对象是老弱病残，犯罪分子亦可以把老弱病残当成减轻自己刑事责任的理由，认为抢劫太容易所以实施抢劫，这个理由当然毫无道理可言。所以，被害人的过错不能作为减轻刑事责任的理由，但是可以据此考察犯罪嫌疑人的主观恶性，并由此认定犯罪嫌疑人的刑事责任。

四、通过许霆案对统一定罪标准的思索

无论是普通的百姓、学者还是法官，对于许霆的行为应该如何定性都是各有意见，我们注意到这样的一个现象：认为许霆触犯的是盗窃罪的，以学者和法官居多；认为许霆触犯的是其他犯罪如诈骗罪、侵占罪、信用卡诈骗罪的，以律师居多；认为许霆的行为不是犯罪的，以学者、普通百姓和研究民法的专家居多。

（一）认罪标准不统一的原因

同样的法条、同样的案例，不同的人、不同的地方，可能会有不同的观点，如果这是学术上的争鸣，会让人很高兴，但这是对于严肃法律的认识和运用，如果出现这样的状况就不能不引起重视。我们也注意到，这种观点分歧较大的现象目前还比较普遍，经常会出现在一个法院认为是此罪，但是到其他法院会认为是彼罪，甚至会形成截然相反的观点。目前我们国家沿海和内地的定罪标准会有差别，南方和北方认罪标准有差别，同一地区由于民族的不同定罪标准也有差别，再加上内地和香港、澳门的法律认定标准的差异，更是导致我们国家的认罪标准出现较为明显的适用不一致。而且我们国家的司法解释往往和实际法条出现脱节，在某些地方和原来的立法本意相去甚远，笔者认为出现这一现象的根本原因在于，我们国家的认罪标准不一致。对于认罪标准不统一的原因，笔者作如下分析。

1. 我国经济发展的不平衡是认罪标准不统一的经济原因

我国经过多年的改革开放，国家建设取得了重大的成就，但是由于我国幅员辽阔，而且各地的地理条件、经济状况不同，导致国家经济发展出现不平衡，沿海城市经济发展水平明显超过内陆城市，南方要高于北方。因此如果适用同一标准，会导致人为的适用法律标准的不统一。许霆案件中，因为对法律的标准理解上的不同，尤其是一线适用法律的律

师和法官在理解法律和适用法律方面分歧很大。

2. 我国法律体系发展的不平衡是认罪标准不统一的主要原因

我们国家从近代就开始寻找适合我国国情的法律体系，中华人民共和国成立以来，我们也一直在这条路上探寻，但有时难免会陷入一种“拿来主义”。中华人民共和国成立初期，我们全盘学习苏联的法律体系，现在我们又将目光转向英美法系和大陆法系，看到英美法系的法律有很多优点，看到大陆法系的法律也有很多优点，于是就把两大法系中我们认为比较好的地方“拿来”为我所用。可是这两大法系有各自适合的土壤，有些地方并不完全与我们的国情相适应。这种凭空拿来的法律颇显突兀，导致我们的法律体系不能系统地发展，颇有“头痛医头、脚痛医脚”的意味。而且我们国家的司法解释也有一定的问题，需要在理论和实践上探讨，司法解释的立法本意和本法的立法本意如何统一？司法解释如何和本法联系？司法解释的适用范围、解释的标准、适用的程序等，这些都是急需认真思考解决的地方，这些也是认罪标准不统一比较重要的原因。

3. 司法机构的建设和司法人员素质的不平衡是认罪标准不一致的实际原因

我们国家的司法机构的建设和司法人员素质的建设，是比较重要的任务。由于历史原因，我们国家目前在司法一线上工作的司法人员仍然以老底子为基础，虽然这些司法工作者已经通过党校、函授等途径取得了学历，也积累了许多工作经验，但是社会的发展、变化之快，使得部分一线司法工作人员的基础理论知识落后于社会的发展，而短期之内这样的现象还不能得到根本的改变，这也是不同的法院会有不同的认识和判决的原因之一。

4. 精神文明建设和法制化建设的不平衡是认罪标准不一致的内在原因

在我国，尤其是内地的一些偏远山区，法制化建设严重缺乏，有个别地区几乎谈不上法制化建设。由于各地的经济水平和教育水平的发展不均衡，也让各地的精神文明建设和法制化建设出现不平衡发展的现状。

总体来看，沿海地区经济条件要比内地强一些，精神文明建设和法制化建设也就强于内地，虽然各地的法制化建设的好坏与经济实力的强弱没有必然的联系，但是总体来看，经济发展好的地方，法制化建设要比经济实力弱的地方强，南方的法制化建设要强于北方的法制化建设，城市的法制化建设要强于农村的法制化建设。各地的法制化建设的水平不一样，无论是遵法、执法还是守法，就会出现较大的差别。

(二)完善认罪标准不一致的建议

笔者认为，要解决认罪标准不一致的问题，我们需要从以下几点入手。

1. 加强法制化建设，处理好刑事政策和法律的关系

增强法治教育，各级政府要把知法、懂法、守法的建设当成长期的任务，正确地认识并处理好法律与刑事政策两者的关系，对于共同治理犯罪至关重要，对于刑事政策与刑法自身的发展与完善意义重大。

2. 协调部门法之间的关系，建设好我国统一、系统的法律体系

目前我们国家整体法律体系是好的，但是在规范社会关系中，个别地方出现交叉，个别地方又出现空白。例如，侵占行为什么时候可以成立民事上的侵权行为，什么时候可以成立刑事上的侵权罪，在司法实践中是有不清楚的地方。而我们目前在制定法律的过程中，往往是一个部门法一个部门法来制定，各个部门法之间的协调就出现了部分真空，建议立法部门应该对我们国家部门法律之间、实体法与程序法及执行法之间、司法解释和本法之间的协调性、系统性作统一的规划。

3. 确立统一、规范的法律术语

1997年《刑法》适应中国市场经济发展和改革开放的需要，在调整刑法观念、突出惩治重点、促进中国刑法的国际化等方面取得了不小进步。但是我们在刑法术语的规范性和统一性上仍然需要加强。尽管我们有一些司法解释规范了一些法律术语，但是我们仍然还有一些术语和标准需要进一步地解释确定，而且各个司法解释应该注意整体的协调性和

系统性。例如，我们规定的信用卡诈骗罪，但是立法解释却对两种重要功能不同的银行卡不加区别，将借记卡也作为信用卡诈骗罪的犯罪对象，这样的解释是让人难以理解的。[①]因此，需要注意司法解释和本法之间的协调性、司法解释的立法本意和本法立法本意的协调性、司法解释与执行法之间的协调性，同时也要注意司法解释适用的范围和程序。

综上，许霆案随着二审的结束已经尘埃落定，但是许霆案件给我们的思索不能就此结束。构建和谐的法治社会，建设和谐的法律体系，是我们每一个法律人不可推卸的责任。

① 黄京平，左袖阳．信用卡诈骗罪若干问题研究[J]．中国刑事法杂志，2006(4)：36-40.

第十二章　拒不支付劳动报酬罪研究

随着我国社会主义市场经济的深入发展，我国各地的劳资矛盾有进一步加剧的趋势。我国当前维护被欠薪的劳动者权益的主要依据是《中华人民共和国劳动法》（以下简称劳动法）、《劳动保障监察条例》、《中华人民共和国劳动争议调解仲裁法》（以下简称《劳动争议调解仲裁法》）等，刑法方面主要有拒不执行判决、裁定罪，但是这些规定在实践中的效果并不理想。基于此情况，笔者建议刑法增加“恶意欠薪罪”。《刑法修正案（八）》将拒不支付劳动报酬的行为纳入刑法。以下是拒不支付劳动报酬罪相关问题之研究。

一、拒不支付劳动报酬行为入罪之研究

(一)现行法律规定无法根治欠薪行为的原因分析

我国对于保障劳动者获得工薪的权益在法律上做了比较详尽的规定。《劳动法》中特别强调要保护劳动者的合法权益，保证劳动者的劳动报酬权。[①]规定用人单位应当按月以货币的形式支付劳动者的工资，《中华人民共和国劳动合同法》（以下简称《劳动合同法》）规定拖欠工资、不足额发放工资以及低于当地最低工资标准的，都属于欠薪的行为，用人单位必须履行支付薪金的义务。《劳动保障监察条例》规定，县级以上劳动

① 关怀.改革开放三十年劳动立法的回顾与展望[J].法学杂志,2009(2):10-13.

行政主管部门的劳动保障监察机构具体负责监督管理保障劳动者能够按时获得薪金。《劳动争议调解仲裁法》和司法解释对如何讨要薪金以及举证责任分配上也有详细的规定。《刑法》对于用工单位没有执行判决裁定规定了拒不执行判决、裁定罪。同时，《劳动法》为劳动者和用工单位解决劳动争议设置了“协商——调解——仲裁——诉讼”的渠道。

可以说，我们国家在对于欠薪行为，民法条文已经规定得十分细致、全面。但是，实践中的欠薪现象却是屡禁不止，这已经成为比较严重的社会问题，劳动者的权益并没有得到很好保障，严重影响了社会的稳定和经济的发展。现行的法律制度落实到实际生活中，并没有起到预想的效果，法律所赋予的维权方法和手段，并没有被广大劳动者所认可和适用。例如，广大劳动者对依法维权既不是很熟悉，也不是很习惯，产生纠纷往往找错了解决的部门，错过了仲裁的时机；还有一些劳动者不懂得依法维权，而是采取一些过激手段，诸如集体停产停工、毁坏生产设备、集体上访、堵塞交通要道、围攻政府机关、个人跳楼自杀、暴力追索工资等错误和违法的做法。相反，用人单位又充分利用现有法律制度的漏洞，拖欠劳动者的薪金，侵犯劳动者的权益，而管理单位却对此束手无策，不知道如何治理。笔者认为，这是我们现行的法律规定对于预防和打击欠薪行为还有不足的地方，以下是笔者的不足之见。

1. 现行法律对拒不支付劳动报酬行为的惩罚力度不够

用工单位敢于恶意拖欠劳动者工资，归根到底是处理拒不支付劳动报酬的专门法律、法规的处罚力度与用工单位因欠薪获得利益不成正比，国家对用工单位拖欠劳动者工资的行为缺乏强有力的法律制裁手段。虽然《劳动法》规定“不得克扣或者无故拖欠劳动者的工资”，并规定对克扣或无故拖欠工资的行为，由劳动行政部门责令用工单位支付劳动者工资报酬和经济补偿。但由于缺乏操作性强的惩罚措施和制约手段，拖欠工资的行为仍然难以解决。“经营者欠薪逃匿严重侵害了职工权益，严重影响社会稳定，社会危害性极大。”[①]但是其所付出的法律代价却极低，

① 王嘉林.加强立法 建立欠薪处理机制[J].中国劳动,2002(12):15.

对用工单位或者相关责任人的处罚最高也只是补发拖欠的工资和经济补偿金，而成功欠薪逃匿却能获取了一大笔额外收益，可能比一些企业经营赚取的利润还要多，这也是用工单位敢于拒不支付劳动报酬的主要原因。

2. 现行法律规定的实用性较低

我国劳动争议处理机构有三种：企业劳动争议调解委员会、劳动争议仲裁委员会和人民法院。在对拖欠工资的追偿上，劳动者可以向劳动监察部门举报进行劳资协商、劳动仲裁和劳动诉讼三种手段来维护自己的权益。[①]但是，无论哪种方式都面临各种困扰：劳资协商，因双方地位悬殊，根本无法平等对话，在没有工会组织的情况下，双方是无所谓对话和达成共识的；劳动仲裁（投诉），时常遭遇地方政府以发展经济为名而冷淡对待或拒绝受理的窘况；诉诸法律，在申请法律援助异常困难的情况下，要农民工请律师打官司无异于天方夜谭。这些合法途径在现实中都变得“此路不通”，实实在在的权利就弱化得虚无缥缈。[②]

3. 现行法律的权益保障程序不完善

我国现行的劳动争议处理体制是调、裁、审依次进行，其中仲裁是法院审理的必经前置程序。不可否认，这种体制对减轻法院办案负担起到了一定的作用，但其弊端显然大于其利处，如不能及时结案，违背了仲裁自愿原则，造成裁、审机构在适用法律上发生混乱的现象。各级行政执法部门执法不充分，使执法效果大打折扣。例如，“劳动保障监察人员经常因无权查封企业财物、更无权扣人而眼看着准备逃匿者拉走设备、财物，而公安部门对欠薪者也不能扣人扣物，因为拖欠工资不属于可以拘留的行为。”[③]实践证明，我国现有的争议处理体制不能适应及时、公正解决部分劳动争议的需要。[④]

① 江帆．法律视野中的农民工工资问题[J]．广州市公安管理干部学院学报，2006(2):61-63.

② 陈平．拖欠农民工工资问题的法律思考[J]．河北法学，2004(5)：5-8.

③ 阎宝龙．解决拖欠农民工工资问题的法律思考[J]．山东财政学院学报，2004(2)：70.

④ 徐智华．劳动争议仲裁制度的缺陷与完善[J]．法学评论，2003(6):143-150.

(二)拒不支付劳动报酬行为入罪的理由

为了保护劳动者及时获得劳动报酬的权利，《刑法修正案（八）》将“拒不支付劳动报酬”行为正式列罪。笔者认为，应该将拒不支付劳动报酬的行为纳入刑法考量的范围，以下是笔者提出赞成的理由。

1. 拒不支付劳动报酬行为具有严重的社会危害性

拒不支付劳动报酬行为具有严重的社会危害性，足以引起《刑法》的关注。[①]但是，由于拒不支付劳动报酬行为形成原因复杂，表现具有多样性，往往被当成民事行为或者被认为是行政部门监管不力造成。例如，民法学者梁慧星教授认为，欠薪的行为属于民事争议，建议从民事立法的角度加强保护劳动者的工资债权。事实上，拒不支付劳动报酬行为所引起的社会危害已经远远超出了欠薪本身，已经具有严重的社会危害性。

（1）严重扰乱了社会管理秩序

拒不支付劳动报酬的行为严重扰乱了社会的正常管理秩序，拒不支付劳动报酬的用工单位在不支付劳动者工资的过程中，可能采取整体搬家、突然失踪、转移财产、强硬拒付等方法，任何一种方法带来的后果都严重扰乱社会管理秩序，对于政府职能部门的监管也提出很大的考验。同时，欠薪涉及人员多、员工工资问题长期得不到解决、群众反映强烈等都会影响社会的稳定和发展。

（2）严重扰乱了经济秩序

拒不支付劳动报酬的行为影响正常的经济合作，影响社会的公信力，影响现代商业信用机制，这直接增加了经济发展的社会成本和经济成本。如果任由其发展，必然会影响国家经济发展，严重扰乱经济秩序。

（3）严重侵犯了劳动者合法权益

在目前我国现实的经济条件下，对于包括农民工在内的绝大多数劳动者而言，参加劳动、获取报酬为生活所必需。劳动报酬权不是一种普通的债权，也不是一种普通的财产权，而是劳动者生存权的具体体现，是

① 曾粤兴，刘阳阳．欠薪入罪应当慎行[J]．法学杂志，2010(9)：82-85.

劳动者人权的核心内容。劳动报酬权作为劳动者及其家庭赖以生存的基础，是劳动者的神圣权利，不应受到任何侵犯。劳动报酬权一旦受到侵犯，就意味着劳动者及其家庭的生命和健康受到威胁，也意味着其生存的权利可能遭受剥夺。用人单位拖欠工资的行为不仅仅是一种违约行为，更是一种侵犯人身权的不法行为。

（4）严重降低政府职能部门的公信力

《劳动法》《劳动保障监察条例》对拖欠工资行为的规定，是由劳动行政部门责令用工单位支付劳动者的工资报酬、经济补偿，并可以责令其支付赔偿金。但在实践中，由于各种客观因素的影响，一方面用工单位在实施拒不支付劳动报酬行为的同时便采取手段逃避劳动行政主管部门的监管，另一方面也是因为劳动监察力量不足、手段偏软、执法行为缺乏强制力，让不法者知道法律的惩戒底线但却毫不畏惧，而是想方设法逃避责任。其结果是严重降低了政府的公信力。

2. 拒不支付劳动报酬行为入罪能够有效打击拒不支付劳动报酬的行为

我国现行法律虽然对保护劳动者的工资权作了规定，但往往在抽象的“应该保护”“必须支付”上作描述，一旦在现实中遇到责任追究就极易卡壳。政府虽为劳动者预设了劳动监察机构等维权渠道，但它们没有强制执行权，一旦遇到纠纷只能与用工方“协商”，或向司法机关申请解决，而这一过程少说也得几个月，劳动者维权成本高到“拖”不起的程度，劳动监督机构也会“疲于周转”。而对资方来说，就算输掉一场欠薪官司，在还本付息之外他额外输掉的金额并不大。现行法律制度对于那些拒不支付劳动报酬者的处罚犹如隔靴搔痒，不能真正起到震慑和预防的作用。将拒不支付劳动报酬行为入罪，直接对拒不支付劳动报酬者进行处罚，拒不支付劳动报酬的用工单位和相关的责任人在实施拒不支付劳动报酬的行为时，将不得不考虑犯罪的成本，一旦成立犯罪不仅仅要承担经济责任，还要承担刑事责任，这将有效制止拒不支付劳动报酬行为的发生，从而保障社会的稳定发展。

3. 拒不支付劳动报酬行为入罪能够与原先的法律规定形成系统

对于普通的欠薪行为，我们可以通过劳动监管督促用工单位及时支付薪金，用工单位和劳动者之间关于薪金方面出现的矛盾和争执，可以采取协商、调解、仲裁和诉讼的方式解决，而对于比较严重的拒不支付劳动报酬行为，将采用刑事法律予以打击。将拒不支付劳动报酬行为入罪能够与原先法律规定形成系统的管理欠薪行为的法律体系，有效预防和打击拒不支付劳动报酬行为。

4. 拒不支付劳动报酬行为入罪有利于保护劳动者合法权益

由于我国劳动法律制度有不足之处，劳动者自身法律意识欠缺，造成劳动者在遇到拖欠工资时，不能提出有利证据证明劳动关系和报酬的标准，也就不能依靠法律手段取得被拖欠的工资。而在《刑法》中增设拒不支付劳动报酬罪之后，为了维护法律的尊严，诉讼提起机关为国家检察机关，此时将劳动者自己维权变为国家维护法律的尊严。国家公权力机关的介入，为调查取证的顺利进行提供了方便。同时，刑罚制裁的严厉性，也使得恶意拖欠工资者对于拖欠工资所要付出的成本进行仔细考量，因此可以相应减少恶意拖欠工资事件的发生，有效保护劳动者的合法权益。

二、拒不支付劳动报酬罪的犯罪构成之分析

拒不支付劳动报酬罪是新罪，其犯罪构成有自己的特点，以下进行细致分析。

（一）拒不支付劳动报酬罪的主体分析

1. 自然人主体的范围认定

笔者认为拒不支付劳动报酬罪的自然人主体应该是直接实施拒不支付劳动报酬犯罪行为的行为人。

对于单位直接负责的主管人员和其他直接责任人员应该区分不同的单

位形式确定相关的人员。《劳动合同法》第2条规定："企业、个体经济组织、民办非企业单位等组织（以下简称用人单位）与劳动者建立劳动关系，订立、履行、变更、解除或者终止劳动合同，适用本法。"这说明用人单位包括企业、个体经济组织和民办非企业单位，因此具体的范围包括用工单位的法人、出资人、主要负责人和相关的责任人员。

2. 单位主体的范围认定

我国现行《刑法》第30条规定："公司、企业、事业单位、机关、团体实施的危害社会的行为，法律规定为单位犯罪的，应当负刑事责任。"根据该条规定，单位犯罪是指由公司、企业、事业单位、机关、团体实施的依法应当承担刑事责任的危害社会的行为。《刑法修正案（八）》将单位纳入主体的范围，笔者认为，可以追究不履行支付薪金的公司、企业、事业单位、团体的责任，机关不应当纳入主体的范围。理由如下：

（1）国家机关不具有犯罪意思的动机和可能性

机关又称为国家机关，是以国家预算拨款作为独立活动经费，从事国家管理和行使权力的中央和地方的各项组织，其职责本身是为了社会和公民服务，是为了维护劳动者的权益，是代表广大人民群众的利益，国家机关单位作为一个整体不可能产生犯罪意思、追求非法利益。[①]因此，国家机关不具有产生拒不支付劳动报酬犯罪的意思和动机。

（2）司法实践难以操作

国家机关如果作为拒不支付劳动报酬罪的主体，按照我们国家现行的制度，审理本身就不存在可能性。在我国，行政权实质上大于司法权，同级别的行政机关、权力机关的地位远高于审判机关、检察机关，在这种情况下，检察机关能够起诉行政机关、权力机关吗？[②]而且即使可以审理国家机关，对于国家机关的处罚也是存在疑问，对待国家机关的罚款，国家机关只能用财政拨款来缴付罚金，但罚金又要上缴财政，相当于这个口袋出，那个口袋进，不会起到任何的作用。因此，国家机关作为拒

① 王鹏祥.单位犯罪的立法缺陷及其完善[J].法学杂志,2009(5):77-80.

② 赵秉志.犯罪总论问题探索[M].北京:法律出版社,2003:172.

不支付劳动报酬罪的主体，在司法实践上无法操作。

(二)拒不支付劳动报酬罪的主观方面

本罪只能是故意犯罪，过失不成立本罪。拒不支付劳动报酬从主观上说有非法占有他人财物的直接故意，用人单位以及相关的责任人员清楚自己的行为侵犯了劳动者的财产权益，知道自己的行为会导致劳动者无法获得报酬，侵犯了社会的正常管理秩序和经济秩序，会造成严重的社会危害，但是仍然采取有能力支付报酬而不支付或者转移财产、逃匿以求逃避支付劳动者报酬。

(三)拒不支付劳动报酬罪的客观方面

1. 行为要素

欠薪一般称为“拖欠工资”，由于其概念具有外延的相对性和内涵的广泛性的特点，不同的国家、地区、群体在不同时期对欠薪的理解和界定大不相同。人们最早单纯地从劳动者的劳动与获得劳动报酬的关系上来定义欠薪，把劳动者应得而未得的劳动报酬所形成的雇员（工人）与雇主（企业）之间债权与债务关系称之为欠薪。有的学者从广泛的社会经济角度来考察欠薪问题，认为欠薪还应该包括破产、停产、半停产企业职工的收入保障问题，即认为企业破产、停产和半停产致使职工工资得不到保障的现象，亦称之为“欠薪”。笔者认为，欠薪可以分为“无恶意欠薪”和“恶意欠薪”，无力或者暂时无力支付欠薪的可以称为“无恶意欠薪”，例如《上海市企业欠薪保障金筹集和垫付的若干规定》规定，企业无力或暂时无力支付欠薪时，被欠薪的雇员本人可以申请垫付欠薪。[①]这种欠薪属于“无恶意欠薪”。

拒不支付劳动报酬罪所讨论的是恶意拖欠工资，但是其着重点在于“恶意”上，其直接目的是拖欠劳动者的薪金，其间接目的是侵犯劳动者的权益，其侵犯的权益包含财产权益、公民权益，行为的本质是对社会

① 覃福晓. 以应对金融危机为契机建立企业欠薪救济长效机制[J]. 法学杂志，2009(9)：116.

秩序的破坏。根据《刑法修正案（八）》的规定，拒不支付劳动报酬罪的行为有两类表现方式，一类是有能力支付而不支付劳动者的劳动报酬，情节恶劣的行为；另一类是以转移财产、逃匿等方法逃避支付劳动者的劳动报酬，情节恶劣的行为。以下对此详细分析。

（1）有能力支付而不支付

笔者认为，对于拒不支付劳动报酬罪中有能力支付而不支付劳动者薪金的认定，应该注意三个方面：第一，有能力的认定。有能力支付薪金应当以用人单位的经营状况作为主要界定标准，同时适当结合用人单位的资产、负债状况等客观标准进行认定。可以规定用人单位承担举证自己是否有能力支付薪金的责任，举证不清或者无法举证的需要承担相应的后果，但不能完全把用人单位的举证作为主要的认定标准。笔者认为，用人单位只要能够维系正常生产，都应该认定为有能力，不能因为用人单位的负债较多，经营情况较差，就认定没有支付薪金的能力。第二，不支付的认定。拒不支付劳动报酬罪关键还在于不支付的认定上，“不支付”应该体现出“恶意”的本质。笔者认为对于拒不支付劳动报酬罪的第一种行为方式：有能力支付而不支付薪金，主要是通过直接的、强横的态度表示拒绝支付劳动者薪金。在其能力范围内，能够履行支付义务，也清楚自己应当履行支付义务，但是恶意、强横不履行支付义务。第三，情节恶劣的认定。情节恶劣主要表现在两个方面，一是采取的手段恶劣，二是引起的后果严重。实践中，有的用人单位采取辱骂、殴打、折磨等方式对待讨要薪金的劳动者，或者采取解聘、限制人身权利和就业权利等方式威胁讨要薪金的劳动者。笔者认为，情节恶劣的认定重点在于拒绝支付劳动者薪金的各种行为所表现的“恶”性上，以及所带来的恶劣影响。

（2）转移财产、逃匿

笔者认为，转移财产、逃匿等方法逃避支付劳动者劳动报酬行为的认定，应该注意两个方面：第一，转移财产、逃匿等方法逃避支付劳动报酬。实践中，为了能够不支付劳动者薪金，一些用工单位采取“明修栈道，暗度陈仓”的方法将财产转移，或者采取失踪、逃跑等方式，或者恶意倒闭、破产等，以显示自己没有能力支付劳动者的薪金。笔者认为，对于这种行为重点需要认定用工单位在实施转移财产、逃匿等行为时的目的，是否是有意识、有步骤将自己置于无力支付薪金的地位，并因此不去支付劳动者薪金，重点仍然在于其行为本质的“拒不支付劳动报酬”方面。第二，情节恶劣。情节恶劣主要表现在，用工单位恶意将自身置于无法支付劳动报酬的地位，具体表现在采取的行为方式恶劣，引起的后果严重，例如欠薪的数目巨大，人数过多，破坏了正常的经济秩序和社会管理秩序，扰乱正常的市场管理秩序，导致劳动保障部门无法开展正常工作等。

2. 结果要素

工资是劳动者的主要生活来源，工资问题是劳动者权益的核心问题。劳动者付出劳动之后，应当得到相应的劳动报酬，即“劳有所得”。劳动者不应当也无法以自己的工资对企业的经营后果负责。除不可抗力之外，所有企业都必须按时足额发放工资。企业主欠薪逃匿，严重侵害了职工的劳动经济权益，侵犯了公民的私有财产，造成职工生活困难，引发群体性事件，这严重影响了劳动关系的和谐和社会稳定。拒不支付劳动报酬的结果表现为劳动者没有拿到劳动报酬，实质表现为用工单位通过不予支付劳动者报酬，侵犯了劳动者财产权益，侵犯了社会正常管理秩序和经济秩序。

(四)拒不支付劳动报酬罪侵犯的客体

对于拒不支付劳动报酬罪侵犯的客体，学者意见并不一致。有学者认为，拒不支付劳动报酬罪侵犯的客体是劳动者享有的财产所有权。[①]有学者认为，拒不支付劳动报酬罪侵犯的客体是社会正常的管理秩序；也有观点认为，拒不支付劳动报酬罪侵犯的是社会主义市场经济秩序。笔者认为，拒不支付劳动报酬的行为首先侵犯的是劳动者的财产权，用人单

① 石金山.对我国恶意欠薪现象的思考[J].金卡工程(经济与法),2009(10):247-248.

位或雇主对劳动者工资的占有就如同对公民其他财产权的侵犯一样，属于严重的违法行为。[①]其次侵犯的是社会正常的管理秩序。劳动者的报酬是劳动者实现劳动者权益的关键，而按劳支付薪金是维护正常社会管理秩序的基本要求，是落实宪法按劳分配原则的直接体现。拒不支付劳动报酬行为通过侵犯劳动者的合法权益，扰乱了社会秩序。

三、拒不支付劳动报酬罪的刑事责任

《刑法修正案（八）》规定，有能力支付而不支付或者以转移财产、逃匿等方法逃避支付劳动者的劳动报酬，情节恶劣的，处三年以下有期徒刑或者拘役，并处或者单处罚金；造成严重后果的，处三年以上七年以下有期徒刑，并处罚金。

单位犯前款罪的，对单位判处罚金，并对其直接负责的主管人员和其他直接责任人员，依照前款的规定处罚。

有前两款行为，尚未造成严重后果，在提起公诉前能够支付劳动者的劳动报酬，并依法承担相应赔偿责任的，可以减轻或免除处罚。

① 黎建飞.拖欠民工工资中的法律问题:《劳动法》[J].法学杂志.2004(2):48-50.

第十三章　刑法“关系人”之辨析

最高人民法院、最高人民检察院于2007年7月8日联合发布的《关于办理受贿刑事案件适用法律若干问题的意见》（以下简称《意见》），《意见》第11条称，“特定关系人”是指与国家工作人员有近亲属、情妇（夫）以及其他共同利益关系的人。2009年2月28日《刑法修正案（七）》第13条提出“关系密切人”的概念。自《意见》颁布以后，学界对于《意见》提到的新名词“特定关系人”褒贬不一，尤其对于“情妇（夫）”一词更是争执不休。赞成观点认为：把情妇（夫）纳入法律视野中，一方面，使得一些犯罪案件能够得到相应惩治；另一方面，可以起到预防犯罪的作用，警示一些人员不要在这个问题上犯错误。而且“特定关系人”概念的界定是对《刑法》受贿犯罪条文的补充和完善。①反对观点认为：“情妇（夫）”一词不属于法律上的语言，实践中无法给出具体的确认标准，为了维护法律的严肃性，不应该使用这样不严谨的词语。②

因此，确定刑法“关系人”适用的范围和认定标准是当务之急。以下是笔者对刑法“关系人”的分析。

---

① 顾若瑜.试论“特定关系人”界定的重要性[J].云南警官学院学报，2008(4)：127-128.

② 薛薇.特定关系人收受贿赂问题初探[J].人民检察，2007(16)：11-13.

一、刑法“关系人”范围之辨析

（一）特定关系人的分析

根据《意见》的规定，特定关系人是指与国家工作人员有近亲属、情妇（夫）以及其他共同利益关系的人。对于特定关系人范围的理解有两种，一种理解指特定关系人包括近亲属、情妇（夫）和其他共同利益关系人三类；另外一种理解是指特定关系人就是有共同利益的关系人，主要有三种表现形式：近亲属、情妇（夫）以及其他关系。

笔者赞成第二种理解。理由一，如果按照第一种理解，特定关系人是包括近亲属、情妇（夫）和其他共同利益关系人三类，那么近亲属、情妇（夫）和共同利害关系人属于并列关系，《意见》对于特定关系人的解释上需要把“其他”两个字去掉，即表示成特定关系人是包括近亲属、情妇（夫）和共同利害关系的人。而《意见》是加上了“其他”二字，这就很明显表示近亲属、情妇（夫）和“其他人”是并列关系，这三类人因为和国家工作人员有着“共同利益”，而被纳入刑法考量的范围内；理由二，因为最高人民法院和最高人民检察院发布的《意见》是针对目前受贿犯罪行为出现的新变化，为依法惩治受贿犯罪活动提出来的，其重点在于说明“特定关系人”这一类特殊群体与国家工作人员之间在受贿犯罪活动的新表现形式，而不是单纯对“特定关系人”包括的范围进行罗列。在共同的受贿活动中，特定关系人与国家工作人员之间表露给外界的关系只是表面关系，其实质是特定关系人与国家工作人员因为有“共同的利益关系”实施了受贿的犯罪行为，即国家工作人员的近亲属、情妇（夫）等人与国家工作人员为了谋求刑法不允许获取的“共同利益”，共同实施了受贿的犯罪行为，其追求的“共同利益”不仅包括接收请托人的财物，还要加上特定关系人与国家工作人员因为“特定关系”的纽带所形成的特殊利益。

如果不把特定关系人与国家工作人员之间的"特殊利益"纳入共同利益中，那么最高人民法院、最高人民检察院在《意见》中就没有必要对特定关系人的范围做出解释，因为完全可以在共同犯罪中理解特定关系人与国家工作人员之间的共同利益关系。所以特定关系人应该是有着"共同利益"的关系人。(共同利益的详细解释见下文)

1. 对形式要件"特定关系"的分析

我们可以对特定关系人的"关系"范围作如下划分：近亲属、情妇(夫)、其他关系人。

对于近亲属认定的理解，我国《刑法》上没有直接做出规定，但根据我国刑法统一的原则，《中华人民共和国刑事诉讼法》(以下称《刑事诉讼法》)对近亲属已经做出了规定，近亲属是指夫、妻、父、母、子、女、同胞兄弟姊妹。

对于情妇(夫)认定的理解，最高人民检察院原副检察长王振川在接收《财经》记者采访时候表示，情妇是一种统称，这个概念确实没有标准，严格来说也不是一个法律概念。什么是情妇？有感情的女人？有性关系的女人？其实说不太清楚。我们在制定最高人民法院、最高人民检察院《意见》的时候也讨论过，要不要对"情妇(夫)"做个法律定义，但不管怎么定义，都还是有些问题。这说明在把情妇(夫)作为一个法律术语提出来，没有确定的具体的认定标准。因此，司法实践中对于情妇(夫)的认定，需要借助社会通用的概念或者约定俗成的标准来认定。有学者总结，"情夫、情妇是指男女二人，一方或者双方已有配偶，仍长期保持性爱关系，在此种情况下，男方为女方的情夫、女方为男方的情妇。"①认定情夫、情妇关系可从以下几点进行把握：一是存在包养关系的可以认定为情妇(夫)关系，即一方为婚外异性提供金钱、房屋等并与之长期保持性关系即可认定为包养，从而认定存在情妇(夫)关系。二是通过调查，证实双方长期同居，一方生活挥霍的资金大部分由对方提供，住房等生活设施亦由对方提供，这样也可以认定存在情妇(夫)关系。

① 薛津. 如何认定受贿犯罪案件的特定关系人[J]. 天津市政法管理干部学院学报，2008(A1)：145.

其他共同利益关系人可以有多种表现形式，关系的形成与发展与社会环境、风俗人情、生活方式有着密切联系，可以包括近亲属以外的亲属关系如叔侄、甥舅等关系和社会上结成的干亲关系[①]，也可以表现为同事关系，业务合作关系、合伙人、共同投资人，甚至经常联手的赌友以及已经形成默契的介绍贿赂人均可认定为其他共同利益关系人。

2. 共同利益之分析

《意见》中规定的特定关系人存在的前提是关系人之间存在着某种“共同利益”，这种“共同利益”与普通民事行为和其他关系所形成的共同利益需要区别对待。《刑法》范围的共同利益特指通过共同的犯罪行为所获得的犯罪利益，有学者认为根据司法实践中的一般理解，这里所谓的“共同利益”应该是指共同经济利益。[②]

笔者认为，这里的共同利益主要是指经济利益，但不应局限于共同的经济利益，还应包括政治利益关系和亲情利益关系等，如特殊的上下级关系、非近亲属的亲情关系，具体可以表现为追求社会地位、名誉、权利、情意等。我们注意到最高人民法院、最高人民检察院印发的《意见》中第7条规定：“商业贿赂中的财物，既包括金钱和实物，也包括可以用金钱计算数额的财产性利益，如提供房屋装修、含有金额的会员卡、代币卡（券）、旅游费用等。具体数额以实际支付的资费为准。”最高人民法院、最高人民检察院在商业贿赂犯罪中对于财产性利益在作扩大性解释。因此，对共同利益表现形式的认识也不能仅仅限于传统的经济利益的表现形式。实践中，国家工作人员与特定关系人之间共同追求的工作机会、合作机会等也是共同利益的表现形式之一，例如合伙人、共同投资人、经常联手的赌友以及已经形成默契的介绍贿赂人均可认定为具有共同利益关系。而且在当前受贿犯罪中，国家工作人员与特定关系人之

① 无婚姻或家庭关系的相对人之间，通过拟制产生夫、妻、父、母、子、女、同胞兄弟姊妹的关系。此类“关系”之间会有一定的感情基础，联系比较密切，彼此间享有着与近亲属基本相同的名份、社会地位和某些经济利益。

② 刘宪权．对受贿犯罪修正的几点意见[J]．法学杂志，2008(12)：40.

间关系的生活化、现实化、民事化、商业化的特点愈加突出，对于共同利益的理解就更不能仅仅限于共同经济利益。

此共同利益要区别于普通的违法利益，虽然其表现形式可能为普通的民事行为，例如以馈赠礼品、礼金、干股，但是纳入刑法理解的犯罪利益要比普通的违法利益的危害要严重。《意见》第10条规定，办理商业贿赂犯罪案件，要注意区分贿赂与馈赠的界限。主要应当结合以下因素全面分析、综合判断：第一，发生财物往来的背景，如双方是否存在亲友关系及历史上交往的情形和程度；第二，往来财物的价值；第三，财物往来的缘由、时机和方式，提供财物方对于接受方有无职务上的请托；第四，接受方是否利用职务上的便利为提供方谋取利益。

综上，笔者认为对于共同利益的把握应该注意两点：第一，要把共同利益的认定与国家工作人员与特定关系人之间的特殊关系联合起来进行认定。第二，“共同利益”要和生活中所追求的利益有所区别，即此“共同利益”是需要特定关系人和国家工作人员实施犯罪行为触犯刑法才能获取，是属于刑法管辖范围内的不正当利益，具有社会危害性和刑事违法性。第三，在受贿罪中，共同利益不仅包括接收的请托人财物，还包括特定关系人与国家工作人员因为“特定关系”的纽带所形成的特殊利益。

（二）关系密切的人的分析

《刑法修正案（七）》第13条规定：“国家工作人员的近亲属或者其他与该国家工作人员关系密切的人，通过该国家工作人员职务上的行为，或者利用该国家工作人员职权或者地位形成的便利条件，通过其他国家工作人员职务上的行为，为请托人谋取不正当利益，索取请托人财物或者收受请托人财物，数额较大或者有其他较重情节的，处三年以下有期徒刑或者拘役，并处罚金；数额巨大或者有其他严重情节的，处三年以上七年以下有期徒刑，并处罚金；数额特别巨大或者有其他特别严重情节的，处七年以上有期徒刑，并处罚金或者没收财产。”《刑法修正案（七）》以与“案件的关系”为标准对关系密切人的范围进行划分。

"'关系密切的人'在范围上，可以说是大于'有共同利益关系的人'。因为，就人与人的关系而言，有血亲关系，有利益关系，也有情感关系、工作关系，还有社交关系，它们都可能使一个人在与其他人的交往中形成'密切关系'。人与人之间的关系，有直接联系的关系，也有通过共同第三人间接联系的关系。有共同利益关系的人必定是关系密切的人，但是关系密切的人之间并非都有共同利益关系。修正案（七）之所以没有使用'共同利益关系的人'而使用'关系密切的人'，恐怕是考虑到'有共同利益关系的人'的概念上范围太窄，难以涵盖实践中的各种情况。"①

对于"关系密切的人"范围的分析也应该以两个标准进行认定。一个是身份，此关系密切的人是与国家工作人员之间要有某种特定的关系，这种特定的关系不是特指某种利益上或者形式上的关系，而是能够和国家工作人员相互联系，并且有可能利用、支配或者使用国家工作人员的"职务上的行为"，来谋求自己的私利。一个是犯罪的行为，此关系密切的人的犯罪行为是可以单独成立犯罪的行为，即国家工作人员有可能不是关系密切人的共同犯罪人。

二、"关系人"带来的司法和理论上的问题

（一）"关系人"带来的司法实践的问题

1. 称谓标准不统一

从《意见》和《刑法修正案（七）》对于关系人的内涵与外延的规定上看"关系人"一词是非规范术语，内涵不清、外延不周。"近亲属"是个法律术语，具有特定含义。根据我国《刑事诉讼法》第106条第6项规定，近亲属是指"夫、妻、父、母、子、女、同胞兄弟姊妹"，而此处对于近亲属的规定是相对于刑事诉讼程序而言，就能够行使诉讼程序的权

① 张智辉.论《刑法修正案（七）》第13条的法律适用[J].法学杂志，2009（7）：37-38.

利和参与刑事诉讼程序的人的范围所做的规定，意图通过对近亲属范围的限定，既可以保证近亲属能够正确、及时行使刑事诉讼权利，保护当事人的利益，又可以限制其他人滥用权利，导致司法资源的浪费。而此处使用近亲属仅仅是为了说明与涉案的国家工作人员的血缘关系或其他关系，颇有张冠李戴之嫌。

2.“关系人”范围混乱

我们来详细分析一下《意见》中的特定关系人、关系密切人以及共同利益关系人的各自范围。《刑法修正案（七）》中规定的关系密切的人是排在了近亲属的后面，这说明关系密切的人不包含近亲属。《意见》中规定特定关系人是包括近亲属、情妇（夫），以及其他共同利益关系人。从此概念上我们可以得出结论，特定关系人就是共同利益关系人，而这种共同利益关系人中分为三个类别：一是共同利益关系的近亲属类，二是共同利益关系的情妇（夫）类，三是其他共同利益关系人类。这就说明了，在以共同利益关系为标准的区分中，我们得出的结论是特定关系人的范围要比关系密切人的范围要大。但是，《刑法修正案（七）》的相应规定我们可以得出相反的结论，此关系密切的人不需要与国家工作人员具有“共同利益”，即不需要具有刑法上所要求的共同利益。《刑法修正案（七）》是以“与案件的关系”为标准限定关系密切的人，据此得出结论：“关系密切的人”范围要比“共同利益的人”范围要大。如此，我们发现《意见》和《刑法修正案（七）》所采用的标准是不一样的，这就导致对关系密切的人和特定关系人进行区分时认定标准不一致，而《意见》和《刑法修正案（七）》都是针对受贿的犯罪行为而做的规定，前后两个标准不同，这明显有悖于常理。而且《意见》本身亦是前后标准不一致，《意见》第7条第2款规定：“特定关系人与国家工作人员通谋，共同实施前款行为的，对特定关系人以受贿罪的共犯论处。特定关系人以外的其他人与国家工作人员通谋，由国家工作人员利用职务上的便利为请托人谋取利益，收受请托人财物后双方共同占有的，以受贿罪的共犯论处。”既然已经以共同利益作为区分的标准，特定关系以外的其他人又该如何理解？难道共同占有的请托人财物还不算是共同利益吗？如果不需要进行范围的划分，那么又何必对“特定关系人”进行解释呢？如果需要进行范围的划分，标准混乱势必会导致两个后果：一是降低了法律语言的严谨性和系统性，二是会导致司法实践工作人员难以操作。

3. 随意使用法律语言降低法律的严肃性

在世界普遍联系和永恒发展的进程中，处于社会关系中的人都会有各种各样的关系。亲属关系有父母、配偶、子女、兄弟姐妹、祖父母、外祖父母等，非亲属关系有同学、同事、战友、同乡、朋友等，还有一些比如共同投资人、合伙人、赌友、结拜的兄弟、具有默契关系的合作人等，现在又出现如“二奶”、情人、网友等一些新型社会关系。在日常的生活中，我们可以准确把相应的关系进行定位，但是刑事法律是最严厉的维持社会秩序的手段，因此要求语言严谨，具有可掌握、可操作的特性。而要把上述的社会关系完全用法律语言进行描述是比较困难的事情，完全叙述出各种关系的实质和区分标准更是难上加难。比如所谓情妇（夫），在日常概念中一般指除行为人的配偶以外，与其长期保持不正当性关系的人。而要用法律语言进行限定，就需要制定准确的判断标准，如这种长期保持不正当性关系的“长期”具体多长？是否以有性行为作为认定情妇的标准？这种不正当的性行为以几次为基础？不正当应该怎么认定？偶尔发生的不正当性行为能不能认定为情妇（夫）？是否以同居作为必要条件？另外《意见》中的共同利益关系应该限制在什么样的范围？这种共同利益是否要以共同财产关系的存在为必要？如不仅仅指经济利益关系，那么还有哪些共同利益关系可以包含在刑法的共同利益关系里面呢？

（二）“关系人”引起的理论上的问题

1. 涉及单位是否需要纳入“关系人”范围的问题

《意见》第11条对“特定关系人”的界定仅限在自然人范围内，笔者认为不利于打击相关的刑事犯罪。国际贿赂特别是国际商业交易中的贿赂犯罪很早就为国际社会所关注并通过立法加以确认，要求各国惩罚对国际公共组织官员和外国公职人员实施的贪污、贿赂行为，确认了法人可以作为实施贿赂犯罪主体的相应规定。《联合国打击跨国有组织犯罪公约》和《联合国反腐败公约》均再次重申了对于法人实施贿赂犯罪的处罚规定。[①]当前，我国法人实施贿赂犯罪的现象也比较普遍，比如，某国家工作人员的妻子是某公司企业的经理，该企业周转不灵时，该国家工作人员授意请托人将财物交给该公司，而不是直接给自己的妻子，这如何处理？事实上，这种行为与直接给自己的妻子，在侵害国家工作人员职务行为的廉洁性或不可收买性与上受贿罪在法益侵害的本质上没有任何区别，甚至其行为的社会危害性较之受贿行为有过之而无不及。仅规定特定关系人为自然人，不利于打击单位实施的此类犯罪。

2. 涉及共同犯罪的问题

《意见》第7条第2款对特定关系人以外的其他人与国家工作人员共同受贿的问题作出了这样的规定：“特定关系人与国家工作人员通谋，共同实施前款行为的，对特定关系人以受贿罪的共犯论处。特定关系人以外的其他人与国家工作人员通谋，由国家工作人员利用职务上的便利为请托人谋取利益，收受请托人财物后双方共同占有的，以受贿罪的共犯论处。”这一规定存在两个问题：

其一，事前通谋是否为此类共同犯罪成立的必要条件？《意见》将与特定关系人以外的其他人共同受贿限定于事前有通谋，但是现实中此类犯罪并不局限于事前通谋。如国家工作人员与特定关系人之间形成一种默契，在工作或者业务往来过程中，没有进行通谋，但是双方相互提供方便，并实施贿赂和受贿行为，这种情形应该如何处理？如果以事前通谋为必要条件，那么此种情形显然不成立犯罪，势必会放纵此种类型的犯罪。

其二，共同占有是否为非特定关系人成立犯罪的必要条件？《意见》

① 李洁，张军，贾宇．和谐社会的刑法现实问题（上卷）：单位犯罪基本理论研究[M]．北京：中国人民公安大学出版社，2007：375.

对特定关系人与非特定关系人构成共同犯罪规定了不同的成立条件，即后者须以“共同占有”为条件。但是实际情况会出现国家工作人员与非特定关系人之间并没有共同占有的财务，例如，国家工作人员甲与其表弟乙通谋，并授意请托人向其表弟提供贿赂，事先也与其表弟通谋了，但是甲考虑到其表弟穷得几乎没饭吃，所以就想乘机利用自己的职务便利，要求请托人将财物给其表弟，并没有与其表弟共同分享财物的意思，难道就不构成共同受贿吗？[①]事实上，非特定人员与特定人员之间没有必要就是否有共同占有的财物进行区分。

3. 涉及“通谋”的地位问题

《意见》明确规定，特定关系人与国家工作人员通谋的，不论是否共同占有财物，即构成受贿共犯；非特定关系人通谋的，双方共同占有财物，才构成共犯。对于特定关系人，因为不具有国家工作人员的身份，原本是没有办法成立受贿罪，但根据《意见》规定，特定关系人只要与国家工作人员通谋，并且通过国家工作人员职务上的行为，收受他人的财物，就可以成立受贿罪的共同犯罪人。那么这里的“通谋”与共同犯罪的共同故意是否一致呢？所谓“通谋”是指共同谋划，强调通谋，在于突出国家工作人员与特定关系人在为他人谋利方面的意思联络。有学者对于“通谋”划分了三种情形：一是事前通谋。国家工作人员与特定关系人共同谋划后，再开始为他人谋利、收受财物。二是事中通谋。国家工作人员在为他人谋利过程中，与特定关系人共同谋划“方案”。三是事后通谋。国家工作人员为他人谋利行为已实施终了，但在如何接受财物问题时与特定关系人谋划，亦构成通谋。但即使对通谋的含义予以确认，认为司法解释之所以在受贿共犯里的规定较一般共同犯罪而言具有更为严格的主观条件，主要是考虑到受贿行为具有为他人谋利和非法收受他人财物的复合性，强调通谋，意义在于突出为他人谋利方面的意思联络。我们不禁疑问，这样规定的意义到底有多大？通过共同犯罪的理论，我们完全可以将特定关系人纳入受贿罪的共同犯罪里面，现在加入

① 薛薇.特定关系人收受贿赂问题初探[J].人民检察，2007(16)：11-13.

一个通谋作为共同犯罪的必要条件，那么这个概念的引入是对共同犯罪主观方面共同故意的补充还是最新解释？

三、解决“关系人”问题的建议

（一）协调好刑法、司法解释和刑事政策之间的关系

通过上述分析，最高人民法院、最高人民检察院做出的司法解释中，由于使用了“特定关系人”“关系密切人”等概念，在理论上和司法实践中引起比较大的争议，需要我们更好地协调刑事政策和刑法、司法解释之间的关系。

我们对于刑事政策和刑法关系的基本认识是：就刑事政策是刑法立法根据与指针而言，刑事政策应优位于刑法；二者有各自发挥作用的界域，应各就各位，互不替代；刑事政策与刑法相互制约，协调发展，相互推动，共同进步。刑法对刑事政策的制约主要涉及刑事政策的制定和实施，这是法治的要求，是权利保障的要求；刑事政策对刑法的指导主要体现在法律的制定、实施和法律变革上，这是时代发展的要求，也是社会防卫的要求。①

最高人民检察院原副检察长王振川接受《财经》专访的时候指出，最高人民法院、最高人民检察院在制定《意见》的时候，也是由中央纪委组织协调的。中央纪委提出，现在非传统的腐败形式比较多，而且这些形式往往比较隐蔽，比如有的官员自己不直接收钱，而是通过特定关系人等。对于这些新的犯罪形式，《刑法》上没有明确规定，这使得很多腐败犯罪没有受到应得的惩处。在最高人民法院、最高人民检察院《意见》形成过程中，中央纪委提出，（相关内容）先作为纪律在党内公布，这样能增强实施效果，体现教育在先，预防为主。所以在2007年5月底，中

① 赵秉志.刑事法治发展研究报告（2006-2007年卷）[M].北京：中国人民公安大学出版社，2008：20-21.

央纪委发布了“八条禁令”，而且规定在30天期限，如果有违反禁令情形的党员干部主动坦白，依纪依法从宽处理。这样做既体现了对党员干部的警示和爱护，使一些人不至于走到犯罪的道路上去，也提醒大家今后不要再出现这样的违纪问题。经过党内一段时间的实践后，《意见》正式出台。因此，这是一次从党纪到国法的完整衔接。王振川副检察长对于最高人民法院、最高人民检察院《意见》出台的说明，很好地解释了刑事政策与刑法之间相互制约、协调发展的关系。

笔者认为，标准含糊的用语应该避免在司法解释和刑法中出现。如果需要对相关的概念进行说明，完全可以在刑事政策上进行说明，或者在司法实践中作为司法机关掌握的一个标准进行规定。这样既可以解决法律语言的严肃性，同时又可以解决需要说明的问题。如最高人民法院、最高人民检察院《意见》中所提到的“特定关系人”，《刑法修正案（七）》提到的关系密切的人，通过上文的分析，两个“关系人”认定的标准是不统一的，范围是不确定的，而且在实践操作中，往往没有办法很准确地区分哪些是特定关系人，哪些属于关系密切的人。笔者建议：首先要统一称谓，其次要确立认定的标准，最后要将属于刑事政策规定的概念和术语纳入刑事政策进行规定。例如，对于情妇（夫）的规定就完全可以纳入到刑事政策上进行规定，既起到了指导司法的作用，同时又起到了维护社会秩序、生活秩序的作用。

（二）统一称谓

1. 取消“特定关系人”的称谓

笔者认为，可以将特定关系人的称谓取消，统称为“关系密切人”。首先，特定关系人的范围可以归入关系密切人的范围里面。特定关系人的范围小于关系密切人的范围，其认定的标准也正是认定关系密切人所必须考虑的，因此，特定关系人可以纳入关系密切人的范围里。其次，特定关系人的概念没有特殊意义。实践中我们仅仅需要掌握犯罪的形式，至于犯罪分子之间如何结合则无须具体进行规定，无须将近亲属、情妇

（夫）单独列出。近亲属，在诉讼程序和民事活动中，对于诉讼权利和民事权利的支配和使用中具有实质意义，而对于定罪和量刑无实质意义，如何认定犯罪人之间的关系对于共同犯罪的认定更是没有意义。对于情妇（夫）更是无须单独列举出来，理由之一是其对于定罪量刑没有实质意义，理由之二是情妇（夫）的掌握和认定在司法实践中是个难点。因此没有必要区分近亲属、情妇（夫）。在此类共同利益关系人中，充分说明了此类共同犯罪之间是以共同利益为基础的。如果两者没有共同利益为前提，那么代替犯罪分子收受贿赂等其他行为，如果犯罪分子知晓即成立共同利益；如果不知晓，则成立单独犯罪；如果有其他情形，如隐瞒、包庇等，单独成立他罪，而不能用这样的一个词就把独立的犯罪行为涵盖或者吸收。最后，《刑法修正案（七）》的效力要高于《意见》。刑法修正案是人大常委会通过颁布的，《意见》是最高人民法院、最高人民检察院发布的，从发布机关上就能够分清，修正案的效力要高于《意见》的效力。因此对于和《刑法修正案（七）》不统一的概念“特定关系人”，就有必要修改和刑法的规定一致。

2. 统一称谓“关系密切人”

笔者建议统一《意见》和《刑法修正案（七）》的称谓，以“关系密切人”作为统一的司法用语，关系密切人可以通过不同的标准进行区分，从身份上可以分为具有近亲属关系、亲属关系和其他亲密关系的人，其他亲密关系可以包含现实生活中出现的情妇（夫）、义父、义母、干儿子、干女儿、盟兄弟姊妹或者同学、同事、战友、同乡、朋友等关系；以是否具有共同利益来分，可以分为具有共同犯罪利益关系人和其他利益关系人。

以“关系密切人”作为统一的称谓，具有的优点有两个：首先，避免称谓的不同，导致认罪标准的混乱。关系密切人的称谓在某种程度上就是《意见》和《刑法修正案（七）》的关系人的上位概念，即把《意见》和《刑法修正案（七）》所要规范的内容很好地涵盖进来，同时又没有扩大《意见》和《刑法修正案（七）》关系人的范围。这样在同一部门法，采用的标准一致，有助于司法和理论上的认识和理解。其次，能够很好地实现立法意图。《意见》和《刑法修正案（七）》的立法意图就是规范新出现的和国家工作人员有特定关系而行贿受贿的行为。关系密切的人能够很好地描述此类犯罪的犯罪人之间的关系。

有学者建议以“第三人”来称谓此类关系。[①]笔者认为不适宜使用“第三人”称谓。理由如下：首先，“第三人”没有揭示出此类犯罪的特殊之处。《意见》和《刑法修正案（七）》是针对目前出现的特殊现象所作出的相应法律回应，而使用“第三人”的称谓，就把此类犯罪划分到了普通的共同犯罪里面，如此就根本不需要当前的司法解释。法律一方面要有稳定持续性，另外一个方面也要有时效性。当前，此类特殊关系的贿赂犯罪比较普遍，有必要进行特别的规定。其次，“第三人”使用在此类犯罪中，没有很好地揭示此类犯罪的形式。通常“第三人”的解释是为了有别于当事人而称呼“第三人”，而《意见》和《刑法修正案（七）》是把此类关系密切的人作为犯罪的当事人来规定的，即关系密切人是犯罪行为的当事人，其和国家工作人员是共同犯罪，某种情况下可能成为主犯或者成立单独犯罪，而以“第三人”称此类关系密切人，会把关系密切人与主犯区别开来，有可能会放纵罪犯。

（三）界定关系密切人的范围和方法

1. 对于身份的认定

对于近亲属关系的认定，可以直接参考《刑事诉讼法》的相关规定；对于亲属关系的认定，可以根据法律规定和血缘关系直接认定亲属关系；对于其他亲密关系人的认定，可以包含我们现实生活中出现的情妇（夫）、义父、义母、干儿子、干女儿、盟兄弟姊妹或者同学、同事、战友、同乡、朋友等关系。

在对义父、义母、干儿子、干女儿、盟兄弟姊妹等关系的认定上，由

① 薛津. 如何认定受贿犯罪案件的特定关系人[J]. 天津市政法管理干部学院学报，2008(S1)：144-145.

于义父、义母、干儿子、干女儿、盟兄弟姊妹是本无血缘关系的人，通过拟制形成关系，他们之间来往频繁，关系持续时间较长，在社会中具有公开性，在取得其他知情人证言的情况下即可认定。

对于情妇（夫）关系可以采用约定俗成的概念和标准进行认定，具体可从以下几点进行把握：一是是否存在包养关系。一方为婚外异性提供金钱、房屋等，并与之长期保持性关系，即可认定为包养，进而认定存在情妇（夫）关系。二是双方是否具有同居关系。一方消费的生活费用、住房、其他消费品由对方提供，这样也可以认定存在情妇（夫）关系。三是双方是否属于婚外交往的异性，并且双方的关系明显存在超越普通朋友交往的关系，比如双方之间有性行为、有金钱的来往等。

其他形式的关系密切人的认定。确定其他关系密切的人不能从自然意义上理解，而应考察其法律特征。该罪的罪名指明了这一特征，即影响力，也就是说，能够对国家工作人员施加影响力的人即本罪中的“与其关系密切的人”，如果不能施加影响力，即使关系再密切，也不能成为本罪主体。这可以通过双方的联系方式及组织形式进行认定。①

2. 对于共同的利益认定

共同利益的把握应该注意两点：第一，要把共同利益的认定与把握和国家工作人员与关系密切人之间的特殊关系联合起来进行认定。第二，共同利益要和生活中的利益有所区别，即此“共同利益”是需要关系密切人和国家工作人员实施犯罪行为触犯刑法才能获取，是属于刑法管辖范围内的不正当利益，具有社会危害性和刑事违法性。第三，在受贿罪中，共同利益不仅包括接收的请托人的财物，还要加上关系密切人与国家工作人员因为“特定关系”的纽带所形成的特殊利益。

① 舒洪水，贾宇. 刑法修正案（七）第13条的理解与适用[J]. 华东政法大学学报，2009(3)：112-119.

第十四章　渎职侵权职务犯罪中因果关系的地位和作用

本章根据合肥、芜湖、巢湖、淮南、滁州、宣城、马鞍山等市检察院研究室提供的数据，对安徽省渎职侵权职务犯罪案件进行的实务调研、分析。2006年1月至2011年6月，上述七个地市共立案查办各类渎职侵权职务犯罪案件392件涉案508人。实务调研过程中，笔者发现，由于对渎职侵权职务犯罪案件因果关系的地位和作用认识不清楚，导致司法侦查人员在侦办渎职侵权职务犯罪的过程中，对于渎职侵权职务犯罪所涉及的具体罪名的认定以及量刑都带来了比较严重的影响。

因果关系是哲学上的一个重要范畴。刑法上的因果关系，是指危害行为与危害结果之间客观的联系，即在犯罪构成客观方面，需要承担相应法律责任的危害行为与该行为所导致的危害结果之间引起与被引起的客观联系。正确认识渎职侵权职务犯罪因果关系的地位和作用，对于其在司法实践中的适用有着重要的意义。

一、检察机关侦办渎职侵权职务犯罪案件所涉及的问题

（一）危害行为难以准确认定

1. 引起渎职侵权职务犯罪的原因较多，难以准确把握

由于渎职侵权犯罪涉及的范围有公、检、法、工商、税务、土地、规

划、城建、安监、质监、商检、林业、教育、卫生防疫、金融等诸多行业和部门，导致危害结果发生的原因不明显。随着社会管理的细化，各行各业都有各自的行业规定和管理法规，涉及的法律法规多，技术性、专业性和政策性强，局外人一般难以准确掌握。

2. 渎职案件发生在履行职务的过程中，具有很强的隐蔽性和欺骗性

国家机关工作人员履行职务行为具有相对封闭性，即使在实行“政务公开”的情况下，一些重要决策环节透明度仍不高。而渎职犯罪通常由职务行为掩盖，犯罪行为与职务行为紧密地交织在一起，很难为他人所察觉，与其他案件相比，办案阻力更大。

3. 渎职案件往往牵涉人员多、职权大，具有责任的分散性和背景的复杂性等特点

渎职案件的行业性特点及犯罪主体的特殊性，一般外围调查不知内情，深入调查难免打草惊蛇，调查难以深入。受现有体制的影响，一般国家机关的工作均是承办人、科长，再由分管领导、上级主管部门等层层审批，各级把关审核。因此，要追究违法犯罪责任时，既表现出来责任人人都有，却又显得人人无责、责任分散。查处时因为层层有责，就层层相互包庇、拖延，找各种行业规定、借口为工作失误减少责任，导致案件调查难以深入，案件事实难以查清。

(二)危害结果的范围无法准确确认

渎职侵权职务犯罪的危害结果所涉及的范围较广、危害较大、计量比较复杂，主要涉及的危害结果有直接的危害结果、间接的危害结果。有一些危害结果还不能及时体现出来，需要一定的时间；有一些危害结果已经出现，但是由于承担危害结果的受害人比较分散，无法体现出危害结果的程度和大小。渎职侵权犯罪是一种隐性腐败，同时渎职侵权犯罪多为非贪利型犯罪，多发生在履行职责过程中，其社会危害性不为社会公众所知晓，且“为公”获罪的噱头反而会博取某些不明真相的领导和群众的同情，导致一些地方党政领导对检察机关查办渎职侵权犯罪不理解也不配合，影响案件的查处。

(三)危害行为与危害结果之间因果关系确立的标准比较模糊

在调研走访中，经办理渎职侵权案件的人员反映，由于渎职侵权案件的因果关系复杂、涉及面广以及牵连的敏感人员多等，对于引起危害结果的行为的认定存在一定的困难，这在一定程度上影响了反渎职侵权工作的深入开展。认定困难主要表现如下：表现一，介入因素条件的刑法因果关系理论标准不统一，现行法律对渎职侵权因果关系的成立条件规定缺失，直接影响了渎职侵权因果关系的统一确立和认定；表现二，渎职侵权犯罪大都涉及敏感岗位及敏感人员，渎职侵权案件侦办人员进行通才管理模式，难以适应渎职侵权犯罪因果关系的复杂性的现状，办案人员水平的提高和深化迫在眉睫；表现三，渎职侵权行为的责任具有分散性和模糊性，“间接经济损失”认定标准不好掌握，这也使得认定渎职侵权犯罪因果关系具有一定的复杂性和困难。

当前某些地方政务不够公开、透明，使得公众的知情权难以保障，除非在发生特大责任事故或造成国家人民生命财产重大损失的情况下，才会“由事到人”，反查出其中可能涉及的渎职侵权犯罪案件。渎职侵权犯罪所涉及的新罪名较多，涉及金融、环保、商检、工商、税务、海关等，领域较广，专业知识较强，从而加大了发现和查办此类犯罪的难度。这些因素都导致渎职侵权犯罪案件线索发现渠道不畅，案源相对缺乏，可查性较低。

二、渎职侵权职务犯罪的因果关系属于可选择犯罪构成要件要素

（一）我国刑法学界对因果关系在刑法理论体系中地位的不同观点

1. 刑法因果关系作为犯罪构成的必备要件要素

这种观点认为，所有的犯罪都存在因果关系，所有的犯罪都能给社会造成危害。刑法上给犯罪下的定义就是要具有社会危害性，因此所有的犯罪无论是实质犯还是形式犯都有危害结果，故因果关系存在于所有的犯罪中，因果关系是犯罪构成必备的要件要素。

2. 刑法因果关系不作为犯罪构成的要件要素

持此观点的学者认为，在任何犯罪构成中，都不存在因果关系这一构成要素。这种观点认为因果关系自身并不是一种客观的外在表现的事实特征，它仅仅是危害行为与危害结果两个事实特征之间的一种因与果的内在联系，因而不能看成客观要件。

3. 刑法因果关系作为犯罪构成的选择要件要素

持此观点的学者认为，只有“实质犯罪”中才存在刑法因果关系问题，在“形式犯罪”中并不存在这个问题，因此不能把刑法因果关系作为犯罪构成客观要件的必备要素之一。有学者认为，危害结果是某些犯罪的构成要件，而危害结果对于因果关系起到决定性的作用，因而刑法上的因果关系是某些犯罪的构成要件要素，或者说刑法因果关系是犯罪客观要件中的“非共同要件”。

（二）对各种观点的评述

1. 对刑法因果关系是一切犯罪构成的必备要件要素的观点评议

认为因果关系是一切犯罪构成的必备要件要素主要有以下三点理由：

第一，犯罪最本质的特征是社会危害性，具有社会危害性的行为只要达到了应受惩罚的程度，就等于是造成了危害社会的结果。第二，我国《刑法》在规定故意犯罪和过失犯罪时都使用了“危害社会的结果”一词。因此，一切犯罪（不论故意犯罪或过失犯罪）都有危害社会的结果。第三，危害结果既可以表现为“实际造成的损害”，也可以表现为“可能造成的损害”。

仔细分析起来，上述意见的三点理由不能成立。第一点理由是以《刑法》第13条的规定为论据的，然而，从《刑法》第13条的条文规定中，不能得出这样的结论，因为《刑法》第13条只是强调，凡是具有社会危害性的、违反刑法的、应受刑罚处罚的行为都是犯罪，但并未说明凡是这类行为都必定要造成危害社会的结果。显然，上述第一种观点是把行为的社会危害性与危害结果混为一谈了，认为人的行为只要有社会危害性，而且违反了刑法，就一定有危害社会的结果，就应受刑罚处罚，这是一种误解。第二点理由是以《刑法》第14条和第15条的规定为论据的，认为这两条的规定中都有“结果”一词，便说明一切犯罪都是有危害结果的。《刑法》第14条中的“结果”一词，并不能说明这个问题，因为明知自己的行为会发生危害社会的结果并且希望或者放任这种结果发生，但这种结果却不一定就真的能够发生。第三个理由，只要行为造成了危害结果发生的可能性，就也是一种危害结果，这一说法与刑法规定是相违背的。我国《刑法》第24条规定：“在犯罪过程中，自动放弃犯罪或者自动有效地防止犯罪结果发生的，是犯罪中止。”这里的结果显然是指实际的危害结果，而不是指可能的危害结果，否则行为人根本无法有效地防止结果发生，《刑法》第24条也就不会做出这样的规定了。由此可见，认为任何犯罪都必定会造成危害结果，进而认为任何犯罪都存在刑法因果关系，并认为刑法因果关系在任何犯罪构成中都是必备要件要素的观点，是不正确的。①

① 侯国云，梁德新.论因果关系在刑法中的地位[J].政法论坛，1996(6)：10-16.

2. 对刑法因果关系不是犯罪构成要件要素观点的评议

刑法的因果关系不是犯罪构成要件要素，具体理由如下。

第一，因果关系不能呈现构成要件所必须表现的犯罪活动的主客观事实情况，根本就不具有作为犯罪构成要件的性质。[①]因果关系就其性质来说是客观的，它要成为一个要件，首先必须表现为犯罪活动的客观事实情况。犯罪活动的任何客观事实情况，都有自己相对独立的物质存在形式。物质存在的基本形式是时间和空间，时间指客观事物发展的过程，空间指客观事物占有一定的位置，表示其体积、形态和排列次序等。刑法因果关系完全依赖于危害行为和危害结果而存在，离开这两种现象它什么都不是，就是说它根本没有自身的存在，它是两个客观现象即行为与结果之间的联系方式，本身不是一个相对独立的时空事实现象。所以，因果关系不能成为犯罪客观方面的一个构成要件。它既不是共同要件，也不是选择要件。

第二，因果关系不能确切地判定危害行为与危害结果是否属于犯罪构成要件要素。确认某一危害行为与某一危害结果之间有无因果关系，主要是为行为人对其行为所造成的危害结果担负刑事责任提供客观依据。行为与结果之间有无因果关系，与该行为和结果是否属于犯罪构成要件要素没有必然联系，更不能判定是否犯罪。

第三，刑法因果关系不具备犯罪构成客观方面的外在事实特征。如果把因果关系看成一个犯罪构成要件要素，它只能归于犯罪构成客观方面。我国的犯罪构成客观方面，是指刑法所规定的说明行为对刑法所保护的社会关系造成侵害的客观事实的外在事实特征。客观方面要件和犯罪客体的联系很密切，犯罪客体是犯罪行为侵害的为刑法所保护的社会关系，而客观方面要件就是说明对客体损害是通过什么行为方式进行的以及造成什么损害结果等问题。[②]

分析起来，上述三种理由不成立，理由如下：

---

① 马克昌．犯罪通论[M]．武汉：武汉大学出版社，2005：212.

② 樊凤林．犯罪构成论[M]．北京：法律出版社，1987：44.

第一，实际上认为刑法的因果关系本身不是一个相对独立的时空事实现象，构成要件必须通过一种“有形”的形式才能进行犯罪认定，这是学者陷入绝对客观的一种误解。事实上，对犯罪条件的认定是需要一种相对的客观性，表象的“空间”和“实体”对于认定犯罪的要件并没有实质的重要意义。因果关系本身具有一定的客观性，能够证实犯罪的存在，不能因为一种存在的时空性而抹去其在犯罪论体系中的地位。

第二，因果关系并非是去证实危害行为和危害结果属于犯罪构成要件，危害行为或者危害结果成为犯罪构成要件要素，是危害行为和危害结果本身符合构成要件要素的条件，这与因果关系没有必然的联系，因果关系起到的是证实危害行为与危害结果之间具有一定客观联系的作用。

第三，因果关系正是通过证实危害行为与危害结果之间具有一定的联系，进而证实客体的损害。

3. 笔者认为刑法因果关系是犯罪构成的选择要件要素观点正确

刑法因果关系是犯罪构成的选择要件要素，而不是必备要件要素。即刑法因果关系是犯罪构成要件中的一个选择要素，它只是部分犯罪的构成要件要素，并不是所有犯罪的构成要件要素。理由是：我国刑法未把危害结果规定为犯罪构成的要件要素，因果关系也就不可能成为必备要件要素。因为，根据我国刑法规定，只要实施了对社会有危害的、为刑法所禁止的、应当受到刑罚惩罚的行为，即使没有造成危害社会的结果，也照样构成犯罪，例如，犯罪预备、部分犯罪未遂和犯罪中止。这说明，有些犯罪的成立，并不要求必须有危害结果的发生，没有危害结果，自然也就没有因果关系。可见，刑法并没有把因果关系规定为一切犯罪的必备要件。

因果关系在以下三种情况下才是犯罪构成的客观要件要素。第一种是在过失犯罪的情况下，第二种是在间接故意犯罪的情况下，第三种是在刑法分则特别标明只有诸如“情节严重”“造成重大损失”“数额较大”的情况下才构成犯罪。因为只有在这三种情况下，行为与结果之间具有因果关系，才会影响到行为的性质。

(三)因果关系是渎职侵权职务犯罪客观要件的要素之一

根据上述论证，因果关系是犯罪构成客观要件的选择要素，对于渎职侵权职务犯罪，因果关系是客观要件的要素。理由如下：

1. 渎职侵权职务犯罪是结果犯

针对渎职侵权职务犯罪，只有出现了危害结果，才能追究行为人的刑事责任，在结果犯的场合，行为与结果之间以有因果关系为必要。因果关系本身虽然不能用眼睛看到，但它属于客观的因素。如德国学者指出，属于客观的构成要件的还有行为与结果之间的因果关系和被视为行为人“杰出”的结果的客观归责性。[①]

2. 因果关系能够认定引起危害结果的危害行为

在渎职侵权职务犯罪中，往往呈现多因一果、多果一因的状态，也正是因为渎职侵权职务犯罪具有这样的特点，导致此类犯罪在进行侦查、起诉和审判时存在一定的困难。而因果关系成为客观要件的要素，对于确认引起危害结果的危害行为，确认危害行为所引起的危害结果，都具有重要的意义。

3. 因果关系具有方向性意义

只有因果关系认定为客观要件的要素，司法机关才能准确认定为危害结果承担责任的危害行为，也能够准确确认危害行为所引起的危害结果，从而正确定罪量刑，贯彻罪刑法定原则。

三、因果关系在渎职侵权职务犯罪中的作用

(一)确认引起危害结果的危害行为

引起渎职侵权职务犯罪危害结果的原因比较多，只有将因果关系作为

① 汉斯·海因里希·耶赛克，托马斯·魏根特.德国刑法教科书(总论)[M].徐久生，译.北京：中国法制出版社，2001：336.

犯罪构成客观方面的一个要素，才能做到不枉不纵，维护好法律权威。同时，因果关系也能够通过刑法角度对于引起危害结果的危害行为进行细致准确的划分，认定危害行为，追究行为人的刑事责任。

1. 确立刑法上的原因行为

刑法上的因果关系与哲学上的因果关系有联系但也有区别，因此对于刑法上的危害结果，尽管可能引起的原因比较多，但是真正需要追究责任的却是法律的规定的原因[①]。坚持因果关系的法定性、客观性和归责性，确立引起渎职侵权职务犯罪危害结果的原因，准确认定应当追究刑事责任的危害行为。

2. 揭开职务犯罪的神秘面纱

渎职侵权职务犯罪通常是以职务行为为掩盖的，因犯罪行为与职务行为紧密地交织在一起，很难为他人所察觉。而且，职务行为是否能够确实履行以及履行的程度如何，在司法实践中难以进行认定。只有将因果关系作为渎职侵权职务犯罪的一个要件，对引起危害结果的原因进行甄别，才能准确区分犯罪行为和职务行为，确认危害行为。

3. 确认责任主体

渎职侵权案件往往牵涉人员多、职权大，具有责任的分散性和背景的复杂性。司法实践中，许多渎职侵权职务犯罪责任主体难以认定，责任主体往往以领导安排为借口将责任推卸掉，这对于打击渎职侵权职务犯罪具有不利影响。而通过因果关系的认定，能够区分应该承担责任的主体，制止相互包庇、拖延以及找各种行业规定借口工作失误为由来减少责任，实现对渎职侵权职务犯罪的侦办。

---

① 当前确立刑法因果关系的学说有多种，我国有偶然因果关系、必然因果关系之争，大陆法系有条件说、原因说、相当因果关系说等，还有英美法系的事实因果关系和法律因果关系等观点。笔者认为，对于我们国家的因果关系应该在贯彻犯罪构成客观要件的客观属性统领下，坚持因果关系的客观归责性，建议以“条件说”认定渎职侵权职务犯罪的因果关系。

(二)确认危害结果的范围

物质性损害结果有具体的测量标准，在司法实践中易得到准确操作，而非物质性损害结果却无法根据统一的标准进行量化，刑法乃至新立案标准都没有给出一个权威的测量标尺，这给司法实践带来诸多困扰。实际上，刑法的因果关系具有双向作用，既能够通过结果找到原因，也能够通过原因找到结果。在渎职侵权职务犯罪案件中，一些案件只能认定直接的损害结果，对于间接的结果以及社会的危害结果，由于没有具体的数据说明或者难以估量，司法实践中就不进行认定，这实际上是对渎职侵权职务犯罪的一种放纵，也给司法实践的工作人员带来一定的困惑。我们可以通过直接的危害结果找到危害行为，以及承担责任的犯罪分子，也能通过因果关系的引起与被引起的关系，对于危害结果再进行一次反认定，不能忽视侦办到的危害行为引起的其他危害结果，从而放纵了渎职侵权职务犯罪。

笔者认为，对于渎职侵权职务犯罪造成的其他非物质性损害结果或者间接的结果，宜根据下列标准进行衡量：

第一，对于严重损害国家声誉的界定，应从渎职侵权职务犯罪是否影响我国与世界其他国家的关系，是否影响我国在国际社会中的威望与地位，我国制定的对外方针是否能得到贯彻执行及政府形象是否受到严重负面影响，是否让国际传媒及公众产生负面印象等方面考虑。

第二，对于造成恶劣社会影响的界定，应从渎职侵权职务犯罪是否造成特定区域不稳定，是否造成特定行业波动，是否影响国家政策和方针的落实、破坏当事人家庭或者是否引起群众自杀，是否引起公众对政府及国家的信任度降低等方面进行考虑。此外，在界定危害结果时，尤应注意根据危害结果的产生来计算追诉时效。鉴于渎职犯罪查办时，检察人员总是遵循着“以果寻因”的模式，而渎职犯罪的因与果可能存在一定的时间差，犯罪分子可能在不同时期弥补损害结果，造成犯罪行为与损害结果之间有脱节的现象，因此急需统一的判定标准。在司法实践中，以危害结果产生的时间起算追诉时效较为可取，较符合犯罪的因果联系特征。

第三，对于间接的经济损失，应合理确立“间接经济损失”的边界问题，由社会专业中介机构确认渎职侵权犯罪所引起的“间接经济损失”的具体数额。

渎职侵权职务犯罪的因果关系是犯罪构成客观要件要素之一，因此具备刑法的因果关系就可能会成立犯罪；不具备刑法的因果关系，则不成立犯罪。因果关系是客观存在的，无法通过人情或者其他因素免除，重视渎职侵权职务犯罪的因果关系，不仅仅是贯彻罪刑法定原则，在客观上也能起到排除干扰，坚决预防和打击渎职侵权职务犯罪的作用，同时也能给侦办机关指明侦办的方向和要求。

第十五章　恶意收购行为之刑法规制

2015年7月10日，姚振华管理的宝能系第一次举牌万科拉开了“宝万之争”的序幕，时至至今，“宝万之争”的硝烟已经散去，但是其带给人们的思考并没有停止。近年来，中国公司并购交易日趋活跃，而“宝万之争”可谓开启了中国公司控制权争夺的新篇章。[①]“宝万之争”最后的结果或许已经不重要，恶意收购行为应该如何规范，这才是我们应该思索的问题。我们认为，恶意收购的行为不符合中国市场发展的主流，本章试图从刑事法律的角度思索如何对恶意收购行为进行规制。

一、恶意收购行为之乱象

恶意收购，顾名思义，就是不怀好意地收购，一般而言，根据目标公司管理层对收购方实施交易的态度，公司收购可以分为善意收购（Friendly Acquisition）与恶意收购（Hostile Takeover）。善意收购是指收购方的收购行为得到了目标公司管理层的配合。恶意收购是指收购方的收购行为虽然遭到目标公司管理层的抵制但仍然强行实施，或者没有事先与目标公司管理层进行沟通而单方提出收购要约。[②]恶意收购也可以称之为敌意收购，并不是所有的恶意收购行为都是违反了市场的发展规律，本章所

① 张巍．“宝万之争”中的公司法问题［N］．中国社会科学报．2016-08-10(05)．

② 徐世清．宝万之争的分析与启示［A］．《科技与企业》编辑部．决策论坛——创新思维与领导决策学术研讨会［C］．2017-02-18．

指的恶意收购行为是指“恶意收购”的收购方仅对交易的短期财务结果感兴趣，不是通过正常经营管理使目标公司获得更大收益的途径来获取收益，而是通过非法买卖炒作，或将目标公司拆分，以比买进价更高的价格出售公司股票等，获得超出公司市场价值的破产价值收入，造成目标公司、股东重大经济损失或者造成重大社会危害的行为。

（一）披露、不披露重要信息进行收购

2005年2月19日，盛大投资总监周东蕾给新闻记者的邮箱发了一篇简短的新闻稿，却拥有无比震撼的效果。盛大于2005年2月8号、9号在美国的公开市场上，投入1.5亿美金，在新浪公司毫无察觉情况下，突击购买了新浪19.5%的股份，从而一跃成为新浪的第一大股东。并购消息发布以后，业界引起了极大的关注，因为盛大成为新浪的大股东，意味着盛大对于新浪的运营会有很大的发言权，这将为三大门户网站未来的发展格局带来着深远影响。盛大收购新浪，两家企业的中小股东都感觉比较突然，股市里面两家公司的股票价格也因此产生了连锁反应，引发股价大幅度波动，对于两家中小股份股东而言，其利益的保障充满了不可预期、无法确定的因素。

我国2005年10月27日审议通过的《中华人民共和国证券法》（以下简称《证券法》）第86条规定了持股预警披露制度，在恶意收购中，收购者往往处于主动的优势地位，法律对其规定的最主要的义务就是信息披露义务，以保障其他当事人的权益。从各国证券法的立法可以看出，各国信息披露制度中都明确规定，禁止在披露过程中作不实披露，故意以虚假的、误导的信息或者隐瞒真实情况使他人作出与自己内心意思不一致的行为，禁止内部人员利用便利条件先获得信息，再利用这些尚未公开的信息为自己谋求利益，给其他股东带来实质上的不公平。上述案例中盛大公司披露和不披露重要信息或者突击披露信息的行为，直接影响相关公司的正常运转，导致市场的混乱，应由相关的法律、法规进行合理的规制。

（二）操纵证券、期货市场收购

“宝万”事件中，万科持有股份11 039 152 001股，其中A股9 724 196 533股，A股中除宝能系、华润、证金汇金、安邦、金鹏计划、德赢计划以及QFII、基金外，其余股份占比不到20%。由于中小股东流通盘面较小，股价比较容易被操纵。钜盛华具有明显资金优势、持股优势和信息优势，利用其掌握的多个账户实施市场操纵。为此，万科曾呼吁监管机构核查钜盛华增持万科股份过程中的连续交易、约定交易（对敲）等操纵证券市场的行为。此事件中，不管钜盛华是为了取得对万科的控制权还是为了非法获利，都利用自己的资金优势有效影响到了证券交易价格，涉嫌操控证券市场的正常交易。

（三）违法运用资金收购

在宝万之争中，主角前海人寿2016年5月至8月接受保监会万能险专项检查，2017年2月24日，保监会就检查组结果做出处罚决定。保监会表示，前海人寿在就2015年11月增资活动提交的相关报告中，作出股东增资资金性质为自有资金等陈述。经查，相关增资资金情况与报告陈述不符，有违规运用保险资金的行为：一是前海人寿2015年和2016年在权益类资产投资比例超过总资产30%后，投资了多支非蓝筹股；二是前海人寿2014年至2016年在某银行办理T+0结构性存款业务。

规制违规运用资金的行为，《中华人民共和国公司法》（以下简称《公司法》）、《证券法》等与《刑法》相关规定的衔接还存在问题。刑法对于违规运用资金仅仅在第185条之一[①]规范保险公司、保险资产管理公司、证券投资基金管理公司等单位，限制的违规运用资金的方式比较简单，主要有擅自运用受托资金和违反国家规定使用等方式，实际上，违规使用资金的行为花样繁多，需要扩充违规运用资金行为的管理规定。

---

①《刑法》第185条之一规定："社会保障基金管理机构、住房公积金管理机构等公众资金管理机构，以及保险公司、保险资产管理公司、证券投资基金管理公司，违反国家规定运用资金的，对其直接负责的主管人员和其他直接责任人员，依照前款的规定处罚。"

二、恶意收购行为刑法规制之必要性

恶意收购已经成为世界各国均比较头疼的行为，从美国第一起恶意收购案件的发生开始，世界各国都在思索恶意收购行为应该如何规范。笔者认为，我国需要在民商法规制恶意收购行为的基础上，严密相关的刑事法律规定，以求严格规制和管理恶意收购行为。

（一）恶意收购行为具有严重社会危害性

近年来，资本市场频频举牌传统实体企业，有些恶意收购通过资本控股方式改变企业的经营方向、理念和运营方式，甚至通过资本运作的方式出售实体企业，以求达到盈利的目的。在恶意收购过程中，无论是收购公司收购目标公司所支出的费用，还是目标公司应对恶意收购行为而支付的庞大代价，都是一种社会资源的浪费，而且不可避免地会侵害中小股东的权益。这些恶意收购行为破坏我国大力发展实体企业、加快产业升级的大方向，也破坏公司企业的运营环境，影响经济的持续向好发展，具有严重的社会危害性。2016年12月3日，格力集团掌门人董明珠接受《中国经济周刊》专访时曾表示：真正的投资者是通过投资实体经济发展来获益，恶意收购如果成为中国制造的破坏者，他们会成为罪人。

1. 扰乱社会管理秩序

恶意收购案件如雨后春笋般纷纷出现，这些恶意收购的行为严重影响了社会的管理秩序。目前国内的恶意收购案件所采用的手段、使用的资金、操控的社会关系、引起的社会影响等，严重扰乱了社会管理秩序。收购企业为了能够在短期内收购目标企业，往往操控大量的杠杆资金，这种做法无论是否能够收购成功，都会对社会秩序造成了极大的干扰。例如“宝万之争”，宝能短期之内所撬动的大量杠杆资金，社会给予了强烈关注。对于宝能是否能入驻万科企业的后续发展，人们也是无法预期。但是所有人都能预测和看到一个结果，就是无论宝能能否成功收购万科，最后受到损失和伤害的都是普通民众和社会管理秩序。随着恶意收购案件的逐渐增多，相关法律对此如不能有效监管，将会严重扰乱社会管理秩序。

2. 危害经济机制正常运行

市场有自我的运行机制，而恶意收购的行为则会打破这种内在的平衡与和谐，扰乱正常的经济秩序。目前，还没有恶意收购能够创造价值的实证研究，而恶意收购可能导致完好的公司分崩离析则是现实存在、毋庸置疑的。[①]收购企业的目的并非为了目标企业可持续发展，而是利用目标企业的股价低估或者企业股权的设置有可乘之机，以牺牲小股东利益掠夺公司财富，采用短期买卖行为实现获益。恶意收购的行为往往导致目标企业被拆分，优质的项目被出售，甚至会导致优秀职业经理人被驱逐，抑制某一行业的发展，减损了整个社会财富增长。恣意的恶性收购行为不仅损害经济的发展，也会扰乱企业自身发展规律，因此，需要加强对于恶意收购行为的法律规制。

3. 侵犯中小股东的合法权益

由于现代公司股权高度分散，无论是收购公司还是目标公司的中小股东，往往缺乏专业知识和及时的信息，同时对公司事务呈现的“理性冷漠”，再加上“搭便车”心理，也就任由收购公司和目标公司高层的摆布，对于维护自身合法权益明显“力不从心”。而且，目标公司股东与管理层之间也有可能存在利益冲突，目标公司的股东（特别是中小股东）在收购过程中处于弱势地位，缺乏议价能力，也会导致其利益受损。另外，由于证券市场的信息不对称，在恶意收购过程中常常伴随有内幕交易、操纵市场和证券欺诈等行为，这些都会严重损害中小股东的利益。

4. 降低政府职能部门的公信力

根据《证券法》相关规定可知，国务院证券监督管理机构依法对全国证券市场实行集中统一监督管理，工商、税务等各相关政府职能部门有职责保证市场、经济稳定发展。在恶意收购过程中，往往金额体量大、

① 傅穹.敌意收购的法律立场[J].中国法学,2017(3):1-3.

牵涉面广、利益关系复杂，行政机关某种程度上亦可能深陷其中。如果对于恶意收购行为不能进行有效管理和掌控，会显示政府职能部门管理的无助、无效和无力，降低政府职能部门的公信力。事实上，在面对上市公司的恶意收购案件中，行政机关如果进行行政调查、行政干预，则需要全面考察收购与反收购所造成的社会效果、在经济领域内所造成的影响、进行收购或反收购所采取的措施是否合法等，这对于政府相关部门来说，无疑是个巨大的挑战，因为单凭一个政府职能部门完成如此复杂的综合性工作具有相当大的难度。

（二）现行民商法律规定无法有效规范恶意收购行为

我国关于上市公司规范收购的法律体系初步形成，主要由法律、行政法规、部门规章、自律性文件四个层面组成。从外部形式看，管理上市公司恶意收购的法律规制似乎已经完善，四个层次、多部法律及规范性文件，层次分明且形成一个体系，但是每个层面对于上市公司恶意收购的细致性规定都不尽如人意，无法对于恶意收购行为进行有效规制。回顾2016年我国资本市场上发生的恶意收购交易，我们不难发现，包括《公司法》《证券法》《上市公司收购管理办法》等在内的法律法规基本上没有发挥有效的监管作用。

1.《公司法》

《公司法》第74条、第142条的相关规定，股东对于公司合并、分立、转让财产投反对票的可以请求公司以合理的价格收购其股权，达不成收购协议可以在法定期间内提起诉讼。《公司法》的这些规定让股东有一定的自主决定权，在目标公司进行恶意收购时，股东可以明确自己的立场、摆正自己的位置、分析利益得失从而做出自己的决策，同时也为中小股东提供了合法的退出机制，保护其利益不受侵害。但是，在我国《公司法》关于董事会对于收购能否进行防御并没有相关规定，这就使得董事会防御没有法律依据。

《公司法》亦规定了公司高管的忠实信义义务，第146条原则性规定了董事、监事、高级管理人员应当遵守法律、行政法规及公司章程，对公司负有忠实义务和勤勉义务；第148条[①]以列举式方法禁止董事、高级管理人员从事八种行为。《公司法》对恶意收购中董事、高级管理人员的行为能起到一定的规制作用，但是规定比较原则化，可操作性不强，另外列举的方式不能穷尽所能采取的恶意收购措施，在实践中《公司法》的这些规定不能很好地发挥规范恶意收购行为的作用，达不到预期的效果。

2.《证券法》

《证券法》对恶意收购的规制主要体现在持续信息公开、禁止内幕交易和收购要约三个方面。《证券法》第三章第三节规定了持续信息公开制度，要求上市公司必须真实、准确、完整地披露信息，不得虚假记载、误导性陈述或者有重大遗漏，该节内容保护公司股东知情权，面对收购时能够收集充分的信息。第四节规定的是禁止性行为，禁止内幕信息的知情人或非法获取内幕信息的人从事证券交易活动，有利于保护目标公司股东及利益相关者的利益。《证券法》第四章专章规制上市公司收购，但是没有规制恶意收购的相关条款，只有第65条[②]增加了部分要约的规定，删除了强制要约收购义务豁免的条款。《证券法》虽然做了对应的法律规定，但是在实践中，承担法律责任的代价相对于恶意收购所获得的

①《公司法》第148条规定："董事、高级管理人员不得有下列行为：(一)挪用公司资金；(二)将公司资金以其个人名义或者以其他个人名义开立账户存储；(三)违反公司章程的规定，未经股东会、股东大会或者董事会同意，将公司资金借贷给他人或者以公司财产为他人提供担保；(四)违反公司章程的规定或者未经股东会、股东大会同意，与本公司订立合同或者进行交易；(五)未经股东会或者股东大会同意，利用职务便利为自己或者他人谋取属于公司的商业机会，自营或者为他人经营与所任职公司同类的业务；(六)接受他人与公司交易的佣金归为己有；(七)擅自披露公司秘密；(八)违反对公司忠实义务的其他行为。董事、高级管理人员违反前款规定所得的收入应当归公司所有。"

②《证券法》第65条规定："通过证券交易所的证券交易，投资者持有或者通过协议、其他安排与他人共同持有一个上市公司已发行的有表决权股份达到百分之三十时，继续进行收购的，应当依法向该上市公司所有股东发出收购上市公司全部或者部分股份的要约。收购上市公司部分股份的要约应当约定，被收购公司股东承诺出售的股份数额超过预定收购的股份数额的，收购人按比例进行收购。"

利益而言过低，追究法律责任的程序与方式也比较粗略，不能及时、有效地对其进行管理和规制。

3.《上市公司收购管理办法》

2006年证监会出台了《上市公司收购管理办法》，对企业的收购方式由强制性的全面要约收购方式调整为选择性的要约收购方式，首次对反收购进行了一定的直接规定，但从其条文可以看出其对反收购的规定多为一些原则性规定。第8条[①]对管理层忠实勤勉义务做了关于反收购的较详细规定，此规定对管理层在收购中的行为做出了一定规范，强调其不得歧视对待敌意收购投资者，所做措施应当适当。第33条[②]对于针对要约收购的反收购行为进行了直接规制，从此规定可得出在抵抗要约收购的情况下，反收购的决定权属于股东大会。管理层只能在股东大会决议后实施可能给公司财务、经营等带来重要影响的反收购行为。该规定对于要约收购下的反收购做出了较详细的规制，但对于非要约收购的恶意收购行为却没有明确规定，而且对于恶意收购者应该如何规范并没有详细的规定。

4.《中华人民共和国反垄断法》

《中华人民共和国反垄断法》（以下简称《反垄断法》）对恶意收购的规制主要是关于经营者集中的规定。《反垄断法》第20条规定经营者集中的三种情况：其一，经营者合并；其二，经营者通过取得股权或者资产的方式取得对其他经营者的控制权；其三，经营者通过合同等方式取得对其他经营者的控制权或者能够对其他经营者施加决定性影响。收购者取得目标公司控制权后有可能产生经营者集中情况，这就为目标公司提起诉讼提供了法律依据。目标公司遇到恶意收购并可能导致经营者集

①《上市公司收购管理办法》第8条规定："被收购公司的董事、监事、高级管理人员对公司负有忠实义务和勤勉义务，应当公平对待收购本公司的所有收购人。"

②《上市公司收购管理办法》第33条规定："收购人作出提示性公告后至要约收购完成前，被收购公司除继续从事正常的经营活动或者执行股东大会已经作出的决议外，未经股东大会批准，被收购公司董事会不得通过处置公司资产、对外投资、调整公司主要业务、担保、贷款等方式，对公司的资产、负债、权益或者经营成果造成重大影响。"

中的后果时，可以向反垄断执法机构寻求行政救济。

(三)加强恶意收购行为刑法规制的益处

2015年中国的《政府工作报告》明确提出了“中国制造”的概念，国务院总理李克强在《政府工作报告》中指出：制造业是我们的优势产业，要推动产业结构迈向中高端，实施“中国制造2025”，坚持创新驱动、智能转型、强化基础、绿色发展，加快从制造大国转向制造强国。恶意收购行为对于产业升级具有严重的社会危害性，对于“中国制造”起到了破坏作用，而民商法对于规制恶意收购行为明显力不从心，因此需要严密刑事法相应的规定，以求合理、合法规制恶意收购行为。

1. 有益于保护合法经营的目标企业

虽然，我国《公司法》规定了股东直接诉讼和股东代表诉讼制度，所谓股东直接诉讼是指股东认为董事、高级管理人员的不法行为（包括违反公司章程规定的行为），侵害了自己基于股东身份所拥有的合法权益时，直接向法院起诉，运用司法的力量来维护自身权益；而股东代表诉讼则是股东为了保护公司利益，符合一定条件的股东提起诉讼，充当公司利益的“捍卫者”。但是公司法的规定仅仅是企业的股东与企业之间的关系，而对于企业之外的人和公司并没有做出相应的规定，这一点尤其体现在恶意收购的行为上，股东竟然没有途径直接参与到捍卫自己与公司利益的行为中。将恶意收购行为纳入刑事法网，适用“司法方式”来刺破“公司的面纱”，从而保障公司和股东的合法权益以及金融秩序的有序发展。事实上，一个正常的企业会把主要精力、资金用于生产、经营中，往往疏于防备恶意收购等资本运作对企业的破坏活动，这就给了恶意收购企业可乘之机。恶意收购企业无论是否能够收购成功，自身可能也有损失，但是相比较而言，目标公司往往受到的损失更大，而这部分损失却只能由目标企业默默承受，相关的法律并没有做出规范和救济。只有严密刑事法律规定，才能够有效保障社会资源合理使用。

2. 有益于恶意收购行为罚当其罪

恶意收购行为一旦实施起来，其破坏力和社会危害性往往严重到无法估量，对于目标企业未来的发展，甚至整个行业的前景都带来巨大的破坏，然而无论民商法还是刑事法目前的规定，对于恶意收购相关的违法行为，处罚相对较轻。例如“宝万之争”中，保监会对前海人寿及其董事长姚振华开出的一份行政处罚书中，前海人寿被罚80万，前董事长姚振华撤销任职资格以及10年禁入保险业，6名相关部门负责人被处警告和10万元罚款。除了10年禁入保险业的代价无法评估以外，前海人寿被罚80万以及6名相关负责人罚10万元，对于动辄使用的资金以亿为计量的单位而言，如此处罚犹如杯水车薪，微不足道。刑法对于相关犯罪罚金的处罚也显得“不值一提”。如背信使用资金罪，对其直接负责的主管人员和其他直接责任人员，并处三万元以上三十万元以下罚金；情节特别严重的，并处五万元以上五十万元以下罚金。即使顶格处罚，笔者认为罚金的数额与实际造成的损失或者获得的利益相比，数额相差太大，显得处罚比较轻。将恶意收购行为纳入刑事法网严格规范，能促使恶意收购者承担相应的法律责任，使之罚当其罪。

3. 有益于弥补现行法律的权益保障程序

上市公司收购之战的目标在于对公司控股权的争夺，它关系到上市公司股东的利益、管理层的利益，还会影响到债权人、员工甚至社会中的其他利益者，而现行法律往往不能给予有效的救济与权益保障。司法救济是解决纠纷的最终渠道，也是最有力的途径。一般情况下，当民事主体的权利遭受侵害时，最有效和直接的解决手段就是诉诸法律寻求救济。我国的《公司法》《证券法》《上市公司管理办法》对于上市公司在收购过程中的违规操作行为或侵害股东利益的行为，没有明确规定诉权，相关条款都是模糊不清，实践操作起来缺乏可能性。在实践中不难看到，诉讼只是一种反收购的手段，最终裁决的权利其实是掌握在证券监管部门手中，致使司法救济手段形同虚设。这说明我国上市公司反收购救济机制中，行政干预大于司法的力量，缺乏一个完备、合理的救济机制以及完善的权益保障程序。如此，强化刑事法相应的规定，有益于弥补缺失的刑事权益保障机制。

三、恶意收购行为之解析

恶意收购主要是指投资人购买公司股票时并未取得公司董事会同意，从公司法的基本原理看，各国对公司的大股东作出了许多限制性规定，但对于恶意收购并没有明确的定义。以下对于恶意收购行为进行详细分析。

(一)恶意收购行为的主要模式

1. 要约收购

收购公司直接向目标公司的所有股东发出收购股份的要约，这是恶意收购最主要的方式，也称为狗熊式拥抱（Bear Hug）。出现要约收购的方式多发生在协议收购失败或持有的股份数量达到强制要约收购触发点的情况下，因为要约收购的成本非常高。收购人通常以非常高的溢价来收购目标公司的股票，而股东则根据自己的判断来选择是否接受要约，即选择是“走”还是“留”。狗熊式拥抱不失为最有效的一种收购方法。一个CEO可以轻而易举得回绝收购公司的要约，但是狗熊式拥抱迫使公司的董事会对此进行权衡，因为董事有义务给股东最丰厚的回报，这是股东利益最大化所要求的。

2. 阻击式公开购买

阻击式公开购买一般指在目标公司经营不善而出现问题或在股市下跌的情况下，收购方与目标公司既不做事先的沟通，也没有警示，而直接在市场上展开收购行为。由于这种方式也受到法律制度的限制，如达到法定比例需要披露持股信息，以及强制要约收购制度等，故通常是收购初期采取的方式。由于种种法律限制，阻击式公开购买通常会和要约收购、协议收购等方式结合使用。一般来说，采用这种手段针对的是公司股权相对分散或公司股价被明显低估的目标公司。

3. 征集表决代理权

征集表决代理权指的是收购人通过向目标公司股东征集投票委托书获得相当数量的表决代理权后，在股东大会上通过投票来更换管理层，以达到控制目标公司的目的。其通常方式是将已经格式化的投票委托书发送给股东，经股东签章后由征集代理权的代理人行使表决权。表决权代理本身并没有和争夺公司控制权挂钩，从法律意义上来说只是民法中的代理制度在公司法中的具体运用，其主要目的是为了提升表决的效率和扩张股东的意思自治。然而与民法不同的是，当有人主动征集一定数量的表决权代理并使之为自己的目的服务时，表决权代理此时便成为争夺公司控制权的一种工具。①

（二）恶意收购行为的内涵

恶意收购行为无论是在公司法、证券法，还是在刑法上都没有进行具体规定，以下详细分解“恶意”和“收购”的含义。

1. 恶意

“恶意”二字在现代汉语词典中的意思：“恶”，很坏的行为，犯罪的事情；意，心愿，意向。

《公司法》上并没有关于恶意的解释，但《公司法》第204条规定公司在合并、分立、减少注册资本或者进行清算时应当履行告知义务，如果没有履行告知义务可以视为“恶意”，应当承当相应的责任。

同样《证券法》第93条规定了买卖限制需要履行的义务，如果违反了这项义务可以被视为恶意。

刑事法律也没有明确适用“恶意”一词并且赋予其刑法意义上的含义，《刑法》第14条规定了故意罪过心态的内容，通常认为“故意”损害他人权益的行为，此时的心理状态可以被视为恶意。

根据以上法律的规定，可将恶意收购行为的“恶意”做如下解析：故

① 黄潢．敌意收购的法律规制研究[D]．南昌：南昌大学，2015：7-8.

意通过虚假的渠道或者超出限制实施收购行为，或者无意经营管理，只求通过资本运作的形式买卖股权，拆分、出售目标企业来获得经济利益的心理状态。

2. 收购

《公司法》也没有关于“收购”的解释，第137条至第144条对于股份转让进行规制，并在第142条规定了本公司股份的收购禁止及例外。《证券法》收购的解释是在第四章上市公司的收购的理解基础上进行阐释的，收购的上位概念是上市公司收购，所谓上市公司收购是指以上市公司为目标公司而进行的公司收购，即通过购买一个上市公司的股份来获得该上市公司的控制权的行为。上市公司收购的要件包括：其一，被收购的对象为上市公司的股份，而不是上市公司本身；其二，收购的目的为取得对上市公司的控制权，不包括仅获取股利或获取差价的买卖股票行为。

恶意收购一般与善意收购即正常收购相对，其区别在于恶意收购一般先要以现金迅速收购足以取得控制权的比例的股票，所以恶意收购者应当事先准备足够的现金。而善意收购者不需要准备大量的现金，通常是通过协商安排双方的股票互换来达到此目的，此时目标公司的股东可以得到节约税收的好处。但是通过股票互换，或者收购人发行证券用以购买目标公司的股票，都应当编制募股说明书。

由此，可将收购归类于公司通过一定的方式取得另一公司部分或全部所有权的投资活动。收购方一般可通过现金或股票完成收购，以取得被收购企业的实际控制权。

四、恶意收购行为刑法规制建议

我国现有的刑事法律，没有直接的刑法条文对于恶意收购行为进行规范，而是对于恶意收购过程中采取的违法行为进行规制。

(一)现有的刑事法律规定

1. 对恶意收购中“恶意”的刑法规制

恶意收购的“恶意”可以通过多种方式显示，其表面的目的是为了收购目标企业，但是实质目的是通过收购行为获益，而不是管理和经营企业。“恶意”在收购过程中会有众多的表象，需要重点管理。刑法对于恶意收购中的“恶意”，主要通过《刑法》第161条规定了违规披露、不披露重要信息罪，第169条背信损害上市公司利益罪等进行规范。收购公司在进行恶意收购过程中，其采取的行为具有相当的风险性，收购若没有成功，也可能会导致收购企业很大的损失，这些损失必然会由收购企业的股东承担。如果收购公司没有按规定进行披露或者不披露重要信息，就可能触犯违规披露、不披露重要信息罪。还有，如果收购公司属于上市公司，收购过程中，因其收购行为并没有得到目标企业的支持，如果采用的手段不合法，有损收购公司利益，有可能触犯第169条背信损害上市公司利益罪。

2. 对恶意收购中“收购”的刑法规制

对于恶意收购的收购行为，刑法也是通过相关的法律规范进行规制。尽管恶意收购的危害比较大，但是恶意收购的收购行为还是需要依靠市场规则完成，尤其是证券市场的相关规则。为了能够迅速有效地完成收购，收购行为必然会操纵证券和期货市场的正常交易，控制证券和期货市场的价格，《刑法》第182条操纵证券、期货市场罪对此类行为进行了细致的规定。另外在收购过程中，收购一方需要大量的现金，对于一个正常运作的企业而言，短期内集中了大量的现金，往往会有挪用资金、违规加杠杆或者违反国家的规定不合规使用公众的资金等行为，《刑法》第185条挪用资金罪等相关法律规定，有效规范了公司正当、合法地使用公司资金。

（二）严密相应的刑事法网

1. 违规披露、不披露重要信息罪

《刑法》第161条规定了公司、企业负有信息披露义务。本条的规定仅限于依法应当披露的其他重要信息不按照规定披露，相对于前条虚假或者隐瞒重要事实的“财物会计报告”的规定，“其他重要信息”也限于财物方面的信息。另外，法条要求严重损害股东或者其他人利益的表述亦有矛盾之处，只有严重损害股东或者其他人利益才能够追诉？这显然与实际情形有不相符合的地方，如果隐瞒了重要信息，给股东带来了利益，这样的行为就能够允许吗？显然是不合适的。违规披露、不披露重要信息是否应该追究责任，关键在于是否损害了股东或者其他人利益，如果损害了就承担责任，如果没有损害就不需要承担责任。另外损害的内涵需要进一步规范，损害的程度及经过的时间范围需要进一步明确。如果出现了先有损失后有收益的情形如何计算损失？如果先有收益后受损失是否还算是损失？相关的内容，本法条语焉不详，司法实践也无法操作。笔者就此提出三点建议：

（1）扩大信息的范围

《刑法》第161条把信息限制于财物会计报告和其他依法应当披露的信息，根据刑法规定的惯例，其他依法应当披露的信息也限于与财物会计相关的信息。事实上，在恶意收购过程中，财物会计报告反而是最不需要知道的信息。在许多恶意收购的行为中，为了能够完成收购，往往采取突袭的方法，无论是购买股票还是行动一致人之间的行为，都是隐藏了自己的行为而没有公告。这战术虽然使得收购成功的可能性更大，但是这种行为无疑侵犯了目标企业和收购企业的利益。因此，笔者建议扩大相关信息的范围为影响企业重大发展的相关信息。

（2）“严重损害”修改为“严重影响”

本罪习惯将危害结果定位于严重损害，事实上，恶意收购行为并不一定会给收购企业甚至目标企业带来损害。很有可能在收购的过程中，目

标企业的股票的价格大幅度涨起来，股票市场有可能还处于盈利阶段。如果仅仅将结果限制到受到严重损害，会放纵犯罪，同时也会给司法部门收集证据带来困扰，实践中具体的损害形式多种多样，损害的程度也起伏不定。因此，笔者建议将“严重损害”修改成“严重影响”，如此能够将相关的情形都涵盖进法律规制的范围内。

（3）采用倍比罚金制

对于恶意收购而言，罚金的数量太少。公司的负责人从中恶意收购获得的财富是比较庞大的，而与之对比罚金的数量就显得更为单薄，建议增加罚金的数量，采用倍比罚金的方法，降低犯罪分子通过犯罪行为获得利益的可能性。

2. 违法运用资金罪

在恶意收购过程中，资金成为收购企业实施恶意收购行为并且能够呼风唤雨的关键所在，然而在正常的企业运作过程中，能够短时间调动如此巨大的资金流，其中资金来源不能完全依靠企业本身所具有的资金，基本上都需要通过多个渠道汇聚资金，例如，通过股权质押、资管计划、融资融券、收益互换等杠杆工具[①]来获得资金。那么，资金的来源以及资金本来的用途就成为判断收购行为是否合法的重要依据，事实上，我国发生的企业间的恶意收购，大部分的资金来源都存在不同程度的违规。而对于此种违规行为往往通过行政处罚进行规范，刑法规制的案例很少，这导致违规运用资金的违法成本很低，基本上不能作为收购企业不进行恶意收购的理由。另外，对于违法运用资金的查处具有滞后性，往往恶意收购行为已经完成，形成了既成事实，相对于所获得的巨大利益，之后的处罚犹如隔靴搔痒、无足轻重。笔者建议，刑法应该加大对违法运用资金犯罪的查处力度，具体如下：

（1）放宽资金的来源范围

《刑法》第185条规定，违法运用的资金来源于保险公司、保险资产

① 此次“宝万之争”的宝能集团就是采用股权质押、资管计划、融资融券、收益互换等杠杆工具筹集资金。

管理公司、证券投资基金管理公司等单位所管理的资金。笔者认为，第185条的规定过于严苛，无法有效限制和降低违法运用资金的行为。而且现实生活中，恶意收购的行为人往往会通过资本的运作或者通过转化方式，将保险公司等单位管理的资金改头换面，从而逃避监管。笔者建议扩大违法运用资金的范围，将资金的范围扩大到所有法律规定的公众资金，从而有效防止行为人通过改头换面等操作将公众资金作为恶意收购的资本，也促使公众资金能够得到合理使用。

（2）扩大违法运用资金的主体

市场主体的多样性、平等性是市场经济的典型特征，随着经济、社会的发展，多种经济形态也随着时代的进步而发展，公众资金管理的管理单位、管理方式也会发生变化。违法运用资金的单位如果仅仅限于法律规定的范围，那么可以说规范的主体范围较小，且本罪的立法原意在于保障公众资金的稳重增值，保障社会秩序的有序发展，保护民众基本生活的稳步向好。对于单位的限制主因在于所涉及的单位是管理公众资金的单位，关系普通民众的民生，不得不加以规范。当下经营的规模和单位范围有所增加，未来还有扩大的趋势，所以应该扩大违法运用资金所涉及单位的范围。可以考虑增设自然人作为犯罪主体，以加强对财产的保护力度。[①]

（三）强化刑事责任的处罚

恶意收购行为相应的刑事责任处罚内容略显单一，对于有效管控恶意收购的行为还存在一定的不足之处，建议增设从业禁止的规定和增加罚金刑的数额的相关规定。

1. 增设从业禁止规定

《刑法》分则第三章第四节破坏金融管理秩序罪的罪名中，基本上没有关于职业禁止的处罚，相关的职业禁止都是规定在其他法律法规中。笔者建议，在恶意收购行为所涉及的罪名中增加从业禁止处罚。理由

① 王天娇.背信行为的刑法规制问题研究[D].沈阳：辽宁大学，2014：23.

如下：

（1）《刑法》总则有从业禁止的明文规定

《刑法修正案（九）》在《刑法》第37条之后增加了一条“从业禁止”。从第37条所处的位置看，此条属于“非刑罚处罚措施”。《刑法修正案（九）》将“从业禁止”作为第37条的内容之一，也就明确了“从业禁止”措施既不是一个新的刑种，也不属于刑罚之列，而是非刑罚的法律后果。从业禁止作为刑法规定的一种非刑罚处遇措施，与前科制度有着相似的旨趣。①“该制度设置的初衷是对于因利用职业便利实施犯罪，或者实施违背职业要求的特定义务的犯罪而被判处刑罚的人，剥夺其犯罪能力，预防其再次犯罪。”②最新的修正案将从业禁止规定在《刑法》的总则里，就是肯定和推广从业禁止的做法。

（2）有利于经济生活的正常发展

“从业禁止”在本质上是法院为了预防犯罪、保障社会公众安全和维护社会公众利益，根据被告人的犯罪情况，对其所采取的一项预防性的非刑罚处分措施，是刑法对法律后果的完善。恶意收购行为的负责人对于市场相关的游戏规则甚至相关的法律底线的把控极其严密，然而如此深入理解法律和政策的目的并不是为了生产经营，而是为了通过炒作、收购、拆分、出售等资本运作方式盈利赚钱，此等操作并不能带来生产的变革，资产的重组，反而会给社会秩序、经济秩序带来灾难性破坏。正如当年索罗斯所带来的亚洲金融危机，给亚洲国家带来毁灭性的灾难，导致众多国家的经济水平直接倒退几十年，泰国整个国家的国民生活陷入困苦之中难以自拔。如果放任恶意收购行为，也可能会给一家公司、一个行业甚至一个国家的经济带来破坏性的影响。这些始作俑者就是实施恶意收购行为的决策者和负责人，而且这样的决策者很难将注意力转移到正常的生产经营中，从业禁止能够从根源上限制此类人参与社会的

① 于志刚.从业禁止制度的定位与资格限制、剥夺制度的体系化：以《刑法修正案（九）》从业禁止制度的规范解读为切入点[J].法学评论，2016(1)：98-107.

② 刘志伟，宋久华.论刑法中的职业禁止制度[J].江西社会科学，2016(1)：144.

经济生活中，从而促进社会经济生活的正常发展。

2. 加大罚金刑处罚

如上文所列举的案例，我国对于与恶意收购相关犯罪行为的经济处罚无法起到打击和预防的作用。在恶意收购的过程中，无论是收购方还是目标方，所动用的资金之巨大，引起的社会影响和危害之广，与刑法的相关罪名的罚金数量明显不成比例，恶意收购如果能够成功，其从中能获得的巨大经济利益与之相比几十万的罚金完全是杯水车薪。资本有50%的利润，它就铤而走险；为了100%的利润，它就敢践踏一切人间法律；有300%的利润，它就敢犯任何罪行，甚至绞首的危险。同样的情形也完全适用于恶意收购的情形。当前恶意收购的违法犯罪成本之低廉是当前此等违法行为屡禁不止而且层出不穷的原因所在，笔者建议加大罚金刑的处罚力度，可以考虑设置比例罚金制，参照的对象就是涉案金额。对于罚金刑来说，涉罪金额是犯罪本质最明显、最普遍的表现和具体化，是确定罚金刑需要考虑的主要情节，甚至对量刑起着决定性作用。[①]我们不能允许行为人通过犯罪获取经济利益。

综上所述，严密刑事法网，可以有效规制和管理恶意收购行为，从而促进经济社会的正常发展。同时，我们也应该意识到，经济领域出现的问题，采用经济手段引导、规范是主流，刑事手段是辅助。正如对于恶意收购行为的规制一样，刑法针对的是造成的后果具有严重的社会危害性的恶意收购行为。

① 何军兵，熊永明．我国倍比罚金制参照系之反思与重构：以刑事立法协调为视角[J]．河南社会科学，2016(6)：57-63.

参考文献

一、专著类

[1]陈家林.共同正犯研究[M].武汉:武汉大学出版社,2004.

[2]陈伟强.共同犯罪刑事责任研究[M].北京:清华大学出版社,2013.

[3]陈兴良.共同犯罪论[M].北京:中国社会科学出版社,1992.

[4]陈兴良.本体刑法学[M].北京:商务印书馆,2001.

[5]陈兴良.刑法哲学[M].北京:中国政法大学出版社,2004.

[6]陈志军.共同犯罪的理论与实践[M].北京:中国人民公安大学出版社,2012.

[7]陈子平.刑法总论(2008年增修版)[M].北京:中国人民大学出版社,2009.

[8]大塚仁.犯罪论的基本问题[M].冯军,译.北京:中国政法大学出版社,1993.

[9]邓国良,邓定远.网络安全与网络犯罪[M].北京:法律出版社,2015.

[10]杜晔,梁颖.网络信息对抗[M].北京:北京邮电大学出版社,2011.

[11]方兴东,胡怀亮.网络强国:中美网络空间大博弈[M].北京:电子工业出版社,2014.

[12]高铭暄.新中国刑法学研究综述:1949—1985[M].郑州:河南人民出版社,1986.

［13］高铭暄．刑法学原理：第一卷［M］．北京：中国人民大学出版社，1993.

［14］高铭暄，赵秉志．新中国刑法学五十年：中册［M］．北京：中国方正出版社，2000.

［15］高铭暄．刑法专论［M］．北京：高等教育出版社，2006.

［16］汉斯•海因里希•耶塞克，托马斯•魏根特．德国刑法教科书（总论）［M］．徐久生，译．北京：中国法制出版社，2001.

［17］侯国云．刑法因果新论［M］．南宁：广西人民出版社，2000.

［18］黄丽勤，周铭川．共同犯罪研究［M］．北京：法律出版社，2011.

［19］江溯．刑法中的帮助行为［M］．北京：中国社会科学出版社，2013.

［20］康树华．犯罪学通论［M］．北京：北京大学出版社，1992.

［21］李成．共同犯罪与身份关系研究［M］．北京：中国人民公安大学出版社，2007.

［22］李光灿，张文，龚明礼．刑法因果关系论［M］．北京：北京大学出版社，1986.

［23］黎宏．刑法学［M］．北京：法律出版社，2012.

［24］李文燕．计算机犯罪研究［M］．北京：中国方正出版社，2001.

［25］林东茂．刑法综览［M］．北京：中国人民大学出版社，2009.

［26］刘广三．计算机犯罪论［M］．北京：中国人民大学出版社，1999.

［27］刘士心．刑法中的行为理论研究［M］．北京：人民出版社，2012.

［28］刘斯凡．共犯界限论［M］．北京：中国人民公安大学出版社，2011.

［29］马克昌．外国刑法学总论（大陆法系）［M］．北京：中国人民大学出版社，2009.

［30］饶传平．网络法律制度：前沿与热点专题研究［M］．北京：人民法院出版社，2005.

［31］孙伟平．猫与耗子的新游戏：网络犯罪及其治理［M］．北京：北京出版社，1999.

［32］孙晓东．网络犯罪侦查［M］．北京：清华大学出版社，2014.

［33］肖本山．共犯过限论［M］．北京：中国人民公安大学出版社，2011.

[34]小野清一郎.犯罪构成要件理论[M].王泰,译.北京:中国人民公安大学出版社,1991.

[35]熊选国.刑法中行为论[M].北京:人民法院出版社,1992.

[36]许发民.刑法的社会文化分析[M].武汉:武汉大学出版社,2004.

[37]徐云峰,谢丽丽,贺滢睿,等.网络犯罪心理[M].武汉:武汉大学出版社,2014.

[38]杨金彪.共犯的处罚根据[M].北京:中国人民公安大学出版社,2008.

[39]叶良芳.实行犯研究[M].杭州:浙江大学出版社,2008.

[40]于志刚.计算机犯罪研究[M].北京:中国检察出版社,1999.

[41]于志刚.共同犯罪的网络异化研究[M].北京:中国方正出版社,2010.

[42]赵秉志.新刑法教程[M].北京:中国人民大学出版社,1997.

[43]赵秉志.刑法总则问题专论[M].北京:法律出版社,2004.

[44]赵秉志.当代刑法学[M].北京:中国政法大学出版社,2009.

[45]赵秉志.刑法基本问题[M].北京:北京大学出版社,2010.

[46]赵秉志.刑法立法研究[M].北京:中国人民大学出版社,2014.

[47]张晋藩.依法治国与法史镜鉴[M].北京:中国法制出版社,2015.

[48]张开骏.共犯从属性研究[M].北京:法律出版社,2015.

[49]张明楷.刑法学[M].3版.北京:法律出版社,2007.

[50]张巍.涉网络犯罪相关行为刑法规制研究[M].北京:法律出版社,2015.

二、期刊类

[1]陈家林.结果加重犯的共同正犯浅论[J].河北法学,2006(12).

[2]陈劲阳.仇恨型故意杀人案件死刑裁量反思:贾敬龙案量刑妥当性多维分析[J].吉林大学社会科学学报,2017(3).

[3]陈平.拖欠农民工工资问题的法律思考[J].河北法学,2004(5).

[4]陈世伟."部分行为全部责任"的现实困境及其出路[J].云南大学学报(法学版),2008(5).

[5]陈兴良.社会危害性理论:一个反思性检讨[J].法学研究,2000(1).

[6]陈兴良.共同犯罪论[J].现代法学,2001(3).

[7]陈兴良.从归因到归责:客观归责理论研究[J].法学研究,2006(2).

[8]陈兴良.社会危害性理论:进一步的批判性清理[J].中国法学,2006(4).

[9]程康彦.略论刑法中的因果关系[J].法学评论,1983(1).

[10]丁英华,李新华.对我国刑事立法的相关伦理考察[J].法学杂志,2009(1).

[11]樊凤林.我国修订后的刑法的任务[J].中国人民公安大学学报(社会科学版),1997(4).

[12]冯亚东.犯罪构成本体论[J].中国法学,2007(4).

[13]龚健.论刑法法益的功能[J].辽宁行政学院学报,2009(11).

[14]关怀.改革开放三十年劳动立法的回顾与展望[J].法学杂志,2009(2).

[15]顾若瑜.试论"特定关系人"界定的重要性[J].云南警官学院学报,2008(4).

[16]何庆仁.我国刑法中教唆犯的两种涵义[J].法学研究,2004(5).

[17]侯国云,梁德新.论因果关系在刑法中的地位[J].政法论坛,1996(6).

[18]黄京平,左袖阳.信用卡诈骗罪若干问题研究[J].中国刑事法杂志,2006(4).

[19]江帆.法律视野中的农民工工资问题[J].广州市公安管理干部学院学报,2006(2).

[20]李凤梅.教唆行为:共犯行为抑或实行行为[J].法学杂志,2009(1).

[21]黎宏.法益侵害说和犯罪的认定[J].国家检察官学院学报,2006(6).

[22]黎建飞.拖欠民工工资中的法律问题[J].法学杂志.2004(2).

[23]李莉.论结果加重犯的共同正犯[J].法商研究(中南政法学院学报),1996(6).

[24]林亚刚,何荣功.结果加重犯共同正犯刑事责任的探讨[J].郑州大学学报(哲学社会科学版),2002(4).

[25]刘冠军,高懿德.因果关系新论[J].晋阳学刊,1998(1).

[26]刘金国,闻立军.法治秩序断想[J].法学杂志,2008(2).

[27]刘宪权.对受贿犯罪修正的几点意见[J].法学杂志,2008(12).

[28]刘艳红.刑法的目的与犯罪论的实质化:“中国特色”罪刑法定原则的出罪机制[J].环球法律评论,2008(1).

[29]吕占锁.也谈刑法中因果关系的研究对象:与程康彦同志商榷[J].法学评论,1983(C1).

[30]马克昌.我国刑法的任务[J].武汉大学学报(哲学社会科学版),1980(5).

[31]彭凤莲,高雪梅.《刑法》与《治安管理处罚法》的协调研究[J].法学杂志,2009(8).

[32]彭文海,林伟.结果加重犯若干问题探讨[J].福建法学,2003(2).

[33]覃福晓.以应对金融危机为契机建立企业欠薪救济长效机制[J].法学杂志,2009(9).

[34]舒洪水,贾宇.刑法修正案(七)第13条的理解与适用[J].华东政法大学学报,2009(3).

[35]王嘉林.加强立法建立欠薪处理机制[J].中国劳动,2002(12).

[36]王鹏祥.单位犯罪的立法缺陷及其完善[J].法学杂志,2009(5).

[37]王燕飞.论我国刑法的任务及其立法完善[J].法学论坛,2008(5).

[38]王勇.不杀止于杀:死刑司法控制中的公众舆论引导研究[J].法学杂志,2017(3).

[39]王政勋.论社会危害性的地位[J].法律科学(西北政法大学学报),2003(2).

[40]张丽红.结果加重犯的共同犯罪问题[J].内蒙古民族大学学报(社会科学版),2006(5).

[41]张明楷.新刑法与法益侵害说[J].法学研究,2000(1).

[42]张明楷.论教唆犯的性质[J].刑事法评论,2007(2).

后 记

本书是我近十年对于刑法热点理论问题的思考，如今结集成册，也算是对自己十年思考的一个总结。十年之间，弹指一挥，《刑法修正案（十）》业已颁布实施，司法环境也有所改变，本人亦由三十而立到了四十不惑的年纪。刑法理论研究犹如浩瀚的大海，个人的思索只是大海里面的一朵浪花。于我而言，我的思考或许是浅薄的，但为祖国法治建设贡献才智的热情是满满的。我愿意为社会主义法治建设贡献出自己的一点力量，也期待自己的思考能够给读者带来一些启发。

作　者

二〇一八年一月